大学学术权力与行政权力共轭机理研究

郭 莉◎著

南京大学出版社

图书在版编目(CIP)数据

大学学术权力与行政权力共轭机理研究 / 郭莉著
. — 南京：南京大学出版社，2018.12
ISBN 978 - 7 - 305 - 21347 - 2

Ⅰ.①大… Ⅱ.①郭… Ⅲ.①高等学校－科研管理－
研究－中国②高等学校－行政管理－研究－中国 Ⅳ.
①G644②G647.2

中国版本图书馆 CIP 数据核字(2018)第 291465 号

出版发行　南京大学出版社
社　　址　南京市汉口路 22 号　　　　　邮　编　210093
出 版 人　金鑫荣

书　　名 **大学学术权力与行政权力共轭机理研究**
著　者　郭　莉
责任编辑　纪玉媛　　　　　　　　编辑热线　025 - 83621412

照　　排　南京南琳图文制作有限公司
印　　刷　南京鸿图印务有限公司
开　　本　718×1000　1/16　印张 20.25　字数 342 千
版　　次　2018 年 12 月第 1 版　2018 年 12 月第 1 次印刷
ISBN 978 - 7 - 305 - 21347 - 2
定　　价　78.00 元

网址：http://www.njupco.com
官方微博：http://weibo.com/njupco
官方微信号：njupress
销售咨询热线：(025) 83594756

资　助

2016 年省社科基金后期资助项目：当代中国大学学术权力与行政权力的共轭机理研究（16HQ022）

江苏省高校哲学社会科学项目：大学学术权力与行政权力的生态机理研究：竞争、共生、共轭（2016SJD880076）

江苏省青蓝工程资助

徐州工程学院学术著作出版基金资助

序

丁三青

郭莉博士的著作《大学学术权力与行政权力共轭机理研究》即将出版，嘱我写序，我欣然应允。这部著作是郭莉在博士学位论文的基础上修改增益补强而成的。再读她的博士论文及书稿，于我而言，又有了不少新的收获。以下文字与其说是"序"，不如说是我与郭莉的又一次"学术对话"。

在大学这个"学术共同体"中，博士生与导师是"学术伙伴"——这是我一直坚持的观点。从学术自身来说，"学术伙伴"不仅是"教"与"学"的关系，更是基于学术探讨的地位上的平等、自由。《礼记·学记》有云："学然后知不足，教然后知困。知不足，然后能自反也；知困，然后能自强也。故曰：教学相长也。"中国古代教育尚非今日之研究生教育特别是博士研究生教育，但"教学相长"却是中国古代教育的基本原则。博士生教育是高等教育的最高形态，最能体现研究性教学。因此，导师与博士生是"学术伙伴"，并且通过研究性教学达到"教学相长"。导师不是"百宝箱"，不是"百科全书"，导师所起的作用主要是学术精神的引导、学风的型塑、研究方法的规训，博士生研究的论题往往是导师所不了解的。孔子曰："三人行，必有我师焉。"唐代韩愈则进一步指出："弟子不必不如师，师不必贤于弟子，闻道有先后，术业有专攻，如是而已。"事实上，我在指导博士生的过程中，为了能成为"合格的"导师，逼着自己不断学习新知，也从博士生们身上学到了许多。我在郭莉身上同样学到了许多，包括修业不怠的精神、多学科交叉的视野，等等。

郭莉具有多学科的知识结构优势。她在河海大学先后获法学学士、硕士学位，具有扎实的法学基础。在中国矿业大学读博期间，又在科技与教育管理领域进行管理学、教育学的深耕细作，获管理学博士学位。作为年轻学者，郭莉的可贵之处是她对学术追求从无厌倦，总是处于学习学习再学习的状态。其实，郭莉更可贵的地方，在于她绝不"死读书"，她把读书学习当作兴趣，在兴趣中不断发现新知和具有学术价值的研究"题域"，学术敏感性很强，特别是在多种学科交叉地带发现适合自己研究的"领地"。她博士毕业之后，围绕博士期间所研究的"共轭"问题，不仅对博士学位论文不断修改完善，而且发表了多篇具有较大学术影响力的论文，主持了省社科基金后期资助项目《当代中国大学学术权力与行政权力的共轭机理研究》(16HQ022)、省高校哲学社会科学项目《大学学术权力与行政权力的生态机理研究：竞争、共生、共轭》(2016SJD880076)，获得了省"青蓝工程"资助、学校"学术著作出版基金资助"，形成了自己在管理学、教育学领域"共轭"研究的特色。她还不断"游学"，到美国名校进修，到台湾访学，到江南大学做博士后研究。她自己不仅承担多项省级科研课题，还参与国家社科基金重大项目研究，牵头其中的子课题研究。郭莉目前是她所在高校学院的副院长，是当地政府聘请的应急管理专家、省"青蓝工程"培养对象、优秀青年骨干教师和中青年学术带头人。

《大学学术权力与行政权力共轭机理研究》缘起于我2009年承担的教育部人文社会科学研究基金项目《制度学视域下当代中国大学学术权力和行政权力的共轭机理研究》、2011年承担的省教育科学"十二五"规划重点课题《中国大学学术权力与行政权力共轭机理研究》。根据郭莉的学科基础、知识结构和学术兴趣，我将课题交给她，作为博士学位论文的研究方向。正如郭莉在学位论文"致谢"中所说，"确立'当代中国大学学术权力与行政权力的共轭机理研究'作为博士论文的选题，要感谢我的导师丁三青教授的引领。入学之初，有幸受益于老师的精彩讲学，在定期的沙龙活动中，我被共轭原理所吸引"。共轭作为产生于自然科学领域、目前在多个学科领域（包括社会科学）得到应用的理论与方法，在教育管理领域的研究还没有人进行探索。我的研究算是将共轭应用于教育管理领域的首次尝试。之后，郭莉、刘林等博士生都选择了这一方向，并且在博士毕业后都主持了多项部省级及以上的相关研究课题，形成了具有特色的系列研究成果。不过，当初让郭莉选择"共轭"作为博士学位论文方向时，我还是有些担心的，正如郭莉在书中所言："这是我尚未触及过的全新的领域，殊不知其中步履的沉重与艰难。"但郭莉以她的韧劲和悟性，较好地完成了她的博士学位论文。

上面所说的也许与本书没有多少直接的关联性。但对学术史的梳理、学术历程的回顾恰恰是为了对本书的深刻把握。

下面，就郭莉的这部著作谈一些个人的感想，算是与郭莉的"再一次学术对话"，也是向学界同行的求教。

一是研究视角新,首次将"共轭"引入教育管理领域,具有重要的学术价值和现实意义。

研究中国高等教育管理的成果不胜枚举,其中,研究中国高校内部权力结构的成果最为突出。但是,从共轭的视角系统研究中国高校学术权力与行政权力的关系及其运行机理的,郭莉是首次尝试。2009 年我承担的教育部人文社会科学研究基金项目《制度学视域下当代中国大学学术权力和行政权力的共轭机理研究》算是对中国高校学术权力与行政权力共轭关系研究的"选题",我在《中国高等教育》等刊物上发表的文章,算是"破题",而郭莉则对这一课题进行了深入系统的研究。可以说,郭莉的这部著作是将"共轭"引入教育管理领域对中国高校内部权力结构及其运行机理的新探索,在学术上具有创新性价值。

作为最早应用于数学、物理、化学等自然科学领域的"共轭",在哲学社会科学领域的应用少之又少。但共轭所表达的"对称、平衡、稳定"等自然属性使它同样可以应用于哲学社会科学领域。这是 10 年前我在申报课题时的想法。我从制度学、组织行为学、共轭原理等角度考察,发现大学组织治理中的学术力量和行政力量存在"共轭"的关系。因此,我在一篇文章中提出:基于大学的基本属性和职能,当代中国大学治理已经不是强调学术力量还是行政力量的问题,而是如何在二者之间寻求一种合理的平衡点,即二者之间的共轭关系。在此基础上,郭莉进行了深入系统的探究。

首先,确立"问题意识"。大学自产生之日起,特别是近代大学出现以后,学术权力与行政权力之间的关系也就产生了,而这种关系大多是以"冲突"为其表现形态的。郭莉指出:"早期的大学实际上只是学术行会组织。随着大学学科的发展、知识的分化以及大学功能的拓展,大学内部结构也产生了变化,管理在大学发展中的作用日益凸显,行政权力随之产生,学术权力与行政权力的矛盾也就不可避免地出现了,并且随着大学与社会各方面联系的加强,学术权力与行政权力的矛盾越来越公开化,有时甚至表现为激烈的冲突。""随着社会经济的发展,大学也获得了快速的发展。大学在快速发展的同时,也产生了许多迫切需要研究和解决的问题。其中,大学内部治理结构特别是大学学术权力与行政权力的关系问题,越来越引起人们的关注,并且自 20 世纪 90 年代以来,对这一问题的关注在学术界和高等教育界持续升温。这一现象与高等教育规模不断扩大、大学作用的不断提高的趋势是相吻合的。"但中国近代的大学学术权力毕竟是一个舶来品,是西风东渐的产物。"外部移植"只是道出了大学权力产生的过程性特征。实际上,权力的形态、结构及其运作是一个十分复杂的问题,在移植过程中,需要关注"本土化"问题。郭莉指出:"在当代中国的语境下,学术权力与行政权力及其相互关系是具有中国特色的问题,这一特色来源于中国历史、传统和当代社会特殊发展阶段。研究大学学术权力与行政权力的关系,既是理顺大学内外部关系的核心(政府与大学、大学与大学、大学内部、大学与社会),也是高等教育体制改革的难点和重点。因此,研究中国大学学术权力与行政权力的关系,必须重视本土化问题,即在中国的史境下思考中国大学内部权力的产生、结构及其运行。只有这样,对这一问题才能有针对性的把握。""现实的中国国情下,大学必须坚持社会主义办学方向,这是根本的问题。大学的一切问题包括内部权力结构与运行的问题,必须在这一根本问题之下予以考量。除此之外,我们必须考虑中国大学与政府的关系问题,中国大学存在的历史文化问题(如官本位的历史政治文化),等等。"应该说,上述观点不仅在学理上具有深刻性,而且切合中国大学的客观实际。

其次,带着"问题意识"分析当代中国大学的具体场域。作者循着"深究一点,牵引两线,展现一面",条分缕析,逐次深究。"一点"就是大学学术权力与行政权力的共轭关系;"两线"就是分析共轭关系的两条线索,其一是价值的线索,其二是场域的线索;"一面"就是展现中国大学学术权力与行政权力共轭的现实图景。按此理路,郭莉在本书中围绕"大学学术权力与行政权力究竟是一种怎样的关系,两者的理想状态理应如何"这个问题进行抽丝剥茧式的研究。她认为,对这一问题的释读有两个方面:大学学术权力与行政权力关系的"实然"和"应然"两种状态。第一,大学学术权力与行政权力关系的"应然"状态。在此,大学中的学术权力与行政权力是有着自身价值、内在逻辑、并具有独立性格的;第二,大学学术权力与行政权力关系的"实然"状态。大学学术权力与行政权力的关系是受到多方面因素的影响的,是依赖环境而求生存的变体。对"应然"状态的研究,就是力图透视大学权力特有的、蕴含的特质;而对"实然"状态的考量,则关注大学权力的影响因素。在此基础上,透视深嵌于制度框架之中大学权力的关系,探寻大学内部复杂环境之下学术权力与行政权力互动的意义之所在。郭莉特别指出,在不同的制度中,大学学术权力与行政权力二者的强弱程度不一样,我们不能仅用一种关系来简单地突出它们之间的作用,而是要根据不同条件来分析二者之间的关系。应该说,这种严谨、求实的学风是很值得称道的。

再次,对"共轭"这一核心概念进行多学科的解读,夯实论题的学理基础。

"轭",作为驾车时套在牛颈部的人字形器具,被形象地用来表达"系统""协调"之意。郭莉在前人对"共轭"已有诠释的基础上,进一步进行了多学科的阐释。

郭莉认为,"轭",首先是指其结构、组成、功能及配置上的比例得当、规范合理,符合客观发展规律。其次,"共"指创造一种"和谐"氛围,使各个共轭要素能配置得当、各司其职;最后,要达到"共轭"、实现"发展",必须使各要素有机结合和互动。她说,共轭,作为宇宙间的普遍现象,广泛地存在于每一个领域。简单到牛在耕地时所用的工具,复杂到有机化学生物体中轭的共聚合效应;小到量子物理中的微粒效应,大到宇宙间的正反物质,共轭现象无处不在。她相信,从共轭的角度切入大学学术权力与行政权力的研究,可以更深刻地在大学两种主要权力的共轭关系中理解大学的意义。

共轭具有两个重要特性:第一,共轭体系结构相对稳定,要素联系紧密、整体功能协调、对环境适应性强。第二,共轭状态是动态存在的,可以由某种状态进阶到下一个更高层次,追求动态中的平衡。郭莉从制度学、历史学、哲学、管理学等视角对"共轭"进行了分析。

比如,从哲学上来审视。她从三个方面进行分析:本体论意义上的共轭,是指对共轭的基于现实又高于现实的"理性"追求,这是就共轭理论体系表达而言的,是共轭理论所要期待揭示的内容,即朝着不依赖于主体而客观存在的"理性"目标,探索与认识主体相区别的共轭的属性、规律或状态,包括共轭的空间构成、历史演进以及功能进化,最终解构共轭并洞察共轭本质,并指向共轭问题的解决。认识论意义上的共轭,是就揭示共轭的本质的意义而言的,是本体论意义上的共轭在认识上的反映。认识论意义上的共轭体现了共轭的发生与发展的一般规律,形成对知识构成的反思。从认识论的视角来看,共轭从更新的视野和更深邃的意蕴,揭示了事物的本质及其运动规律,影响着研究思维方式的转变。方法论意义上的共轭,则是运用共轭理论来洞察我们所关心的问题,用共轭方法来解决我们面临的问题。郭莉指出:"从哲学上审视,'轭'其实就是一种联系,而且这种联系是有条件的。共轭的三层哲学意义之间的关系好比是'哲学之树',分为根、茎、叶:共轭存在是树根,是我们认识的起点;共轭的价值追求是树干,是支持实践生长的条件;共轭的工具性是枝叶,是我们分析的途径。共轭这棵'意义树'得以生长繁衍不息的土壤就是社会实践。"不得不说,这个观点是深刻而独特的。

比如,从管理学上来审视。她认为,共轭是一种崭新的管理理念与方法。她说,共轭是一种系统、优化的管理:共轭强调事物内部各要素之间的比例、结构、组成、功能,其关键在于各对称要素的相互协同与整合,实现"共轭"。要达到这一点,各要素必须相互协调、相互激励、相互合作,以减少内耗,实现组织的有序、和谐的发展目标。注重共轭要素之间的活动协调,必须充分考虑各要素(如资源、行动者、信息等)的整合与优化重组,在和谐运行中共享资源,以充分发挥大学组织系统的整体功能,最大限度地实现组织的价值目标。她说,共轭是一种人性化的管理:将共轭引入管理学领域,就是强调主体的作用,作为管理的主体,都有参与管理的权力,同时作为管理的客体,都要接受上级管理的指导与监督,同时强调管理中主体与客体是相对的,是一种双向的互动。据此,郭莉总结出在管理学中,共轭的内涵包括以下几方面:共轭是一种品质,是组织或系统内秉的;共轭是一种程度,是主体、客体、要素之间表现得恰到好处;共轭是一种结构,共轭要素各司其职、比例得当;共轭是一种匹配,是对称要素共同作用的结果;共轭是一种过程,是一种动态中的平衡。她指出:"共轭在管理学上的应用,充分体现了共轭概念的科学性、辩证性、历时性与共时性,其原理不仅对普遍的管理运作有指导意义,而且将为大学的管理从战略与策略上引出更新的思路。"她认为,"对共轭的研究,既是一种综合性、交叉性相结合的管理研究,又是一项探索性的研究。运用共轭原理和方法,可以使我们从更宽广的视野、更深入的层次,分析大学学术权力与行政权力之间的关系"。

由于共轭的自然属性及其在哲学、教育学、管理学上的价值,将其引入中国大学内部权力结构研究,是适切的。郭莉的研究尽管是一种尝试,但这一研究具有重要的学术价值和实践意义:理论上,有助于重新审视大学学术权力与行政权力的关系,从理论上做出对大学内部权力的"真实"理解,拓展了高等教育学、管理学的研究领域,并且具有方法论的意义;实践上,运用数据将权力进行量化,展示我国大学内部权力系统的"真实图景",有益于客观把握我国大学权力的运行规则,为中国特色现代大学制度建设提供参考。

二是论证了大学学术权力与行政权力的价值性——目的性与工具性价值价值,观点新颖深刻。

学术权力与行政权力是大学的基本权力关系,这是客观现实,而且由来已久。但很少有人对这两种权力的功能职能即价值性以及两种权力的关系进行研究。时至今日,研究这一问题不仅十分重要,而且很有必要。因为,要研究大学内部治理结构,要构建现代大学制度,必须对这两种权力的价值以及它们之间的关系进行学理上的追问和厘清。

有学者认为,大学的行政权力着眼于秩序,而学术权力所着眼的是自由与解放等人的需求,学术权力更多考虑的是如何实现实质性自由与人的发展,通过实质自由去捍卫法权自由。郭莉提出,大学学术权力与行政权力的价值分别是自由与秩序,共轭是这两种价值形成必要的张力的结果。她认为,决定大学发展轨迹的,既不是行政权力,也不是学术权力,而是大学之中行政权力与学术权力之间的张力关系;这种必要的张力是由学术权力与行政权力所构筑的连续统一体(大学的学术权力—行政权力谱系)上的一个节点。这个节点就是共轭的一种状态。实践中的大学的位置就存在着一系列连续统一的谱系。大学首要的是要确定学术权力与行政权力的取向,在"自由"与"秩序"之下的大学才是有"自知之明"的大学,这样的大学才是"称职""负责"的大学——这种"责—权—义"是大学治理过程中所必须明确的。只有"责—权—义"清晰,才可能实现大学的发展。她进一步说,在"行政权力—学术权力坐标系"之间的大学实践,并不是对大学之中权力关系的简单图解。大学的这两种主要权力实际上是描述大学权力共轭的两个维度及其张力,任何大学实践都是这两种维度相互作用下的实践。因而,大学实践实际上是这样一个谱系:一端是由学术权力(自由)所构成的、并以此为出发点的教育实践;另一端是以行政权力(秩序)所构成的、并以此为出发点的教育实践;而中间则是自由与秩序的种种共轭的状态而呈现的教育事实。大学实践实际上就是大学在学术权力与行政权力的共同作用下、在与社会历史情境的相互作用中的社会展开,具体的表现就是大学在学术权力与行政权力之间的适时、适度偏移。其共轭的状态就是一种"最佳逼近"的状态,大学必须做出某种价值选择,其基本价值选择应是自由与秩序。但郭莉同时指出,大学教育实践也并不是像肖尔(Shaull·R)所描绘的"要么……要么……",大学实践不能囿于这种狭隘的"非此即彼"的"不是而是"式的二元对立逻辑,而应该站在更高的层次上来审视大学的权力。这一观点不仅富有思辨性,而且符合现代大学的客观实际。

关于大学行使行政权力的工具性价值——秩序,郭莉认为,大学行使行政权力,在于规范大学的实践活动,即通过规范教师的教学行为和学生的学习活动,实现大学实践的稳定、有序。这是工具性价值。大学活动是在一定行政权力的运作下的社会性活动。行政权力不仅表现在为大学学术(包括教学、科研)实践行为划定边界和提供秩序保障,同时还表现为构筑大学的公共精神与个人的社会品性。她说,在行政权力规制之下的大学公共生活中,教师和学生不仅在权力预设范围内自由地发展自身的主体性,更重要的是在公共生活中构筑交往理性,这使他们能共享彼此的价值观。行政权力通过其引导和提倡的价值,帮助学生形成共同生活的能力。

关于大学行使学术权力的目的性价值——自由,郭莉认为,权力不单是为了大学实践的规范和秩序而存在,从根本上说,追求大学的规范和秩序不是大学制度的目的性价值,只是工具性价值。权力的更高价值在于保障大学的自由,促进教学、科研等学术活动的价值和意义的实现。失去了学术自由,大学就失去了精髓。大学需要行政权力,更需要学术权力。但这两者必须保持必要的张力,形成共轭的状态。

在对大学两种权力行使的价值性进行论证的基础上,郭莉进一步追问:大学学术权力与行政权力共轭的终极价值是什么?她的回答是:可持续发展。她说,可持续发展既是中国社会发展面临的重要命题和挑战,同时也是大学应有的社会责任和使命目标。大学要在浮躁的社会环境中表现出应有的"定力",就必须拥有自己的核心价值,坚守自己的理念,这个核心价值和理念只能是"可持续发展"。学术权力与行政权力是大学发展中最基本的表达方式与实践方式。自由与秩序分别是这两种权力行使的价值性表达,但自由与秩序即学术权力和行政权力的行使各自又有着自己的边界和限度。追求行政权力与学术权力之间的共轭状态,就是一种对秩序与自由的调和,即对可持续发展的追求。那么,如何调和两种权力抑或如何调和秩序与自由以实现大学的可持续发展,郭莉提出,就是要以伦理关怀指导可持续发展,以秩序维护可持续发展,以自由看待可持续发展。关于这方面,郭莉在书中有详细的论证,此不赘述。应该说,这些观点不乏新意和深刻性。

三是首次构建了大学场域中学术权力与行政权力的共轭机理和共轭模型,夯实了该论题研究的实证基础。

郭莉指出,共轭机理是大学学术权力与行政权力互动的核心。共轭机理不是事先存在的,而是共轭的主体和要素在一系列具体场景中通过多种方式逐渐形成的。因此,必须构建大学学术权力与行政权力的共轭机理、共轭模型,以此作为大学权力共轭的分析框架。

郭莉运用布迪厄的社会学场域理论,形成了自己的分析框架:将中国大学学术权力与行政权力放置在一个场域之中,研究在这个物理空间与意义空间的组合与生成中,大学学术权力与行政权力所处的位置与所持的立场,以及他们如何参与场域资源竞争,履行游戏规则,生成何种习惯,其所处的位置、所拥有的资本以及所具有的习惯又是如何影响其行为策略并制约着大学场域结构、影响大学发展的。

　　郭莉运用法国组织决策分析学派(法兰西组织分析学派)的代表人物米歇尔·克罗齐耶和费埃德博格及其他学者关于"行动者"的概念,将大学学术权力的运作主体及行政权力运作主体看作大学场域中的行动者,提出行动者之间的互动实际上是大学学术权力与行政权力运作的过程,并特别强调权力的动态性以及行动者在受制约情况下的自由发挥。

　　郭莉认为,按照"场域"和"行动者"的理论,大学学术权力与行政权力的关系,就是行动者通过不同场域中客观存在的资本力量(学术资源或者行政资源)的相互关系和这些场域中各个行动者之间的象征性权力关系而表现出来的。行动者又是种种关系的连接点,无论是学术权力的行动者,还是行政权力的行动者都依据其所处的大学场域中的位置、条件、环境、历史等方面,进而具有物质方面有形的多种类型的资本,又具有精神方面无形的影响力。郭莉指出,在大学场域中分析学术权力与行政权力的关系——共轭,正是要分析大学场域内部的行动者对各种大学内部的资本(资源)的运用。

　　由于大学学术资本(资源)、行政资本(资源)具有可分割性、可转让性、可保留性等特性,据此,郭莉认为,大学场域中学术权力与行政权力共轭的基本性质,就是行动者带着各自不同的背景、资源,彼此之间展开行动,以发挥各自的影响力,达到各自的目的,在对学术资源、行政资源的分配过程中,逐步占据新的空间场域,形成新的权力关系。

　　郭莉进一步以弗里德曼"相互依赖"理论,认为大学场域中学术权力与行政权力既是"冲突的",又是"相互依赖的"。正是学术权力与行政权力之间的相互依赖性,才构成了两种权力共轭的基础。郭莉认为,相互依赖性是指两个主体、两种权力、两种文化之间的一种相互作用,无论是学术权力还是行政权力,离开了哪一方都会失去意义,他们需要相互依赖、相互支撑。其次,从大学场域来看,由于外部社会的分工与专业化水平的发展,使得大学必须做出改变。大学已经从简单变为复杂,由单一性变为巨型化。现代的大学已经不可能固守在幽幽象牙塔之内,也不可能默默存活于实验室之中,它必须开放式地面对社会。大学应该植根于历史发展的真实性中,学术行动者不可能再像早期那样独立完成大学组织的目标要求,而只能扮演某一种具体角色。第三,学术权力与行政权力由于其价值不同、内涵不同、来源不同,它们之间存在着大量的合作、配合与和谐相处的需要。当不同的任务之间相互依赖加强时,相互间的信息沟通、协作与保障行动需要相互调适,而这些又会导致大量的不确定因素。如果不存在相互依赖关系、不需要相互之间关系的调整就不会存在大学学术权力和行政权力的共轭状态。

在上述理论解读的基础上,郭莉构建了大学场域中学术权力与行政权力共轭关系的理论表达模型:[(学术权力)(行政权力)]＋位置＝共轭状态。郭莉认为,在这个理论模型中,学术权力与行政权力的共轭实现机理基于"共生—依赖—秩序—稳定"四个有机联系的事实条件在起作用。最后,她得出如下富有创见的观点:(1)大学场域中学术权力与行政权力共轭是一种自组织现象,共轭过程是一种自组织过程。大学学术权力与行政权力通过相互依赖、相互补充、相互作用,能产生稳定的共轭结构。(2)共轭反映了大学学术权力与行政权力的相互依存关系。在大学场域中,由于资源的有限性,权力行动者必须通过特定的关系,利用全方位的资源,来弥补自身优势的不足,从而更有效地发挥自身的优势。所以,大学学术权力与行政权力的共轭是一种优势互补的共生关系。(3)共轭的实质是大学场域中各权力之间资源、物质、信息和能量的交互关系。学术权力与行政权力共轭的核心是资源的互动,共轭的本质是行动者的交往,即大学场域中各权力之间资源、物质、信息和能量的交互关系。大学学术权力与行政权力的共轭关系随着大学场域内的资源、物质、信息和能量交互关系的消失或加强而丧失或增强。学术权力与行政权力形成共轭关系而相互发生关系、相互影响。学术权力有赖于行政权力予以实现,而行政权力离不开学术权力,一方的变化发展必然会影响另一方的变化发展,双方通过彼此的激励、促进作用而相互产生影响。(4)共轭过程将产生新增能量。在大学场域中,通过权力共轭资源、物质、信息和能量得到更有效配置因而产生整合效应。(5)共轭过程是大学发展的过程。大学学术权力与行政权力的共轭过程就是两种权力相互激励与合作中的进化,更有利于大学的可持续发展。

为了使上述理论能够得到确证,郭莉依据扎根理论,运用定性研究与定量研究相结合的方法,探索影响大学学术权力和行政权力共轭的因素,运用"三角互证"法,建立了影响大学学术权力与行政权力共轭 TAR 模型:目标—行动者—资源(Target-Actors-Resources)。在这个模型中,学术权力与行政权力共轭的核心是资源的互动,共轭的本质是权力者的交往。她对这个模型的解释是:大学学术权力与行政权力共轭是一种特殊的结构,其关键因素取决于制度环境、目标、行动者和资源,而内部因素的不同结构,则影响大学的共轭状态,并使大学的发展呈现不同的面貌。这样,郭莉就夯实了大学学术权力和行政权力共轭关系研究的实证基础。

　　四是提出了大学学术权力与行政权力共轭驱动的策略理路,并分别对我国不同层次的大学分别提出共轭驱动的策略建议。

　　郭莉通过大量面板数据,对 TAR 模型进行检验,验证了大学权力结构对于大学组织效率的关系。她依据 2002—2011 年"网大"中国大学排行榜的数据,研究得出:"985 工程"大学共轭系数为 0.211 476,"211 工程"大学共轭系数为 0.241 447,"一般"大学共轭系数为 1.569 125(现在不提"985""211"了。郭莉的研究早于"双一流"提法的出现,所以,书中还沿用"985""211"的提法)。从中得知,中国大学学术权力与行政权力共轭区间的数值为 0.211 476~0.241 447,如果数值超过 1,行政权力就明显大于学术权力。说明,这类大学的发展主要依靠行政权力的运作。而共轭数值越小,共轭状态越优良,学术权力与行政权力共轭结构越稳定。这几个数值所代表的共轭状况符合中国大学内部学术权力与行政权力运作的现实。

　　据此,郭莉从目标、行动者、资源三个影响共轭的核心因素提出了大学学术权力与行政权力共轭驱动的策略理路。在此基础上,分别对我国不同层次的大学提出不同的共轭驱动策略建议,这些都对我国现代大学制度建设具有重要的参考价值。

　　她首先对大学学术权力与行政权力共轭驱动策略进行了理路分析。基于共轭思维,她提出,必须延展大学管理的思维,实现现代大学管理的转变,即从封闭思维变为开放思维,从简单思维变为复杂思维,从静态思维变为动态思维,从冲突思维变为共赢思维。她说,大学学术权力与行政权力共轭驱动是一个多维的复杂的策略系统,是由目标策略、行动者策略、资源策略三个方面构成的。这三个策略构成的系统是一个以共轭驱动为核心的三角形结构。这三个策略决定了大学学术权力与行政权力在共轭的驱动下,在不同行动者之间的分配,决定了行动者之间交换信息的渠道和方式,决定了它们之间相互推动并保证决策得以贯彻执行的方式,同时也决定了共轭过程和执行过程中导向、协调、监督和保障方式的选择与实施。共轭驱动最终是为了实现大学健康、可持续发展。

　　随后,她提出大学学术权力与行政权力共轭驱动的总目标建议。一是在目标策略上,大学的管理者应高度重视目标策略,制定科学的发展战略并予以实施,在目标实施过程中进行战略管理,协调学术权力系统与行政权力系统的行动者,整合相关的资源,在实现大学发展目标的过程中,实现各自功能的最大化。二是在行动者策略上,必须实行党委领导下的校长负责制。根据法律规定,大学自主办学,坚持依法治校、民主治校、科学治校。三是在资源策略上,合理配置资源,协调不同行动者之间的利益关系;适当干预教育资源配置,实现不同行动者之间在博弈中的利益平衡;不断调整教育资源的配置格局,促进利益关系的演化。

最后,她提出了不同层次大学共轭驱动的理性安排建议。

"985工程"高校、"211工程"高校和"一般"大学这三类不同院校,其学术权力与行政权力的共轭状态是不一样的。大学学术权力与行政权力的共轭受目标、行动者、资源三个最重要的因素影响,共轭驱动的策略自然也必须要考虑这三个要素。总体建议中的三个策略是从一般意义上亦即对所有大学而言都必须要采取的策略。但是,由于不同层次的大学在目标定位、行动者、资源方面存在差异性,这不仅决定了不同层次大学学术权力与行政权力共轭的程度,更决定了它们共轭策略的差异性。也就是说,这三类大学尽管都在目标、行动者、资源方面采取共轭驱动策略,但每一类型(层次)的大学在具体的策略方面是不一样的。但不管哪种层次的大学,也不管这些大学采取的共轭驱动策略有什么差异,它们共同的职能都是人才培养、科学研究、社会服务、文化传承与创新。其中,人才培养是大学的根本任务。只不过不同层次的大学在对这几项职能的表达上各有侧重,而这同样也决定了不同层次大学共轭驱动策略的差异性。具体来说:

"985工程"高校:目标策略——结合本土实际,创办世界一流大学;行动者策略——倡导学术至上,强化学术价值取向;资源策略——国际化发展。

"211工程"高校:

目标策略——彰显行业特色,培养行业领军人才和科技精英,为行业或区域经济社会发展服务;行动者策略——促进学术与行政系统互动;资源策略——多渠道融资。

"一般"大学:(主要指本科学校,民办大学不在本研究之列):

目标策略——提高人才培养质量;行动者策略——提升学术权力;资源策略——地方化,服务地方经济社会发展。

上述策略建议符合目前我国高校发展的实际,具有重要的实践价值。

大学学术权力与行政权力共轭关系是一个十分复杂的学术问题,也是系统性很强的实践问题。而这个问题恰恰又是一个学术研究中的崭新的领域,无论是对其理论研究还是实证研究都还是一个有待深入的课题。郭莉的研究仅仅是开了个头。"万事开头难",一个新论题的探索,总是伴随着不成熟,有的可能还比较幼稚。本书在实证研究方面还存在着欠缺,对大学学术权力与行政权力共轭模型中的共轭要素涉及的环境(制度)因素还缺乏深度思考。这些,都有待作者未来进一步深入的研究。我相信,只要作者坚持探索,勇于思考,一定会呈现出更加丰硕的成果。

是为序。

于古彭文昌山下

摘　要

　　大学作为现代社会中最重要的组织机构之一,发挥着越来越重要的作用。随着社会经济的发展,大学也获得了快速的发展。大学在快速发展的同时,也产生了许多迫切需要研究和解决的问题。其中,大学内部治理结构特别是大学学术权力与行政权力的关系问题,越来越引起人们的关注。大学学术权力与行政权力的关系问题是大学发展的重大主题,开展这项研究具有重要的理论价值和实践意义。

　　目前,大学治理过程中强调的已经不是学术权力还是行政权力哪个更重要的问题,而是二者之间一种合理的、交互的平衡关系,即二者之间的共轭关系。本研究运用"共轭"原理对大学学术权力与行政权力的关系进行考察。共轭是一个考察大学治理中学术权力和行政权力关系的新视角。共轭具有两个重要特性:第一,共轭体系结构相对稳定,要素联系紧密、整体功能协调、对环境适应性强。第二,共轭状态是动态存在的,可以由某种状态进阶到下一个更高层次,它追求的是动态中的平衡。

　　本研究按照"提出问题—分析问题—解决问题"的逻辑顺序依次展开。

　　首先对权力理论、组织理论进行了梳理,结合大学自身的特点,指出学术权力不是单维度和单向性的,也不是某种实质性的要素,而是一种力的关系,是在不同大学场域中所存在的多维度力量。决定着学术权力的性质的,是组成特定相互关系的各个社会地位上的行动者所握有的实际资源的力量总和。

　　在对"共轭"讨论的基础上,分别从价值之视角和场域之视角分析大学学术权力和行政权力共轭的价值意蕴和实际表征。从价值视角看,秩序主要靠行政权力来维护,而自由则主要通过学术权力来实现。因而,大学的行政权力所保障的是秩序,大学学术权力倾向于个人的自由与解放,在行政权力与学术权力之间的共轭状态,是一种对秩序与自由的调和。大学所努力寻求的,正是在秩序的社会与个人自由之间的那种张力平衡。从场域视角看,当代大学结构呈现为一种非常活跃的紧张网络,其中无论是学术权力还是行政权力,都牵连到整个大学的结构、生命及其活动;反过来,大学的发展又时刻影响着大学中的各种权力。现代大学的紧张性及其动力学,来自大学本身的场域结构及其运作原则。共轭是大学场域中学术权力与行政权力之间相互作用的产物,用一种简要的公式来表达:

$$[(\text{学术权力})(\text{行政权力})]+\text{位置}=\text{共轭状态}$$

本研究运用扎根理论,采用定性研究与定量研究相结合的方法,通过构建数学模型,定量研究大学学术权力与行政权力之间的关系。访谈了35位专家学者,并设计调查问卷,运用研究中的"三角互证"法,构建大学学术权力与行政权力共轭模型。在这个模型中,学术权力与行政权力共轭的核心是资源的互动,共轭的本质是权力者的交往,需要建立一种网络式共轭机制。

本研究运用实证研究的方法和大量面板数据,验证了大学权力结构对于大学组织效率的关系,即学术权力的边际贡献显著地比行政权力的贡献大。由于本研究开始较早,还未涉及"双一流"的数据,故结合"网大"中国大学排行榜,对"985工程"高校、"211工程"高校、"一般"高校进行了实证分析,分别得出了这三个层次大学学术权力与行政权力共轭的数值,从中清晰地看出这三类大学学术权力与行政权力的共轭状态。

论文最后对大学学术权力与行政权力共轭驱动策略进行理路分析,指出大学学术权力与行政权力共轭驱动是一个多维的策略系统,是由目标策略、行动者策略、资源策略三个方面构成的。这三个策略构成的系统是一个以共轭驱动为核心的三角形结构。这三个策略决定了大学学术权力与行政权力在共轭的驱动下,在不同行动者之间的分配,决定了行动者之间交换信息的渠道和方式,决定了它们之间相互推动并保证决策得以贯彻执行的方式,同时也决定了共轭过程和执行过程中导向、协调、监督和保障方式的选择与实施。共轭驱动最终是为了实现大学健康、可持续发展。在此基础上,论文分别对我国不同层次的大学提出不同的共轭驱动策略建议。

关键词:大学;学术权力;行政权力;共轭机理

目　录

1 引 言

1.1 选题背景

经历了千年风雨后,大学已经成为现代社会中最重要的组织机构之一,并且其重要性仍然与日俱增。在现代社会里,大学被誉为人类社会发展的"动力站"。知识的保存、传授、传播、应用和创新,文明的传承和进步,人才的挖掘和培育,科学的进步和技术的更新,社会的文明与理智,不同文化间的交流与沟通,无不依赖大学作为基础。[①] 当然,在某种意义上说,大学的发展既是社会进步的产物,也是社会进步的组成部分[1]。

随着社会经济的发展,大学也获得了快速的发展。大学在快速发展的同时,也产生了许多迫切需要研究和解决的问题。其中,大学内部治理结构,特别是大学学术权力与行政权力的关系问题,越来越引起人们的关注。并且自20世纪90年代以来,对这一问题的关注在学术界和高等教育界持续升温。这一现象与高等教育规模不断扩大、大学作用不断提高的趋势是相吻合的。学者们的研究涉及大学权力的许多问题,这些研究深化了人们对大学学术权力与行政权力关系的认识,并对大学的改革与发展产生了积极的影响。

1.1.1 大学学术权力与行政权力的关系问题是大学发展的重大主题

高等教育好似璀璨的明珠镶嵌在历史发展中一样,大学学术权力与行政权力的问题也是随着历史的发展而逐渐显现的。事实上,大学的学术权力和行政权力是在不同的历史时期产生的,这两种权力对大学具有不同的意义。有的学者指出,大学的学术权力与行政权力都是以满足各自所属的历史时期

---

① 王爱萍. 在哲学与政治之间:高等教育哲学的走向——解读约翰·S. 布鲁贝克的《高等教育哲学》[J]. 北京教育学院学报(社会科学版),2009,23(3):7-10.

不同程度的需要来获得各自的合法地位[2]。

早期的大学实际上只是学术行会组织。随着大学学科的发展、知识的分化以及大学功能的拓展,大学内部结构也产生了变化,管理在大学发展中的作用日益凸显,行政权力随之产生,学术权力与行政权力的矛盾也就不可避免地出现了。并且随着大学与社会各方面联系的加强,学术权力与行政权力的矛盾越来越公开化,有时甚至表现为激烈的冲突。

如前所述,大学的学术权力与行政权力的关系问题与大学的发展密切关联。因此,对这一问题的关注自然也就成为学者们研究的主要题域。这方面的研究成果有很多,有不少研究堪称经典。在大学发展的所有论述中,影响最为持久的或许当推纽曼的《大学的理想》(1852)。随后植根于不同的历史情境,大学的权力研究又有了新的突破。先是贾斯珀斯的《大学的观念》(1959),20世纪六七十年代伴随着大学的急速发展,出现了贝恩的《1965年大学的观念》(1965)、纳斯贝特的《学术忠诚的冲突》(1967)、S. E. 路雷厄与 Z. 路雷厄《大学的作用:象牙塔、服务站还是前沿阵地》(1970)、艾肯的《大学的困境》(1971)等研究成果。在这些论述中,最重要的或许是克尔的《大学的功用》(1963)和博克的《走出象牙塔》(1982)[3]。

而对大学权力及其结构本身的研究也有不少重要的成果,但学术界始终没有取得共识。约翰·范德格拉夫《学术权力——七国高等教育管理体制比较》一书,从广义上把大学权力划分为10种,即个人统治、集团统治、行会权力、专业权力、魅力权威、董事权力、官僚权力(来自院校)、官僚权力(来自政府)、政治权力以及高等教育系统的学术寡头权力[4]。伯顿·克拉克(Burton R. Clark)则提出有四种权力模式:以德国为代表的欧洲大陆大学模式、英国大学模式、美国大学模式和日本大学模式。而我国的学者一般把大学内部的权力划分为学术权力、行政权力和学生权力三种类型。对于大学权力关系和权力结构的研究,实质上最核心的问题就是研究有效保证大学目标和理念实现的最优制度安排的问题,而组织制度安排问题的核心在于权力结构安排。大学学术权力与行政权力的关系问题与大学的发展密切相关,将伴随着大学发展的始终,因此,对这一问题的研究也将是学术界长期需要重视的课题。

1.1.2 当代大学的发展凸显学术权力与行政权力的本土化问题

大学学术权力与行政权力的关系在大学发展的不同历史时期有不同的表现,并且这种关系在不同的国家也有不同的表现。

中国近代的大学学术权力实际上是一个舶来品,是西风东渐的产物。"外部移植"只是道出了大学权力产生的过程性特征。实际上,权力的形态、结构及其运作是一个十分复杂的问题,在移植过程中,需要关注"本土化"问题。考察中国大学学术权力产生的历史,这方面有值得今人汲取的深刻教训。有学者指出,我们在引进介绍的过程中却丢失了我们自己,忘记了我们自己也是本可以进行学术的生产和再生产的[5]。

几年前,学术界那场关于"学术权力"和"行政权力"关系的大讨论直逼权力问题。然而,这场讨论或过多地专注于西方发达国家大学的经验,淡化了中国大学的现实语境,或在哲学层面宏论学术自由和大学自治的必要性,缺乏对制度和实践层面的深入探究,以至于"学术权力""行政权力"这两个术语也陷入备受争议的尴尬境地。真正的学术问题一定是与现实生活息息相关的,从来没有一位大师会出于与生活无关的动机而做出让人尊敬的成果,从来没有。如柏拉图写《理想国》,是对当时所生活的那个时代和城邦制度的无可容忍以及由此所激发的现实批判。

"建立现代大学制度就是要全面理解和把握大学作为法人实体和办学主体所拥有的权力和责任,其核心问题就是正确处理大学与政府、大学与社会、大学内部组织三大关系。"①在大学内部,学术权力与行政权力及其相互关系是植根于大学实践的。而且,在当代中国的语境下,学术权力与行政权力及其相互关系是具有中国特色的问题,这一特色来源于中国历史、传统和当代社会特殊发展阶段。研究大学学术权力与行政权力的关系,既是理顺大学内外部关系的核心(政府与大学、大学与大学、大学内部、大学与社会),也是高等教育体制改革的难点和重点。因此,研究中国大学学术权力与行政权力的关系,必须重视本土化问题,即在中国的史境下思考中国大学内部权力的产生、结构及其运行。只有这样,对这一问题才能有针对性的把握。

1.1.3　中国国情下大学学术权力与行政权力的关系问题

改革开放30多年来,我国的高等教育取得了举世瞩目的成就,但同时也存在着诸多迫切需要研究和解决的问题,大学的学术权力与行政权力的关系问题就是在我国高等教育大众化快速发展过程中逐渐凸显出来的重要问题。

大学学术权力与行政权力的关系研究必须放在现实的中国国情中进行研

---

① 袁贵仁.建立现代大学制度,推进高教改革和发展[N].光明日报,2000-02-23.

究。现实的中国国情下,大学必须坚持社会主义办学方向,这是根本的问题。大学的一切问题包括内部权力结构与运行的问题,必须在这一根本问题之下予以考量。除此之外,我们必须考虑中国大学与政府的关系问题,中国大学存在的历史文化问题(如官本位的历史政治文化),等等。这些都是中国的国情,都是研究中国大学学术权力与行政权力关系必须考虑的因素。

随着高等教育的快速发展,大学学术权力与行政权力的关系问题不仅引起学者们的密切关注,也越来越成为国家与政府关注的问题。因为,这个问题已经影响到我国高等教育的发展,影响到大学自身的良性运行。2010年,我国的教育改革发展迎来了难得的历史机遇。中共中央召开新世纪第一次全国教育工作会议,随后颁布《国家中长期教育改革和发展规划纲要》。《纲要》凝聚了当代先进的教育思想理念,是指导未来10年我国教育改革发展的宏伟纲领和行动指南,为破解长期积累的教育新旧矛盾和难题指明了方向。[①]《纲要》明确提到:"推进政校分开、管办分离。适应中国国情和时代要求,建设依法办学、自主管理、民主监督、社会参与的现代学校制度,构建政府、学校、社会之间的新型关系。适应国家行政管理体制改革要求,明确政府管理权限和职责,明确各级各类学校办学权利和责任"[②],"落实和扩大学校办学自主权"[③],"完善中国特色现代大学制度。完善治理结构。公办高等学校要坚持和完善党委领导下的校长负责制。健全议事规则与决策程序,依法落实党委、校长职权。完善大学校长选拔任用办法。充分发挥学术委员会在学科建设、学术评价、学术发展中的重要作用。探索教授治学的有效途径,充分发挥教授在教学、学术研究和学校管理中的作用"[④]。这些战略设计,对研究和处理中国大学学术权力与行政权力的关系问题,具有极为重要的意义。

机遇赋予使命,挑战赋予责任。在当今这个宏大的社会变迁舞台之上,大学的学术权力和行政权力,在发挥着各自的特殊的功能。但是其内部关系究竟是一种怎样的状态?揭开这个谜团,加深我们对大学发展过程中的宏观教育现象或微观过程的深刻理解,是每个学者义不容辞的时代责任。本书是对

---

① 陈浩. 微言评高教[M]. 浙江大学出版社,2012:25-26.
② 国家中长期教育改革和发展规划纲要工作小组办公室. 国家中长期教育改革和发展规划纲要[N]. 人民日报,2010-03-01.
③ 国家中长期教育改革和发展规划纲要工作小组办公室. 国家中长期教育改革和发展规划纲要[N]. 人民日报,2010-03-01.
④ 国家中长期教育改革和发展规划纲要工作小组办公室. 国家中长期教育改革和发展规划纲要[N]. 人民日报,2010-03-01.

此命题的一次探索。我们不求能够洞察所有的秘密,但求能够提供一种新的视角和可供讨论的调查数据,来剖析大学学术权力和行政权力之间的关系,尝试解答权力运行背后的机理。

1.1.4 "法治"作为大学权力在当下中国的法律表达,正在从一个命题具体化为全面改革的行为逻辑

"法治"作为大学权力在当下中国的法律表达,正在从一个命题具体化为全面改革的行为逻辑。预示着大学法治史上的一次重大飞跃的来临,必将对中国高等教育的发展产生重大影响。

大学作为现代社会最重要的组织之一,其制度建设问题不可忽视,因此,法治已经成为大学得以继续存在发展的内在要求。教育法治的构建应当以学校为核心,高等教育法治的核心是大学法治,大学法治的构建需要以大学为中心,规范大学权力以及与内部(教师、学生)的关系。大学法治是规范大学权力和保障公民权利的要求。大学负担了高等教育的公共行政职能,并享有相应的权力来保障这一职能的实现。大学享有的公共权力由于权力的固有属性,同样具有侵犯公民权利的可能性。宪法上教育权利的两极是国家和公民,而在现实中正是学校连接了国家和公民。大学相对于国家拥有的是权利,国家不能侵犯,且需要保障;相对于公民拥有的是权力,公民的权利不能侵犯,且需要保障。大学法治正是规范大学权力和保障公民权利的基本要求。大学法治也将为解决大学争议提供相应的法律依据和途径。

在实践中全面推进大学权力的法治,必须在理论上渗透法治的内在逻辑。法治可以有效地设定整个大学运作的规则框架,实现权力与权利之间、权力相互之间、权力与责任之间、权利与权利之间、权利与义务之间的平衡。这种平衡是法治的各构成要素在运作过程中依据既定的制度设置与程序规则在相互对峙、相互制约基础上呈现出的相对稳定、有序共存、功能互补的状态。法治的关键与精髓在于这种平衡;法治要呈现为一种良好的治理模式,必须在制度的完善合理、运行的切实有效、法治文化的建设三个方面形成相互作用的良性反馈循环。

1.1.5 新的视角的选择——共轭

学术性和教育性是大学的基本属性,学术权力与行政权力是大学客观存在并实际发挥作用的两种主要权力形式,伴随着大学的产生而产生,发展而发

展。这种二元权力结构是由大学自身的组织特性所决定的。大学作为学术组织，学术权力是大学的核心和内在的逻辑要求；作为正式的社会组织，行政权力是大学管理不可或缺的权力①。学术权力与行政权力的冲突与协调贯穿于大学整个发展运行过程中。从现代大学的结构上来看，学术和行政本来乃是孪生兄弟。在中国，大学权力结构实际上不仅仅包括学术权力、行政权力，但是，本书聚焦于大学的一般权力形式，即学术权力与行政权力及其关系。

学术权力和行政权力不同的特性、来源、价值取向、运行方式以及职责等决定了它们不同的地位和作用。对于两者的地位和作用，存在着诸多争论，学者们分别提出了分离论、主从论和整合论等主张。不过，无论何种主张都证明了两种权力的存在及其差异。从目前来看，大学治理过程中强调的已经不是学术权力还是行政权力哪个更重要的问题，而是二者之间一种合理的、交互的平衡关系，即二者之间的共轭关系。国内外关于大学学术权力与行政权力的相关研究主要集中在大学学术权力与行政权力及其关系的定性分析方面，通过定量的方法来进行两者之间关系的研究还比较少见。

本书运用"共轭"原理对大学学术权力与行政权力的关系进行考察。共轭是一个考察大学治理中学术权力和行政权力关系的新视角。共轭具有两个重要特性：第一，共轭体系结构相对稳定，要素联系紧密、整体功能协调、对环境适应性强。第二，共轭状态是动态存在的，可以由某种状态进阶到下一个更高层次，追求动态中的平衡。本书拟探寻大学学术权力与行政权力的共轭机理，构建其模型，通过相关数据的调查、整理与分析进行实证研究，试图找到大学学术权力与行政权力共轭关系的影响因子及影响因子量的关系，进而提出现代大学治理的有效措施。本课题的研究是这一研究领域的理论深化和推进，方法和视角具有独特性，并在大学治理中具有实践价值。

1.2 研究意义

大学组织中的权力及权力关系是影响大学发展的重要研究范畴，开展这项研究具有重要的理论价值。用科学的方法分析解决实践中的问题，把理论研究与实践有机结合起来，为中国大学制度的创新提供参照，也为中国高等教

---

① 张国彬.我国大学行政权力与学术权力关系的制度分析[D].首都师范大学,2008.

育管理决策提供咨询性意见和建议,这是本书的出发点。

1.2.1 理论意义

大学学术权力与行政权力背后有着很多的理论问题值得探讨,如两种权力的价值追求是什么,影响权力的因素有哪些,可以运用哪些学科和方法来分析、研究权力关系问题,等等。本书试图回答上述问题,并落实在现实之中,力图做到深究一点,牵引两线,展现一面:"一点"就是大学学术权力与行政权力的共轭关系;"两线"就是分析共轭关系的两条线索,其一是价值的线索,其二是场域的线索;"一面"就是展现中国大学学术权力与行政权力共轭的现实图景。

首先,有助于重新审视大学学术权力与行政权力的关系,从理论上做出对权力的"真实"理解。

大学学术权力与行政权力关系的研究拓展了高等教育学、管理学的研究领域,包括政治学、组织学、法学等在内的诸多学科也都因此得到了与时俱进的发展。大学学术权力与行政权力的关系是高等教育学本身面临的迫切需要研究的问题,并且也是管理学迫切需要研究的问题。从本源上说,权力以及不同权力的关系问题就是管理的问题。本书运用高等教育学、管理学的理论、方法对大学的现实问题予以回应,从"共轭"这一新的视角对大学学术权力与行政权力及其关系进行研究,拓展了高等教育学、管理学的研究领域。

其次,有助于拓展理论空间,丰富大学权力问题的研究。

由于大学学术权力与行政权力本身的复杂性和不确定性,使得这一领域的研究着重于理论探讨。而且,文化传统、政治体制、法律制度等方面的差异,决定了我国大学学术权力与行政权力关系的研究无法照搬国外的模式。对于"本土化"的问题,更应该在理论和实践层面予以厘清和明确。从学理上探寻大学治理结构中的学术权力与行政权力的共轭机理,构建其模型,并试图找到影响二者关系良性互动的主要因素,以及如何干预才能实现现代大学的治理。权力是高等教育管理研究中非常关键的对象,对权力的研究必将为促进高等教育管理理论的丰富和深化提供有益帮助。

第三,以新的视角研究大学学术权力与行政权力,具有方法论的意义。

本书运用共轭原理及其方法来分析大学中的权力,是探求大学内部权力系统合理结构的一种新途径和新方法,本书具有方法论的意义。在研究过程中,关键是找出大学权力构成上的整体性、影响因素以及各因素间的适应性、相关性和层次性等特征,使大学系统的共轭因素及其相互关联在分布上达到帕累托最优结合和最优输出,最终达到促进大学持续、健康发展的目的。大学学术权力与行政权力共轭的状态,应该是一个互动协调、相互适应、目标明确、高效互补的有机整体。只有处于这样的状态,大学才能实现持续、健康的发展。

1.2.2 实践意义

第一,通过理论研究厘清大学学术权力与行政权力的共轭机理,借助实证研究把握大学学术权力与行政权力的实然状态。在大学学术权力与行政权力领域,运用数据将权力进行量化,将丰富大学学术权力与行政权力的研究方法和研究思路,展示我国大学内部权力系统的"真实图景",有益于客观把握我国大学权力的运行规则。从这个意义上来说,本书具有一定的实践价值。

第二,有助于中国特色现代大学制度的建设。中国特色现代大学制度包含诸多方面的内容,如,党委领导,校长负责,教授治学,民主管理。现代大学制度建设需要重点解决的是大学内部治理结构的问题,其中,主要的是要正确处理大学学术权力与行政权力关系的问题。本书是针对现实大学管理中的实际问题而展开的,力求将问题清晰化、明朗化,厘清管理学中共轭的内涵,分别从不同的向度分析当代中国大学学术权力与行政权力的共轭机理。通过引入大学学术权力与行政权力的权力量化手段,运用定量研究与定性研究相结合的方法,建立大学学术权力与行政权力的共轭模型,为中国特色现代大学制度建设提供参考。

1.3 文献综述

1.3.1 国外相关研究

国外对于大学治理结构中学术力量与行政力量关系的经典研究当属加拿大学者约翰·范德格拉夫等编著的《学术权力——七国高等教育管理体制比较》以及美国学者伯顿·克拉克所著的《高等教育系统——学术组织的跨国研究》等。

伯顿·克拉克通过对英、美、法等七个国家大学治理结构的研究,总结出大学权力运行的四种模式,即欧洲大陆大学模式、美国大学模式、英国大学模式以及日本大学模式。欧洲大陆大学模式是一种以学术权力为中心的模式,行政权力在大学治理的权力结构中比较薄弱。美国大学模式中,教授的力量比较弱,而行政管理人员的力量则相对较大:董事会在院校建立起包括校长到院长助理的行政班子,教授的权力只能在董事会和行政人员已划定的范围中发展。英国大学模式是一种学术力量与行政力量相互渗透融合的格局:1919年成立的主要由学者组成的大学拨款委员会(UGC)奠定了大学治理结构中学术力量的基本地位;但另一方面,英国大学一般由校务委员会、理事会、评议会和校长等四个主要机构行使行政权力,这些机构在决策、经费、教师任命等方面具有较大的权力。日本大学模式是一种混合体,从学校和学院两级的领导产生看,其行政权力受制于教授即学者团体,大学内部的讲座制度最能反映学术权力的影响力,讲座主持人对于研究经费、课程及讲座内的人员聘用等都有较大的权力;它与上面提到的其他模式的不同点在于处理大学日常事务的机构由事务局和学生部来完成,而且事务局成员基本都是公务员,强调一种效率机制。

克拉克把权力看作大学组织的一个基本要素,学术权力的表现形式有个人统治、学院式统治、行会权力和专业权力,而行政权力的表现形式有董事权力和官僚权力。他认为:研究大学治理结构中的学术权力和行政权力的基本任务是发现广泛的法定权力和模式,即由于某些群体占据支配地位而产生的权威;专业的和学者的专门知识是一种至关重要的和独特的权力形式,它授予某些人以某种方式支配他人的权力,"大学兴旺与否取决于其内部由谁控制"[4]。

美国学者布鲁贝克提出,大学组织存在两种主要哲学观:一是认识论哲学观,即以"闲逸的好奇"精神追求知识作为目的。二是政治论哲学观,即人们探讨深奥的知识不仅出于闲逸的好奇,而且还因为它对国家有着深远影响。这两种哲学观,其实界定了大学组织治理的根本性力量——学术力量的重要性,同时还要看到大学组织中的行政力量的管理作用。

英国学者托尼·布什在《当代西方教育管理模式》一书中,总结了学校治理结构中的六种模式:正规模式、学院模式、政治模式、主观模式、模糊模式和文化模式。在此基础上,他试图构建一种综合模式。正规模式是早期教育管理中的一种主导模式,强调的是正规结构、理性决策和自上而下的垂直领导,而其他五种模式则是针对正规模式的不足提出的不同模式,如学院模式主张教师参与决策,文化模式强调价值观和信仰,模糊模式关注到教育情境的复杂性等。

美国学者罗伯特·伯恩鲍姆从大学组织控制系统的角度研究了大学运行模式,总结了大学组织运行主要有四种模式:学会组织模式、官僚组织模式、政党组织模式、无政府组织模式。学会组织模式是在平等的社团中共同分享权力、拥有共同的价值观;官僚组织模式是一种典型的科层制模式,按"权力线"运行大学组织;政党组织模式指组织中的各团体意见存在分歧的情况下谋求发展和行使各自的权力以获得所希望的结果,这是一种基于权力和资源竞争基础上的大学运行模式;无政府组织模式表现出目标的或然性、技术的不明确性和参与人员的流动性特点。在此基础上,他提出一种新的组织模式,即控制组织模式,即组织成员通过制定自身行为准则指导其行为,这一模式强调行政力量在现代大学管理中的重要作用。

除了国外的经典论著,还有大量国外的学术论文。笔者通过 Springer link、Elsevier 选取期刊文献,选取的都是高等教育及管理类国际顶级英文文献,因为这些刊物刊发论文质量高、公认度高,并且具有广泛的学术影响力和标志性。选取的刊物包括《管理学院学报》(Academy of Management Journal)、《管理学院评论》(Academy of Management Review)、《管理科学季刊》(Administrative Science Quarterly)、《管理杂志》(Journal of Management)、《政策研究》(Research Policy)、《高等教育》(Higher Education)、《国际教育杂志》(International Education Journal)、《教育研究与评论》(Education Research and Review),共计 8 个刊物。在论文检索方面,通过关键词初步筛选论文。初步筛选方法包括:论文题目、关键词和摘要中包括学术权力(Academic Authorities)、行政权力(Administrative Powers)、教授权力(Professor Rights)等。初筛后,详细阅读文献,排除与本书宗旨关联性不大的文献,发现国外早有涉及高等教育内部权力的研究,如 *Steering from a distance:Power relations in Australian higher education* 一文,讨论了澳大利亚高等教育的情况及其外部的权力关系[6]。目前澳大利亚已经形成了自己独特的权力结构:政府、市场及学术自治。在此框架之下,会有很多与之匹配的政策及程序,并有专门的结构进行监管,出台专门的政策。

《法国大学管理的主要因素》(*Who are the actors in the government of French universities? The paradox victory of deliberative leadership*,2003),论述了法国大学的运作[7]。我们可以从 1984 年的法律定义中知晓法国大学管理的相关规定:

——在大学的领导机构,有三个协商机构:两个咨询理事会(委员会研究和政策研究委员会)、一个决策机构。咨询机构可能会聚集 20~40 名当选的委员。在这里体现不同的利益相关者。不同的利益相关者分别有:教员成员(40%~45%的席位),行政人员(10%~15%的席位),学生(20%~25%),当地公司或代表政府(20%~30%)。

——大学校长是由这三个委员会大会选举出来的,并且大学的校长可以任命一些副校长负责特定领域的管理。

此外,该论文从两个方面介绍了法国大学的情况:一是简要描述了不同历史时期法国大学治理及其变化;二是从目前法国大学管理情况的实际出发,从三个角度进行论述:法国大学协商主体的位置及作用、自下而上的决策过程和自上而下的决策过程、校长在管理结构中的作用。文章最后讨论了三方因素对大学管理的影响。

从全球化角度而言,国外研究者更专注于全球化的影响及政策的制定。如《全球化与教育结构调整》(*Globalization and educational restructuring*:*University merging and changing governance in China* KA-HO MOK,2005)[8]。《在变化的政策环境下学术身份和学术自治》(*Academic identity and autonomy in a changing policy environment*)一文,通过对两个项目的分析,论述了在英国政策环境的变化对学术身份及学术自治的影响。这两个项目是围绕生物科学家和科学政策领域进行的。文章运用数学的手段分析政策的变化对学术身份和学术自治产生的影响。

国外很少涉及大学学术权力与行政权力及其关系问题,更多的是关注学者的权力,如《寻找教授权力》(*Looking for Professor Right* Amani Bell & Lesley Treleaven,2010)。《作为价值代理人的教授:管理学者价值结构的类型学》(*Professors as value agents*:*a typology of management academics' value structures* Dirk C. Moosmayer,2011)一文,研究运用统计学方法计算教授的价值,归纳了三方面的价值,并给出固定的价值数值。

当以学术为关键词检索时,发现国外的研究趋势比较多地集中于对学生学术自由的研究,如《重构学生学术自由的能力视角》(*Re-framing student academic freedom*:*a capability perspective* Bruce Macfarlane,2011)。此外,国外学者们都从不同的角度研究高等教育的框架问题:如《工程研究论文与论文中的修辞策略:高级学术素养与权力关系》(*Rhetorical strategies in engineering research articles and research theses*:*Advanced academic literacy and relations of power* Dimitra Koutsantoni，2006)、《欧洲高等教育框架对秘鲁大学层次高等教育管理的探讨》(*An approach of the European higher education framework to the management of higher education at university level in Peru* Isabel Chiyón，2012)[9~20]。

1.3.2 国内相关研究

1.3.2.1 文献鉴别

选取期刊上发表的文章,因为这些文章内容准确而且在一定的领域具有深远影响。根据一系列文章所在期刊的质量及期刊中的排名,筛选了相关文献。与以前这一领域的综述不同,笔者的目的是扩大与学术权力与行政权力领域相关综述的范围。基于此,选取了高等教育、管理学等相关领域的期刊,同时还选取了一些以实践为导向的期刊,最终确定了 8 种期刊。

笔者选取了"大学""权力""学术权力""行政权力"等关键词,并用这些关键词在前沿期刊中搜索了 1990—2015 年的文献。之所以选择以 1990 年为起点,是因为在这一年加拿大学者约翰·范德格拉夫等编著的《学术权力——七国高等教育管理体制比较》引入的学术权力,使中国学者开始关注这个方面问题的研究。表 1 为选取期刊论文数量统计。

表 1－1　选取期刊论文数量统计①

序号	期刊名称	相关论文数量	比例	主办方
1	高等教育研究	102	35%	华中科技大学等
2	中国软科学	91	31%	中国软科学研究会
3	清华大学教育研究	57	18%	清华大学
4	北京大学教育评论	18	6%	北京大学
5	管理世界	9	3%	国务院发展研究中心
6	南开管理评论	5	2%	南开大学商学院
7	公共管理学报	5	2%	哈尔滨工业大学管理学院
8	管理科学学报	2	0.6%	国家自然科学基金委员会管理科学部

① 期刊按其发表论文数量排序。

此外,对学术权力与行政权力的相关博士论文进行了梳理。排除与本书关联性不大的文献,被保留的为35篇博士论文[21~44]。表1-2为学术权力与行政权力相关的博士论文综述。

表1-2　学术权力与行政权力相关的博士论文综述①

序号	作者	题目	学校名称	研究视角	年度
1	张慧洁	巨型大学组织变革	厦门大学	高等教育学	2003
2	马廷奇	大学组织的变革与制度创新	华中科技大学	高等教育学	2004
3	赵　成	治理视角下的大学制度研究	天津大学	技术经济及管理	2006
4	张意忠	论教授治学	华东师范大学	高等教育学	2006
5	赵俊芳	论大学学术权力	吉林大学	政治学理论	2006
6	王立峰	高校法治研究	吉林大学	法学理论	2006
7	张正锋	权力的表达:中国近代大学教授权力制度研究	南京师范大学	高等教育学	2006
8	杨连生	大学学术团队管理模式与组织效能研究	大连理工大学	科学学与科学技术管理	2006
9	汤　萱	基于治理视角的中国公立高校权力整合机制研究	武汉理工大学	管理科学与工程	2007
10	郭广珍	大学内部权力配置模式与激励	辽宁大学	比较经济体制学	2007
11	李仁燕	高校内部行政法律关系论	中国政法大学	宪法学与行政法学	2007
12	王志彦	中国大学学术组织机构与运行模式研究	辽宁师范大学	教育学原理	2008
13	王彦斌	权力的逻辑	华中师范大学	教育学原理	2008
14	肖　静	基于组织效率的大学权力结构研究	武汉理工大学	管理科学与工程	2009

①　博士论文按其发表时间排序,主要选取2003年至2015年。

（续表）

序号	作者	题目	学校名称	研究视角	年度
15	查永军	中国大学学术管理中的学术权力与行政权力冲突研究	华中科技大学	高等教育学	2009
16	何淳宽	中国大学学术性准正式组织研究	中国科学技术大学	管理科学与工程	2009
17	彭阳红	论"教授治校"	华中科技大学	教育经济与管理	2010
18	李海萍	大学学术权力现状研究	湖南师范大学	高等教育学	2010
19	李卫东	大学内部重点建设	华东师范大学	高等教育学	2010
20	邓 磊	中世纪大学组织权力研究	西南大学	高等教育学	2011
21	田联进	中国现代高等教育制度反思与重构——基于权力关系的视角	南京大学	高等教育学	2011
22	陈 权	当代中国公立高校内部权力结构及运行机制研究	吉林大学	政治学理论	2011
23	朱家德	权力的规制:大学章程的历史流变与当代形态	华中科技大学	教育经济与管理	2011
24	索 丰	韩国大学治理研究	东北师范大学	比较教育学	2012
25	乔元正	自由与秩序之间——走向共同治理的大学管理研究	湖南师范大学	高等教育学	2013
26	王 飞	试论大学校长的主体性发展	南京大学	高等教育学	2013
27	张 玥	抗战时期国立大学校长的治校方略研究	南京大学	高等教育学	2013
28	刘恩允	治理理论视阈下的我国大学院系治理研究	苏州大学	高等教育学	2014
29	朱玉苗	大学法精神	西南政法大学	宪法与行政法学	2014
30	刘恩允	治理理论视阈下的我国大学院系治理研究	苏州大学	高等教育学	2014
31	陈大兴	高等教育中责任与问责的界定——基于学理与法理的研究	华东师范大学	高等教育学	2014

(续表)

序号	作者	题目	学校名称	研究视角	年度
32	丁笑梅	大学治理结构研究——基于比较的视角	华东师范大学	比较教育学	2014
33	董向宇	我国大学学术委员会制度研究	华东师范大学	高等教育学	2015
34	赵 骏	基于学术权力规制的高校廉洁文化建设研究	西南大学	教育领导与管理	2015
35	苟朝莉	中国公办大学治理结构中的校长与教授"共治"研究	西南大学	教育领导与管理	2015

1.3.2.2 研究趋势

20 世纪 90 年代以来,国内有关大学学术权力与行政权力的研究开始成为热点,并且呈逐年上升趋势。笔者通过中国期刊网对"大学""权力""学术权力""行政权力"等关键词进行核心期刊检索,发现除了 2008 年有所下降,从 1990 年到 2015 年,相关研究呈现大幅度上升趋势(见图 1-1)。特别是 2010 年以来,核心论文数都在百篇以上。这种大规模的研究在整个高等教育范围内呈现上升趋势,说明有关大学学术权力与行政权力的研究是学术界关注的热点问题。

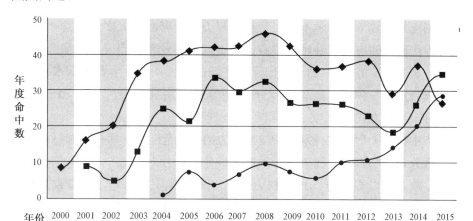

图 1-1 1990—2015 年大学学术权力与行政权力相关论文数量统计①

---

① 文献统计时间截止到 2015 年 11 月 2 日。

1.3.2.3 研究的主要问题及观点

一个分析性综述计划对于系统地评价特定文献的贡献是十分必要的[45]。本书详细分析了三大类文献:基础性研究、内容研究、对策性研究。其整体文献分析框架见图1-2。

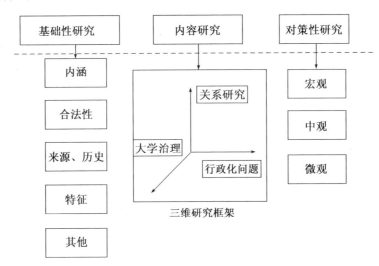

图1-2 大学学术权力与行政权力文献的分析框架

1. 基础性理论梳理

国内大多数学者对学术权力与行政权力的研究起点大多从概念出发,即首先界定概念的内涵与外延。学者们从不同的专业领域出发进行研究,丰富了这一领域研究的内容,但是依旧存在不同的意见。多数学者把学术权力与行政权力作为一种相对概念进行分析,并认为两者属于对称概念,无论是主体、客体、来源方式、运作方式都相互区别。①

华中科技大学的教授别敦荣按照权力的事务范围将学术权力和行政权力予以区分,其认为,学术权力是管理学术事务的权力。[46]

李硕豪则以G大学的内部权力运行情况为例,具体分析了大学权力的博弈,他认为大学内部是由政党权力、行政权力和专家权力组成的三元权力结构,在制度的框架下,权力空间存在模糊的区域,这为大学权力的博弈提供逻辑前提[47]。

---

① 赵永红.江西G大学推进内部民主管理的对策研究[D].华东师范大学,2006.

2. 大学学术权力与行政权力关系的研究

许多学者从不同的学科领域对大学学术权力与行政权力关系进行了分析。多数学者认为,这两者是相互联系并且相互冲突的。周玲认为,大学组织之中的冲突,除了角色、文化冲突以外,还有一种重要的冲突表现——权力冲突,这种冲突体现在话语权的争夺和决策权的冲突。并提出应对冲突的策略:制度变革与大学治理。① 还有学者认为,二者存在既相互区别又相互协调的关系。区别主要体现在两点上。第一,在性质和价值取向上,"学术权力的存在与否依赖于学者的专业背景和学术水平,行政权力依赖于组织和任命"。学术权力追求自由平等,行政权力追求效率、约束。第二,在主客体和运行方式上,学术权力的主体是学术组织与学术人员,客体是学术事务。行政权力的主体是行政组织和行政人员,客体是行政事务。学术权力运行自下而上,行政权力运行自上而下。二者协调的理由体现在两个方面:第一,他们共存于高校组织内,都为学校总体目标服务,在目标上具有同一性,在功能上互补。第二,学术权力与行政权力的主客体在很多时候存在重叠,在大学内部学术事务与行政事务往往是交织在一起的,很难区分,这些都决定了二者相互依存的关系。[48]对二者协调关系的论述一般只是从宏观角度来把握两者协调的理由,而对于具体二者在什么时候、什么地方存在相互制约与协调的关系论述不多②③。

丁三青提出,大学治理过程中强调的已经不是学术权力还是行政权力哪个更重要的问题,而是二者之间一种合理的、交互的平衡关系,即二者之间的共轭关系。共轭是一个考察大学治理中学术权力和行政权力关系的新视角。[49~67]

别敦荣的专著《中美大学学术管理》,以布鲁贝克的认识论哲学和政治论哲学、学术管理的两对基本矛盾(自主与控制、民主与集中)为逻辑起点,以美国大学学术管理为参照系,通过历史与现实、原理与机制、宏观与微观、一般与具体等方面进行多视角的比较研究,认为学术管理即对大学学术事务与活动的管理,其出发点是学术标准。关于大学治理,他提出加强学术的民主管理;健全学术民主管理组织机制;改善内部学术管理组织结构,扩大中、下层学术自主权。别敦荣对大学组织的学术力量作用的发挥以及如何发挥进行了详细

---

① 周玲.大学组织冲突研究——角色.权力与文化的视角[M].中国社会科学出版社,2007:251.

② 赵永红.江西G大学推进内部民主管理的对策研究——基于教师学术权力的视角[D].华东师范大学,2006.

③ 袁永红.我国高等学校学术权力与行政权力研究[D].大连理工大学,2005.

的讨论,这也是对大学中强势的科层制行政管理的反思和深刻检视。[68]

张德祥的专著《高等学校的学术权力与行政权力》,从理论和实践、历史和现实的视角分析了高等学校学术权力和行政权力的合理与局限、冲突与局限、冲突与协调、过去与现在的思路,并探讨我国大学如何改善学术权力和行政权力的关系,寻求适合我国实际的学术权力和行政权力的耦合关系模式。他认为,学术权力就是学术人员所拥有和控制的权力,其主体应该包括助教、讲师、副教授、教授等其他学术人员。学术权力的客体主要指和学术相关的事务。[①]大学中行政权力的主体是学校行政权力系统正式的权力控制者,客体包括大学的全体人员。他还就学术权力与行政权力之间的关系构建了一个模式:第一,改变过分依靠行政权力进行决策管理的现象;第二,充分发挥学术权力在决策管理中的作用;第三,健全决策、审议咨询、指挥执行、监督保证的运行机制。张德祥看到了学术力量和行政力量平衡在大学治理中的重要作用,但他也强调要加大学术力量在大学治理中的作用。[69]

周光礼在《重构高校治理结构:协调学术权力与行政权力》中,提出重建高校治理结构的核心是权力的合理分配,学术权力与行政权力的协调是建立现代大学制度的关键。

伊继东等人指出,我国高校学术权力与行政权力严重失衡,具体表现在以下几个方面:一是"行政权力泛化"现象。二是大学内部学术权力弱化,学术委员会形同虚设。三是校长的产生具有浓厚的政治色彩,多数校长是上级行政部门任命产生。[50~67]

钟秉林先生认为,大学内部由于缺乏相应的法律法规及大学章程的保障,造成大学学术权力与行政权力的边界不清,权力行使混乱,有时候还会出现权力的虚位、缺位、越位等后果。

周光礼对大学学术权力与行政权力的二元对立提出了质疑,认为,大学学术权力与行政权力的二分是"一个在逻辑上不存在,在现实中缺乏根据的'假问题'"。[②] 他认为,学术权力是基于宪法的权利,而行政权力是行政法上的权力,所谓学术权力其实更准确地说应该是"学术权利"。[70]

3. 关于我国大学权力结构调整对策的研究

丁三青在《大学"被行政化"与"去行政化"》中指出,目前高等教育的现实

---

① 王瑞环. 博弈论视角下高校行政权力和学术权力关系研究[D].青岛大学,2008.

② 陈权. 当代中国公立高校内部权力结构及运行机制研究[D].吉林大学,2011.

境况是大学"被行政化"。关于政府对学校管理"去行政化"问题,起码有这么几个方面问题需要解决:一是在法律上进一步明确政府的权限,划分政府对大学的权属;二是政府的改造,将政府真正变成服务型政府;三是政府对大学的管理主要体现在宏观政策上的管理,减少和规范对学校的行政审批事项;四是取消大学的行政级别;五是建立政府退出机制,在评估、立项、评奖等方面,政府不再插手,而是让社会中介机构、学术专门机构进行这些事务;六是扩大学校的办学自主权。关于学校内部管理"去行政化"问题,核心是在大学的治理结构中处理好行政管理与学术管理的关系,实现学术权力与行政权力的"共轭"。起码要考虑以下五个方面:一是按照"规划纲要"提出的"探索建立高等学校理事会或董事会,健全社会支持和监督学校发展的长效机制";二是实行"大部制",减少大学机构设置,对现有机构按照功能进行整合,如成立党务部、发展规划部、人力资源管理部、教务部、科技管理部、学生事务管理部、公共服务与管理部等;三是实行"扁平化"管理,减少管理层级,强化宏观政策制定、监督,淡化过程管理、技术管理;四是抬升学术委员会职能;五是管理人员实行职员制、轮值制,取消管理人员的行政级别。[71]

　　大学的学术权力与行政权力的关系问题不仅仅是大学内部的问题,也涉及大学与政府的关系问题。林荣日在《制度变迁中的权力博弈——以转型期中国高等教育制度为研究重点》一书中提到,"我国高等教育制度变迁和创新的最终目标是要理顺五层关系,从而促进高等教育的全面发展。这五层关系是:中央与地方、政府与高校、高校与高校、高校与社会以及高校内部各权力主体之间,其中理顺中央与地方以及政府与高校这两层关系,既是理顺其他各层关系的核心,也是高等教育体制改革的难点与重点。"①该书通过对材料的梳理,通过科学的模型,经过细密的分析,建立了利益博弈和权力博弈模型,其结论为中央与地方利益博弈的最佳均衡解为 $\{p - pt + pt^2 l_3, pt - pt^2 l_3\}$。[72]

　　针对问题提出解决的方案,是研究者们的研究思路。研究者们在解决问题的思路上多是从以下几个方面展开的:一是加大学术权力,提升学术委员会的地位,建立健全各种学术委员会的规章制度;二是"去行政化",学术权力与行政权力适当分离,对行政权力予以监督。三是引入利益相关者,重新分配大学权责关系,将大学教育管理权力分配给大学的各个相关利益主体,"大学权

---

① 林荣日. 制度变迁中的权力博弈——以转型期中国高等教育制度为研究重点[M]. 复旦大学出版社,2007.

力分享"。① 不同利益群体都有参与学校、学院决策管理的机会。特别是在基层加强教师对高校事务的决策管理,提高高校决策的科学化、民主化程度。此外,还有加强法规制度建设,加强高校与校外联系,建立董事会,健全监督机制等措施。还有的学者如陈磊从管理组织机制——参谋咨询机构、决策机制、执行评价机制等方面来设计改革高校管理模式,提升学术权力。但总的来讲,都是围绕分权、放权、民主管理、强化学术权力展开的。

4. 关注大学章程的制定研究

目前,还有一种趋势,就是结合大学章程的制定从制度的层面分析大学内部治理。世界一流大学都有自己的章程。章程不仅是大学办学的权威性、基础性的总纲,而且也是大学的"基本法"。《国家中长期教育改革和发展规划纲要(2010—2020 年)》明确提出,完善中国特色现代大学制度,要加强章程建设。各类高校应依法制定章程,依照章程规定管理学校。由此可见,依法制定学校章程并严格依照章程治理,既是法律对每一所高校的基本要求,也是大学设立、运行、发展合法性的前提。换言之,从合法性视角来说,没有章程,大学就不符合法律的要求,就不能设立大学。大学章程作为大学精神的集中体现和大学行为的总规范,实际上是法的治理模式、法的精神和法律条规在一所大学的进一步延伸和具体化、个性化。②

在实践中,大学章程于现代大学治理的重要价值与意义也已得到了政府与立法机构高层的重视。1999 年教育部在其下发的《关于加强教育法制建设的意见》中规定:"各级各类学校特别是高等学校要提高依法管理学校的意识,依据法律、法规的规定,尽快制订、完善学校章程,经主管教育行政部门审核后,按章程依法自主办学";2007 年教育部政策法规司正式发布《关于报送高等学校章程材料的通知》;2010 年中共中央国务院印发的《国家中长期教育改革和发展规划纲要(2010—2020 年)》第四十条在"完善中国特色现代大学制度"部分更是明确指出,"加强章程建设。各类高校应依法制定章程,依照章程规定管理学校"。2011 年 11 月 18 日,教育部长袁贵仁发布教育部第 31 号令,决定自 2012 年 1 月 1 日起,正式施行《高等学校章程制定暂行办法》。近一两年,各高校将纷纷制定大学章程。[73~80]

---

① 尹晓敏.利益相关者参与逻辑下的大学治理研究[M].浙江大学出版社,2010.

② 郭莉.大学章程的制定——基于公众参与的分析框架[J].中国管理信息化,2012(15):109 - 112.

除此以外,还有学者从大学组织内部的生成机制研究大学内部的权力运行。[81~100]

1.3.3 相关研究的特点

通过对国内外关于学术权力和行政权力关系的相关研究,具有以下几个方面的特点:

1. 关注学术权力与行政权力的配置。国外学者如约翰·范德格拉夫、伯顿·克拉克、托尼·布什、罗伯特·伯恩鲍姆等都从模式构建方面来探讨二者之间的配置关系。从我国大学来讲,学术权力薄弱,行政权力较为强势,即在大学组织治理活动中,其学术性表现出"虚弱"的特点,科层性却得到了较好的发展。造成这种态势的原因,大致在于我国"官本位"传统、学术权威或者学术共同体在大学治理中无法合理定位、学术权力在大学治理中没有得到应有的发挥,还在于组织制度供给不足等。

2. 认同学术力量在大学治理中的根本性作用。大学组织是一种特殊的组织,它以知识为基础,以教学和科学研究活动为载体,强调"知识权力",即大学组织是一类以知识的传承、创新为基础的组织,其存在和发展的合法性在于它是引领社会发展的精神灯塔。所以,学术力量始终是大学组织的根本动力,任何偏离这种动力作用的动机都将把大学引向"泛行政化"的发展路径中去。

3. 现代大学组织在从社会边缘走向社会中心的过程中,其管理的复杂性要求以专业化管理介入大学组织。美国学者科尔所谓的"多元化巨型大学观"越来越得到人们的认可。也就是说,大学的功能和角色的拓展使得人们对于大学的期望越来越高,对于大学组织的管理效率及其结果越来越关注。由于管理在大学组织内部的资源配置、分工协调等方面显得极其重要,所以,研究者们并不只是强调大学学术力量的重要性,也认识到学术力量必须有它的限度和边界。这就需要深入讨论学术权力和行政权力各自的角色和功能,从各自的作用出发探讨其运作机制。这也是研究者们理性反思的重要推进。

1.3.4 文献综合评价

到目前为止,对大学学术权力与行政权力的研究,是建立在非常丰富及多元化的基础之上的,学者们从不同的视角对这个问题进行研究。但在综述的过程中发现,以下问题在后续研究中值得注意:

1.3.4.1　对理论构建的启示

（1）国外学者从多个学科、多重视角探视大学组织中的学术权力和行政权力。分别从经济学、管理学、社会学、法学等不同的学科领域展开,呈现研究方法多学科、多维度,研究结论多层次的特点。通过对相关博士论文的统计,我国这一研究专业的成果主要集中在教育学,占到63%。这不可避免地导致在研究过程中会不自觉地依存于本学科的研究视角和框架,对问题的研究成果呈现出高度一致性的特点和扁平化趋势。在后续研究中,需要引入其他学科的研究视角,运用多种理论,多维度探究大学学术权力和行政权力的关系问题。

（2）目前绝大多数成果是从宏观的领域对大学学术权力和行政权力关系问题进行研究,而较少采用微观的视角。虽然大学学术权力和行政权力本身就是复杂的社会问题,宏观视角不仅必要而且重要,但必须认识到个体或群体在权力运作中的角色,对于开展大学学术权力和行政权力研究会大有益处。在这方面,认知心理学理论和决策理论,显然有助于我们更好地分析问题。将宏观与微观视角相结合,有助于我们深入分析问题。[101~104]

（3）就目前的研究来看,学者们对大学学术权力和行政权力影响因素进行分析的比较少。尽管大学学术权力和行政权力本身就很复杂,加入影响因素分析会增加研究设计的复杂性,但是对于影响因素及其相互作用的分析,将为大学学术权力和行政权力的研究提供新的思路。

1.3.4.2　对研究方法的启示

（1）研究方法单一。我国关于大学学术权力与行政权力的研究方法大多以文献法、历史法、比较法为主。主要是在对文献的占有、理解基础上,进行思辨性的研究。由于缺少第一手资料的支持,研究结论的科学性和可信性欠缺。毋庸置疑,该问题的复杂性使得无论是数据的收集还是数据的分析都呈现出复杂性的特点,我们更应该对研究方法的严谨性予以关注。

（2）研究起点模糊,导致研究结论的深度和广度欠缺。如研究综述所示,理论界对学术权力、行政权力概念进行了大量研究和界说,但却忽视对权力理论与权力实质的考察,缺乏对权力理论的溯源研究,致使研究成果缺乏应有的理论深度和思辨性。学术权力、行政权力是权力的下位概念。要深刻把握学术权力、行政权力的内涵,首先需要对权力理论与权力实质有所了解,借鉴古今中外权力理论漫长的发展历程与丰硕的研究成果,在全面阐述权力内涵的基础上,科学地把握学术权力、行政权力的内涵,夯实研究的逻辑起点,保证研究成果保持基本的学术水准。①

1.3.4.3　对管理实践的启示

目前,关于大学学术权力与行政权力关系的研究总体上是描述性的,需要对问题的实践指导意义给予更多的关注。尽管现在有许多研究给出了一系列的对策,但是对管理实践的指导十分有限。虽然就描述的正确性而言,目前的研究已经取得了很大的进展,但遗憾的是,有重要指导价值的研究还比较有限。理论研究应该致力于找出并解释那些管理者不易发现的关系,由于大学学术权力与行政权力的影响因素十分复杂,那么对其中因素加以考察就具有非常重要的实践价值。[105]

(1) 大学组织治理中的学术力量和行政力量各自都形成一个系统。就学术力量而言,它大致包括:第一,学科的学术权威所形成的影响力,这种学术力量只是在学科(或相关学科)范围内有效;第二,学科范围内"学术行会"的影响力对于学科发展、教师职务晋升、谁应成为学科教师等具有较强的影响力,如大学中学院的教授委员会;第三,大学中不同学科背景的学者所组成的"学术共同体"对于学校治理中的决策产生的影响力。总体上看来,学术力量的影响力具有分散性特点,因为有"隔行如隔山"的感觉。就行政力量而言,它总体上呈现出一种"权力金字塔"结构,具有整体性特点,职权位置的高低决定了力量的强弱,地位和权力有"凝固"的特点,即不同的地位与权力存在相互强化、相互繁衍的趋势。

(2) 教师是大学治理的传统力量,但随着专职管理队伍的发展和壮大,教师群体挤到了"被治理"的地位。其中一个重要的原因是在大学的不断世俗化和科学教育引入大学的过程中,大学功能随之世俗化,学科结构复杂化,导致在大学的日常管理中充斥着烦琐的事务性工作。为了应对这一状况,专业的行政人员应运而生,从而形成了一种新的局面:行政管理人员的力量在大学达到与教授权力抗衡甚至超越教授权力的程度。行政力量在大学资源分配、大学决策方面已经起到一种关键性作用,它成为一种"硬力量",渗透到学术管理领域,使得学术力量不得不屈从于它的影响。行政力量的强化还有一个重要的原因,即大学在资源获取以及与外部博弈的过程中,其利益相关者如政府、社会、家长、学生等也在以不同方式对学校施加影响。

①　徐文娜.大学学术权力文献述评[J].人民论坛,2010(36):128-129.

（3）大学治理已经不是强调学术权力还是行政权力的问题，而是如何在二者之间寻求一种合理的平衡点，即二者之间的共轭关系。不同的制度中，二者的强弱程度不一样，我们不能仅用一种关系来简单地突出它们之间的作用，而是要根据不同条件来分析二者之间的关系。已有研究为我们的进一步研究提供重要的基础，但目前还没有以共轭关系来系统研究二者之间关系的成果。"共轭"是一个考察大学治理中学术力量和行政力量关系的新视角。共轭具有两个重要特性：一，共轭体系结构相对稳定，要素联系紧密、整体功能协调、对环境适应性强，在形成共轭状态的过程中对外部环境释放能力，形成的新形态具备了一些新的特性和功效。二，共轭状态是动态存在的，可以由某种状态发展到下一个更高层次。我们认为，共轭原理能够合理地解读大学治理中的学术力量和行政力量的关系。

1.4 研究思路、技术路线与方法

1.4.1 研究思路

第一，研究出发点

"问题意识"在科学研究中具有极为重要的意义。产生研究的动机和兴趣往往是因问题而发，无论是理论的研究，还是实践的探索。理论性问题虽然是抽象的，甚至与现实之间存在着表述上的巨大差异，但是对于林林总总、纷繁复杂的大量的实践问题而言，是具有本源性的意义的。本源性的问题意识是指一种带有理论思考意义的自觉，它并非要求我们一定要去澄清一个根本性问题，再去解决实践当中的问题，而是要求我们带着对本源性问题的自觉去思考、甄别、理解、分析。

我们所关注的大学学术权力与行政权力及其关系的问题，是一个宏大的问题，而对这样的问题的研究往往是很难有所建树的，而且要澄清这样一个本源性的问题，绝非一书所能完成的，况且又受到作者本身学术基础、理论素养、阅历和视野等多方面的因素的限制。也许正是因为这样，笔者的研究并不直接指向大学权力理论的梳理、大学学术权力和行政权力复杂问题的澄清和解决，而是带着对这个问题的思考，也就是通常所讲的，带着"问题意识"进入大学场域之中，试图选择一个独特的研究视角，来认识和分析大学的学术权力和行政权力。基于此,笔者选择了"当代大学学术权力和行政权力共轭机理研究"作为自己的题目,试图从共轭的视角来阐述大学学术权力与行政权力的关系,透视深嵌于制度框架之中的大学权力的关系,探寻大学内部复杂环境之下学术权力与行政权力互动的意义之所在。

本书要回答的问题就是:大学学术权力与行政权力究竟是一种怎样的关系,两者的理想状态理应如何? 对这一问题的释读包括两个方面:大学学术权力与行政权力关系的"实然"和"应然"两种状态。第一,大学学术权力与行政权力关系的"应然"状态。在此,大学中的学术权力与行政权力是有着自身价值、内在逻辑,并具有独立性格的。第二,大学学术权力与行政权力关系的"实然"状态。大学学术权力与行政权力的关系是受到多方面因素的影响,依赖环境而求生存的变体。对"应然"状态的研究,就是力图透视大学权力特有的、蕴含的特质;而对"实然"状态的考量,则关注大学权力的影响因素。

第二,切入角度的选择

"对有意义的人类行为的终极要素所做的任何有思想的探索,都首先是与目的和手段这两个范畴密切相关的。具体来说,我们希求某种东西,要么是由于它自己的价值,要么是把它看作服务于最终希求东西的手段。"①② 人们对于大学学术权力与行政权力关系的研究分别从不同的"手段"出发,并得出有意义的结论。尽管这些"手段"的逻辑轨迹不同,研究策略不同,但是都遵循了科学的规范。在这里,我们试图在研究的方法上有所突破,寻找一种较为适切的角度,既能解释大学学术权力与行政权力关系的"应然"状态,也能解释大学学术权力与行政权力关系的"实然"状态。我们引入自然科学中的一个概念"共轭"。

关于"轭"的概念,我们将在后面的研究中加以专门的解读。从哲学上审视,"轭"其实就是一种联系,而且这种联系是有条件的。"共轭"就是按照一定规律联系着的一对事物,而且这对事物通过一定的规律协调对称地相互影响、相互制约,使得整个系统结构相对稳定、要素联系紧密、整体功能协调、对环境适应性强③。

显然,我们这里理解的"轭",首先是指其结构、组成、功能包括配置上的比

---

① 马克斯·韦伯. 社会科学方法论[M]. 李秋零,译. 中国人民大学出版社,1999:3.
② 项久雨. 思想政治教育价值论域及其研究意义[J]. 学校党建与思想教育,2002(5):22-24.
③ 傅毓维,尹航,刘拓,杨贵彬. 风险投资与高新技术产业共轭双驱动机理分析[J]. 科技管理研究,2007(2):129-132.

例得当、规范合理,符合客观发展规律。我们运用这一科学理论来研究大学管理中所遇到的实际问题;其次,"共"指创造一种"和谐"氛围,使各个共轭要素能配置得当、各司其职;最后,要注意达到"共轭",使之有机结合和互动,从而实现"发展"。从共轭的角度切入大学学术权力与行政权力的研究,在大学两种主要权力的共轭关系中理解大学的意义。

第三,路径探讨

大学学术权力与行政权力的共轭机理是一个动态发展的过程,研究两者的共轭,首先要了解共轭的概念。

在此基础上,本书对学术权力与行政权力进行价值考察,总结其变化的特点。在大学学术权力与行政权力的共轭关系中蕴含着价值的追求。大学学术权力与行政权力的价值分别是秩序与自由,共轭是这两种价值形成必要的张力的结果(图 1-3)。

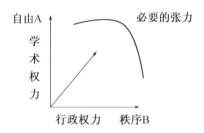

图 1-3 学术权力与行政权力的价值追求

共轭机制是大学学术权力与行政权力互动的核心。共轭机制不是事先存在的,而是共轭的主体和要素在一系列具体场景中通过多种方式逐渐形成的。因此,研究大学学术权力与行政权力共轭机制,首先要明确共轭主体和共轭要素,并构建分析框架。本书选择两个视角:第一个视角为价值之视角;第二个视角为场域之视角。在这两个视角下,展开理论分析,见图 1-4。

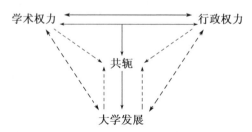

图 1-4 学术权力与行政权力的共轭机理

在理论研究的基础上,依据扎根理论,运用定性研究与定量研究相结合的方法,探索影响大学学术权力和行政权力共轭的影响因素,构建大学学术权力与行政权力共轭模型,研究大学学术权力与行政权力之间的关系。

最后,运用实证研究的方法和大量面板数据,验证大学学术权力与行政权力共轭对大学发展的影响,并据此提出相应的政策建议。

1.4.2 研究方法

1. 文献研究法

首先,对学术权力与行政权力的国内外文献进行综述,在此基础之上,构建文献的分析框架,进行文献的归类。其次,对权力理论及组织理论进行详细的梳理,在阅读和分析的基础之上,把与本论文相关的内容进行归类,在对基础理论的分析之后,归纳学术权力与行政权力的概念。再次,收集有关大学权力等方面的数据,以备实证研究时使用。通过对文献的梳理,对相关研究进行概括和提炼,这是本书的重要基础。

2. 定性与定量相结合研究法

应用扎根理论定性研究的方法,通过对 35 位专家学者的访谈,探寻大学学术权力与行政权力共轭的影响因素。大学组织的学术权力和行政权力的关系研究需要通过"在场"的人或群体的各自体验来定位,而不仅仅是从学理上去研究,这是从实践中寻找依据的重要途径。通过特殊的权力量化手段,对我国"985 工程"大学、"211 工程"大学和"一般"大学进行了实证研究,应用定性与定量相结合的研究方法,对大学学术权力和行政权力共轭机理进行了研究和分析。并把学术权力和行政权力各自分为若干要素进行样本分析,运用统计分析软件把各自在大学治理中的作用显示出来,为构建模型奠定基础。

3. 多学科交叉研究法

由于大学学术权力和行政权力在现实生活中具有多样性和复杂性,多学科交叉研究是研究本课题的有效方法。基于研究对象和问题的跨学科的特点,综合运用管理学、法学、统计学等多门学科理论,在多学科的视野中分析大学学术权力与行政权力共轭的问题,进行概念界定、分析框架构建、模型分析、共轭驱动研究。

4. 理论研究与实证研究相结合

从理论层面分析共轭的管理学内涵,并从价值视角和场域视角分别对大学学术权力和行政权力的共轭进行分析。在此基础之上,进行深度访谈和问卷调查,构建大学学术权力和行政权力的共轭模型;并选择中国网大大学排行榜数据进行实证分析,实证应用研究与理论反馈研究,得到较为真实的研究结果,分别对我国不同层次的大学提出不同的共轭驱动策略建议。

1.4.3　技术路线

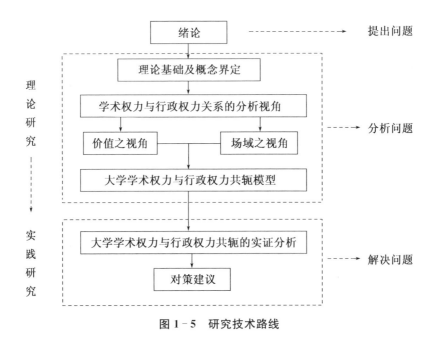

图 1 - 5　研究技术路线

本书按照"提出问题—分析问题—解决问题"的逻辑顺序依次展开。首先讨论共轭是什么,并分别从价值之视角和场域之视角分析大学学术权力和行政权力共轭的价值意蕴和实际表征。分析实际影响大学学术权力和行政权力共轭的因素有哪些,其共轭的模型是怎样的,在中国当代实践中,大学是否达到共轭的状态。为了回答上述的问题,拟解决的关键问题包括以下几个方面:

第一,共轭的管理学内涵及其哲学指向;

第二,大学学术权力与行政权力共轭的价值属性——自由与秩序之间必要的张力;

第三,大学学术权力与行政权力共轭的场域策略——学术权力与行政权力的空间位置;

第四,大学学术权力与行政权力共轭因素的选取,共轭模型的建立。

第五,基于中国网大数据,对大学学术权力与行政权力共轭关系的实证分析;在共轭的视野下,运用共轭理论,分析大学学术权力与行政权力共轭驱动与大学发展的关系,提出大学学术权力与行政权力共轭驱动的策略。

2 理论解读

在所有的历史发展中,有一种作用是不容忽视的,那就是权力,但是很少有人能够说清楚权力作用的效用幅度和具体机理。在当今这个宏大的社会变迁舞台之上,大学中的学术权力和行政权力,各自在发挥着特殊的功能。但是其内部关系究竟是一种怎样的状态?揭开这个谜团,加深对大学发展过程中的宏观教育现象或微观过程的深刻理解,是每个学者义不容辞的时代重任。本书是对此命题的一次探索和尝试。我们不求能够洞察所有的秘密,但求能够提供一种新的视角和可供讨论的调查数据,来剖析大学学术权力和行政权力的关系,尝试解答权力背后的机理。

我们研究旅程的起点是厘清概念。大学学术权力和行政权力是我们首先要予以分析的。这里涉及两个重要的概念:"权力"和"大学组织"(我们认为大学是组织的一种)。而且笔者认为,这两个概念不仅仅是静态的属性描述,还应该是动态的概念。所以我们第一步要做的就是综合运用权力理论和组织理论,把具体的学术权力和行政权力的运作看作在既定系统边界约束下集体行动能力及其符号表达的过程。同时,我们把大学看作"权力的容器",以此作为我们研究的基础。

2.1 权力概念

在学术研究中,最困难的事往往不是寻找一个问题的发生根源、内部症结和变化机理,而是寻找该问题所涉及的原始概念的逻辑起点,即定义一个概念。在这方面,由于自然科学从操作意义出发,许多概念都是约定的,较少有人文和社会背景复杂性的影响,因而歧义相对要少一些。而社会科学,由于是寻找相应概念在社会生活中实际用法上的意义,并且一个概念在实际生活中的用法往往是多义性的,加上研究者人文和社会背景复杂性的影响,就往往很难形成对一个概念的共识。就权力概念而言,恐怕没有多少人不清楚,但又恐怕没有多少人能够说得清楚。

然而,有关权力概念的论说实在太复杂了。在本人所查阅的资料范围之内,发现至少有二三十种之多。这些论说,按照其共同特征,大体上可归纳为能力论、力量论、决策论、预测论、关系论、控制论、资源论、财富的法律存在形式论等基本类型。其中的"力"(力量和能力)论,包括说服力、影响力、引导力、作用力、支配力、控制力、强制力和暴力论;而关系论又包括管理关系、因果关系、主客关系、单向关系、双向关系和网络关系论;当然,在预测论中也应涵盖着结果、特例和概率论。此外,还有人提出过所谓的集体论、信息流论、一维论、二维论、三维论等,不一而足。无怪乎,英国的罗德里克·马丁就说,权力是一个使用频率颇高,可以凭直觉去理解,但却很少有严格定义的词。

然而,"凭直觉去理解"不等于绝对不可言传,"很少严格定义"不等于对定义的任何探索都是多余的。事实上,只要把握住以下三个前提,权力概念就不仅是可以言传的,而且也是可以探索的。并且相信这种探索对于了解权力的腐败倾向会有更深一步的理解:一是基于事实判断的角度,尽可能问它实际是什么,而不问它应当是什么,以避免不同价值观所带来的纷扰;二是从回答"权力为什么会倾向于腐败"的角度出发,以避免那些事实上没有任何错误、但又没有任何实际意义的文字游戏;三是充分认识不同角度考察的必要性,不轻易否定他人结论的合理性,以展示权力概念客观上的多角度特征。基于此种理念,本书拟从词源出发,先来个说文解字,然后再分析他人有关权力概念的几个论说,进而说明自己对权力特征的基本看法。

2.1.1 权力之权:字源的探索

从中文词源上看,权力是由"权"与"力"两个字组成的。其中,"权"字是木字旁,本义是黄华木(草)或黄英木。比如,《说文解字》中就有"权,黄华木。从木,雚声"的记载,而《尔雅》在其"释草"和"释木"两篇中则分别有"权,黄华"和"权,黄英"两种说法。言下之意,黄华为草,黄英为木,两者均可用"权"字来表示。然而,无论"权"是黄华木(草),还是黄英木,抑或两者都是,似乎都看不出与今天所讨论的权力概念有什么联系。相反,倒是权字的另外一种含义可以给我们一些启示,根据《广雅·释器》中的解释"锤,谓之权",而"锤"字则是古代测定物体重量的器具。这样,权实际上指的就是秤(狭义为秤锤——在此情况下,秤杆称为衡),以及由此所引申的称量物体重量这种行为。比如,战国时期的秦权和楚权就是当时的秤,而《孟子·梁惠王上》中所说的"权,然后知轻重",指的就是称量物体重量的行为。当然,"称量"只是权的基础含义。在这之上,权的内涵在实际应用中已逐步扩展为四组基本含义:一是衡量(测量与审度),比如权衡、权计、权量、权度;二是谋划(计划与谋略),比如权谋、权用、权术、权断;三是变通(包括替换和代理),比如权宜、权且、权变、权官;四是今天要寻找其内涵的法律上的权,比如权利与权力。可以看到,权字的这四组含义虽然各有指称、不能混淆,但同时又是相互联系、依次递进的。没有对一件事情利弊得失的准确衡量(权衡)作为基础,要想谋划出成功的行动方案(权谋)恐怕是不可能的。同样地,任何一个成功谋划的方案,如果不为其在实际运作中留下适当的变通(权变)空间,恐怕就难以称得上一个成功的谋划(权谋)。

接下来的问题是,权的第四组含义,即,权利和权力中的"权"字指的是什么呢?它是否与前三组含义有某种联系呢,从构词法上看,权利是权与利的合成词,表面看来代表的是权力和利益。然而,在古汉语的大多数语境中,权力就是势力,更强调一种"势",一种在价值取向上可以令那些贪势求荣的人勉力趋附和巧妙利用,进而彰显和炫耀自己,并借以影响、支配和控制他人,最终实现自己私利的"势"。比如,《后汉书·卷八十一》所记载的"阳翟黄纲恃程夫人权力,求占山泽以自营植",《新唐书·卷一百六十四》所记载的"知礼部贡举,斥华取实,不为权力侵挠",《明史·卷二百五十五》所记载的"且外廷诸臣敢诖陛下者,必不在拘挛守文之士,而在权力谬巧之人"等中的"权力"就指的是权势。所谓权利,在古汉语中其实就是权势和私利及其两者的引申。比如,《明史·卷三百零八》记载的"唯庸阴以权利胁诱二人"就指的是以权势胁迫、以私利诱惑。而《后汉书·卷五十八下》记载的"纷纶流于权利兮"指的是人品德向权势与私利的沦落。《南齐书·卷四十七》记载的"专行权利,又无赃贿"中的"权利"则进一步指权钱交易。《旧唐书·卷一百六十》所记载的"元和中,内官梁守谦掌枢密,颇招权利"中的"权利"更引申为那些诣媚权势的势利小人。因此,权力,尤其是权利这一词在古汉语中的含义基本上是贬义的。正因为如此,《盐铁论·贫富》才有"故古者大夫思其仁义以充其位,不为权利以充其私也",而《盐铁论·轻重》则更有"礼义者,国之基也。而权利者,政之残也"。

可以看到权利和权力中的"权"字作为对"势"的表征,在其词义演变历史的脉络上,与"权"字的本义"秤锤",及其所引申的"称量"这一基础含义,特别是基于这一基础含义之上的衡量、谋划和变通三组概念似乎没有太大的内在联系。然而,根据一些学者的研究,在1864年(清朝同治三年)美国传教士丁毗良(W. A. P. Marin)在将亨利·惠顿(Henry Wheaton)所著的 *Elements Of International Law* 译为中文《万国公法》时,选择了汉语中的"权"字来表达英文中的 right、privilege、power、authority 等词的基础含义,使用了诸如"自主之权""君身之权""民人之权""制定法律之权""诸国平行之权""商议立约之权"等概念,从而为古汉语中的"权"字在原有"衡量""谋划""变通"和"势力"含义的基础上赋予了"主体资格"这样一层法律上的内涵,即某人,包括法人、其他社会组织,乃至某个国家、某个国际组织是否具备享受某种自由、利益,或者从事某项活动、包括管理社会事务的正当性条件。

中国古汉语中有个词,叫"名分"。孔子讲"名不正,则言不顺;言不顺,则事不成",说明了名的重要性。司马光说"天子之职莫大于礼,礼莫大于分,分莫大于名",又说明了名乃分之前提、分乃礼之基础、礼乃职之准则的道理。尤其是,商鞅说"一兔走,百人逐之,非以兔可分以为百,由名分未定","夫卖兔者满市而盗不敢取,由名分已定也"。这就更表明,只有确名定分,才能止争防盗、规范人们的行为,最终维护"礼"——这种中国传统社会的秩序。因此,"名分"一词在古汉语中就体现了每个人在所处社会地位中对相应事务所拥有的主体资格,成为每个人享受相应自由、利益,或者从事某项活动,包括管理社会事务的正当性条件。由此可知,法律意义上的"权"字在表达英语 right(正当、正义)、privilege(只有特定人或者在特殊条件下才能享受的好处)、power(被授予的能力、力量)和 authority(与公职相联系的能力、力量)这些概念时,也体现了古汉语中的"名分"概念。换句话说,权利和权力中的"权"字,在法律意义上就是一种名分。

法律是什么? 简而言之,就是关于人行为的规范。具体地说,就是在涉及人们之间利害关系时人应遵守的行为规范。这样权利和权力作为具有法律意义的概念,其中的"权"字就必然涉及人们之间的利害关系。按照这种推理,再结合"权"字的本义"秤锤"及其所衍生的前三组含义,即衡量(权衡)、谋划(权谋)和变通(权变),那权利和权力中的"权"字就应当指在涉及人利害关系的问题上、衡量利弊、做出评判,进而审时度势、做出对策、采取措施,并承担其后果的一种名分、一种主体资格,一种行为的正当性条件。就是说,谁可以被允许或者事实上被认可来处理相应的利害关系问题。这样,权利和权力的"权"字就具有相近的字面含义,都是一种名分、一种资格、一种条件,只允许符合者才能享有,以排斥其他人的涉入。

无可否认,权利与权力毕竟是两个概念,因而其中的"权"字在两者之间还是有着一定的差异。这表现在,权利(right)之"权"代表了一种属于自身的名分、主体资格和行为的正当性条件,而权力(power)之"权"则意味着一种被授予的名分、主体资格和行为的正当性条件。这就成为权利与权力两个法律名词在概念分野上的第一要义,也成为它们相互联系的共同基础。这一点十分重要,它表明:一方面,权利之权,不仅指自然人的个人权利(private right)——如《清史稿志·一百三十五》记载的"中国人民有事,在墨国控告,得享权利与墨国或相待最优之国人民无异"中的"权利",也可以指国家主权(sovereign right)——如《清史稿志·一百二十九》所记载的"福成以英既不允我地,则英所得于我之权利亦应作废"中的"权利"就是国家层面上的;另一方面,权力(power)之权,既可以指通过法律程序由人民所授予的公共权力,如国家的立法权(legislative power)、执法权(executive power)和司法权(judicial power),也可以指一个政治、经济或社会组织内部通过特定方式所形成的具有决定事务、下达命令、采取措施,并承担其责任的组织权力,如公司中股东会、董事会的权力和经理的权力等,甚至可以指通过委托而在平等民事主体之间转移的代理之权,比如,通过书面形式委托给律师来处理委托人法律事务的律师代理权(power of attorney)。

当然,本书并不关心平等民事主体之间的代理权力,也无意集中去探讨社会性组织内部的权力结构,而是把关注的重心放在公共权力上。所以,权力之"权"字,作为一种名分、一种主体资格、一种行为的正当性条件,在此就主要指公职这种名分、这种主体资格、这种正当性条件。基于这种界定,与职位尤其是与公职没有联系的一切"权力"(power),比如民事代理权和那些基于个人知识、魅力、体力、名气、财富、武装等而产生的威望、权势、对他人的影响力、控制力、支配力等,都不在本书的讨论范围之内。简言之,本书所讨论的权力之权,其实就是职位尤其是公职——这种名分、主体资格和行为的正当性条件之权,即职权。

2.1.2 权力之力:词义的寻究

前面讲过,作为一种名分、一种主体资格、一种行为的正当性条件,权利之权与权力之权的第一分野,在于前者属于自身,而后者是被赋予的。但是,不难发现,权利与权力在实际应用中的区别并不仅仅限于此。事实上,权利之权作为一种名分、主体资格或行为的正当性条件,除了排斥其他人的干预之外,还在于可以要求特定的他人去行为。比如,债权人要求债务人履行合同所约定的义务。但问题在于,权利——这种基于自身利益之权,在义务人不履行自己义务的时候,权利人就只能通过一定的法律程序来维护,而不能由自己采取强制手段去实现——除非处在奉行丛林法则的野蛮社会中。所以,别人不还到期借款,可以到法院去起诉,但不可以将借款人扣下做人质。权力则不同。由于以力作为后盾,当一道命令得不到执行、影响到权力之权的名分时,权力者就可以、并且至少在形式上可以正当地采取强制手段来克服阻力、维护权威、贯彻命令。这就是权利与权力的第二大分野。

那么,这个神奇的力又是什么呢?根据许慎在《说文解字》中的解释:"力,筋也。像人筋之形。"言下之意,力即人在解剖学上的筋腱。对此,现今一些学者提出了质疑,认为许慎的说法有误。理由是,"力"字的字形在甲骨文中,类似一根一头被削尖的有点弯曲的木头,下面有个小横杠,很像犁这种农民在耕地或点种时所用的农具。本人不是文字专家,也没有意愿就"力"字的字源究竟是"人筋"形还是"犁具"形考证出一个孰是孰非。但需要注意两点:一是对许慎关于"力,筋也"的说法,根据许慎本人在解释"筋"字时又有"筋,肉之力也"的说法,清代段玉裁在其所编撰的《说文解字注》中引用二篆的转注做了解释"筋者其体,力者其用也";二是对"力"字像"犁"这种农用工具的说法,根据《管子·海王》篇中关于"耕者必有一耒一耜一铫"的说法(其中耒为犁柄,耜为犁头,铫为锄头),至少在春夏战国时期,犁就不是用"力"字来表示,而是用"耒耜"二字来表示。所以,无论"力"字是人的筋腱形,还是犁这种农具形,似乎毋庸置疑的事实是,"力"既不是指人的筋腱这种解剖学实体,也不是指犁这种农具的实体,而是,要么指人的筋腱之所用——这种运动生理学上人的筋腱在收缩时所产生的"劲儿",要么指"犁"这种农具之所使——即在耕地时所需要和所消耗的能量。换句话说,在人的筋腱没有收缩使用时,就没有力的存在;同样地,在没有使用犁这种农具来耕地的时候,也就没有耕地时所使出的力的存在。这一点很有启发性。它表明"力"字在我国古代汉语中的原始含义与其在物理学中的概念在其用法上是非常接近的:尽管在现代物理学中,质与能是相互转变的,似乎实体的概念已经没有多少意义了,但在宏观领域和日常生活的常识层面上,力(force)毕竟不是一种实体,而是产生物体加速度或物体形变的作用,并且其大小还可以用牛顿第二定律来表示($F=ma$)。由此推而广之,力在一般意义上就像有的辞书所说的那样,是"使用权力、能量或力气完成某事或制止反抗"的"一个实际的物质的过程"。也就是说,不管力的具体形态是什么,是一种智力,还是体力,是一种社会之力,还是自然之力,它们都是在其运行过程中才产生、才显现的。没有其运行,任何形态的力似乎都是不存在的。

按照这种理解,权力一词是以力字结尾的,进而权力概念就被归结为一种力,一种仅仅在其承载物所使用、所运行、所作为时所展现出来的现象。换句话说,权力是一种稍纵即逝的现象,仅存在于它在被使用的过程之中。不用之时,其则亡矣。很显然,这与人们关于权力概念的基本常识不符。一方面,权力不是用则存,不用则亡,而是用时可以展现出它的存在,不用时人们虽感觉不到它的作用,但它还是存在着。核武器只有在爆炸时才展现出威力,但不能因此就认为没有爆炸的原子弹只是一个大皮球,对人类不存在任何威胁。另一方面,根据牛顿第三定律,作用力与反作用力是相等的。这样,当把权力的"力"仅仅归结为其在被使用时施加于其承受者身上的那种展示出来的外显之力时,那就意味着权力的承载者将要同时接受同样大小的来自权力承受者的反作用力。这样,半斤八两,既解释不了权力拥有者与其承受者之间在力量对比上的那种不对等特征,也说明不了权力本身的存在价值和意义。事实上,虽然作用力与反作用力相等,但作为常识,鸡蛋和石头相撞的结果恐怕是不言而喻的。一个年富力强的壮汉打出的拳头,与一个年幼弱小的孩子打出的拳头,其力量和效果肯定是不一样的。壮汉的拳头可能使小孩丧命,而小孩的拳头对于壮汉来讲,恐怕连捶背所需的力度都不够。所以,把"力"字解释为其承载物在作用时所展现出来的现象,虽然在物理学上有其精确的操作意义,但在套用到权力概念中的"力"字时则不仅显得太狭窄了,而且也无法体现出权力在克服其承受者的阻力、实现权力拥有者意志过程中预先蕴藏在权力承载物中的那种潜在的能量。

不过,任何一个字或词在产生之后其含义都不是绝对静止的,而是随着社会生活的变化在发展、在丰富的。力虽然作为筋之用而不是筋之体,或者作为犁之使而不是犁之体,再或者作为物与物之间的作用而不是物体本身;但在实际应用中,力的含义并不仅仅限于其用、其使、其作的那种有时限的展示状态,而是包括其凝固在相应承载物之中的那种相对恒常的潜在状态,并进一步被引申为"凡精神所胜任者皆曰力"。这样,除了作用力和效力这些力的外显形式之外,诸如人的智力和体力、社会的生产力、组织的动员力、军队的作战力,以及车船的运输力等各种形态的力的潜在形式也就属于力的范畴。就是说,力的概念实际上有狭义和广义之分。在狭义上,它仅指其承载物在其被使用或其运行过程中所展现出来的作用;而在广义上,它不仅包括力的这种外显形式,即作用力,也包括那种蕴含在其承载物之中的力的潜在形式,即潜能,更包括一切可以成功做事、实现预期目标的物理的、智慧的、精神的本领,即能力。于是,所谓的智力、体力、生产力、动员力、作战力、运输力等都是相应承载物的一种潜能或者能力,即要么单纯地是一种预示着力的外在形式的力的潜在状态,或者在更广泛的意义上是一种预示着不同成功期望的不同类型的现实能力。

同样的道理,权力一词,虽然在古汉语的典籍中主要指的是权势,强调一种外显之势,而且更多是在贬义上所采用的,但外显之势是需要内在的实力作为支撑的,也正是这种实力才使得掌握权力的人拥有了支配他人的能力。因此,外显之势、内在实力和支配他人的能力就构成了汉语"权力"概念中的"力"的三个逻辑要素。这一特征,在汉语"权力"与英语"power"中虽不完全切合,但也有着较为相似的对应之处。从词源上看,英语中的 power 一词来自法语的 pouvoir,法语中的该词源于拉丁语的 protests 或 potentials,这两个词又都是从拉丁语的动词 potter,即"能够"引申而来的。这表明,英语 power 在本义上是一种能力(ability)。然而,随着词义在实际生活中的演化,power 已绝不仅仅表示一种能力,而是成为一个内涵多样、且又相互密切关联的词。在一些场合,比如视力(the power of sight)、听力(hearing)、观察力(observation)、理解力(understanding)、判断力(judgment)等词汇中,它体现为一种能力(ability);在另外一些场合,比如电力(electrical power)、风力(wind-power)、水(water-power)中,它则表示一种在运动过程中所展现出来的、可以做功的力量(force);同时,在诸如军力(military power)、国力(national power)等中,它又表现为一种内在的力量,一种处于潜在状态的、但可以展示出来、以实现既定目标的力量(energy, strength, might, etc.)。就是说,至少在英文power 一词的多义内涵中也具备了类似于汉语中权力之"力"的三个要素:能力、运动状态的力量、静止状态的力量。

当然,本书所关心的并不是 power 一词在生理、智慧、自然等其他方面的词义特征,而是作为"权力"概念时的特征。在这方面,根据《朗文词典》的解释,power 是"控制事件、发布命令和做出重要决定的能力",即权力(power)之力是掌权者的一种能力,似乎不是权力本身所具有的某种内在特质,也不是由这种特质在运行时所展现出的那种外张之力、那种显露之势。然而,问题在于,能力是一种主体性概念,是相对于掌握权力的人而言的。尽管权力使得掌权的人具备了相应的能力,但离开了掌权的人,权力本身只有潜在的力量,而无所谓能力可言。换句话说,权力之所以给掌权的人以能力,是因为它本身储藏着一种内在的力量。正是这种内在力量才构成了权力之力的实质性要素,也正是这种内在力量所展示出来的影响力、控制力、支配力、强制力才成为权力(power)与权利(right)相区别的显著特征之一。

事实上,根据《韦伯斯坦英文词典》的解释,权力意味着拥有运用力量(暴力)的能力,一种被允许的权威,或者实质性的影响(POWER implies possession of ability to wield force, permissive authority, or substantial influence)。在这里,拥有(possession)一词非常强烈地提示,权力作为一种能力不是掌权人自身生理、智慧和精神所固有的,而是他或她从身外所获得的,并且这种能力的实质就是在给定的范围之内使用力量(wield force),以对他人产生实质性的影响。所以,力量(force)——在这里主要指控制力、支配力、强制力,就是权力(power)之"力"的实质性要素。需要注意的是,由于在汉语的用语习惯中,"力量"一词既可以指运动状态所展示之力,又可以指静止状态所潜在之力,再根据布莱克法律词典中关于 force 既可以在动态上作为 power应用,又可以在静态上作为 power 应用的解释,权力(power)之"力"在动态和静态两种状态下的力,就可以用一个词——力量(force)来表示。

由此可知,权力之力是什么?对于掌权人来讲,是一种能力;而对自身来讲,就是一种力量。在最原始、最简单、也是最重要的意义上,权力是一种力量。在没有运行的时候,它对于掌权的人来讲,代表着一种预期的能力;而它运行的过程之中,又表现为一种克服阻滞和障碍的强制之力。

2.1.3　权力之特征:分析与综合

在探究了权力之权与权力之力的字源,并历数了他人关于权力概念几种论说各自的优缺点之后,现在的问题就是:权力究竟是什么?对此,窃以为,千辛万苦去寻找内涵上完整准确、外延上万无一失的定义,其结果不见得比找出权力概念的几种主要特征更为有意义。这些特征主要应有以下几个方面:

2.1.3.1　一种正当性的条件

权力是一种被赋予的、代表公共利益的名分、主体资格和行为的正当性条件。在汉语中,既然权力是权与力的结合,而且权字在力字之前,那就表明,权力的首要特征就在这个"权"字。前面讲过,权力之权与权利之权都是一种名分、资格和正当性条件,而其分野就在于前者是被赋予的,后者则是自身具有的;同时又知道,权力之力是一种可以展示为控制力、支配力和强制力的力量,而这就凸显了权力之力与权利之利的不同特征,从而构成了权力与权利之间的第二大分野。在此,如果进一步追问,为什么权力之权是被赋予的,为什么权力之力就自身来讲是一种力量,那就会得出这样的结论:权力所涉及的事、所指向的利益是他人的或者公共的,不是掌权人自己的;而权利所涉及的事、所指向的利益则是当事人(即权利人)自己的。换句话说,这就是权力之权、权利之权的第二大区别,或者说是权力与权利之间的第三大分野。

这里的道理在于,就权利来讲,由于是当事人自己的事、自己的利益,因而其核心特征就在于其私有性、自主性。这就决定了以下三种情况:一是,一个具有行为能力的人,在正常情况下并不需要借助外在的力量,而是靠自己的能力去掂量、去谋划、去处理自己的事务。当然,权利也经常会受到侵犯,在奉行丛林法则的社会也要由自己来保卫,但权利概念是法律社会的概念,权利受侵犯是通过立法途径、创造良好的社会环境进行事前预防和通过司法途径进行事后救济的,而不是赋予当事人某种可以支配他人的外在力量去行使自己权利的;二是,对于无行为能力的人来讲,他或她的权利固然需要其监护人来代理,但问题在于,既然自己连行为能力都没有,那就根本谈不上通过掌握某种外在的力量去对监护人进行监督了,因而就权利人自己的权利来讲,还是没有对他人支配的力量可言的;三是,那些在法律上有行为能力,但由于身体、专业知识或者其他客观原因而需要委托他人代理自己某些事务的人,对于代理人的代理行为自然要监督,也可以终止委托代理关系。但是,委托关系是一种契约关系,当代理人违背委托义务、损害委托人利益的时候,委托人完全可以通过终止委托合同或者通过司法救济的途径来维护自己的利益,也没有必要事前赋予委托人某种可以支配的外在力量去控制代理人的行为。

然而,对于权力来讲,由于是他人或公共的事务、属于他人或公共的利益,当事人一方面需要取得授权,另一方面必须有一种超越一般权利人所具有的能力。这种能力在民事委托代理关系中是靠代理人的素质、专业知识或其他资质来体现的,但对代表公共利益、处理公共事务的人来讲,除了个人的素质之外,其能力更在于一种由他或她掌握的可以支配他人的外在力量。换句话说,要调动公共资源、实现公共目标,没有支配他人的外在力量,任何人不管素质多高,都不具备代表公共利益去处理公共事务的能力。所以,公共权力之力之所以是一种控制、支配和强制的力量,其理由也在于此。然而,这里特别需要注意的是,在民事委托代理关系中,代理人所代表的利益、所处理的事务也不是自己的,也是一种被授予的行为资格。从这个意义上讲,民事代理权和公共权力都是一种权力,在英文中也确实是用 power 一词来表示(如前文提到的 power of attorney)的。但民事代理权毕竟代表和处理的是具体民事个体的利益和事务,依靠自己的素质和专业知识等就可以具备代理能力,不需要再赋予一个外来的支配他人的力量。所以,民事代理权,从其为一种被授予的资格这个角度来讲是一种权力,而从是否具有可以支配他人的外在力量这一点来讲,又成为一种权利而不是权力。由于这种理由,所谓权力与权利在是否具备外在"力量"(force)这一点上的分野,并不包括民事代理权力。

分析至此,可以明确,权力之权之所以是被赋予的,权力在汉语中之所以以"力"字而不是以"利"字结尾,根本的原因就在于权力所涉及的事、所指向的利益是公共的,既不是掌权人自己的,也不是其他私人的。所以,将权力之权作为权力的首要特征,就是指掌握公共资源、决定公共事务和支配他人行为的名分、资格和正当性条件。

2.1.3.2 一种组织化的力量

权力是一种以组织系统及其辅助设施为载体的,可以展示为控制力、支配力和强制力的力量。在汉语中,权力既然以"力"字而不是以"利"为结尾,那就表明那种可以展示出来的力量是权力不可剥离的特征。否则,就不成其为权力了。

在这里,也许有人会问,作为权力之力的那种力量仅仅是一种硬性的控制力、支配力和强制力呢,还是包括那些软性的诸如号召、指引、示范等一般影响力在内呢?回答应当是肯定的。因为,此处所谓的力量并不是任意一种力量,而是名分、资格和正当性条件之下的一种力量。这就至少在形式上赋予掌权人所拥有、所运用的力量以正当性的名分,从而使权力相对人产生客观上的心理认可、情感依赖和行为自觉,因而在大多数情况下,即使权力之力量其硬的一面没有展示出来,权力在其相对人的合作之下仍然运行得比较顺利。换句话说,权力的运行不见得都是在冲突的过程中以强制的力量去克服阻力而展现的,在很大程度上,由于名分、资格和正当条件所具有的向心引力的象征意义,由于掌权人与相对人之间基于各自价值需要所存在的合作空间,使得诸如决定、宣传、号召、动员、解释、指引、示范,乃至服务等非强制性的影响性的力量在权力的和谐运行过程中发挥着更多的作用,产生更为有效的结果。

然而,非强制性影响力在权力运行过程中所占的份额与其是否构成权力概念的实质性特征是两码事。否则,所有魅力型的人物,由于他们的外在气质、演讲水平、文艺天赋、体育竞技或者其他超人之处,如果赚得了他人的崇拜,有了自己的粉丝(fans),引起他人追逐或者效仿,改变了他人生活中的某些方面,具有很大的社会影响力,就都可以称之为权力了。同样地,一个企业通过精心的营销策划、广告设计、产品包装、铺天盖地的宣传、诱惑人心的承诺,以及完全免费的试用期等,产生了很大的品牌效应,也可以称之为该企业所拥有的权力了。诚然,从广义上讲,都不是不可以。然而,问题在于,如果把诸如个人的魅力、企业的品牌效应,以及其他一般组织的社会知名度等非强制性影响力都纳入权力概念之中,那就不仅是概念是否宽泛了,而是以控制力、支配力和强制力作为权力最后利器和盾牌的那种特征不再必要了,进而模糊了权力概念的实质性内涵。

事实上,任何权力的运行多多少少都会遇到一些阻力。在这种情况下,软性的力量当然是最理想、最少后遗症的。然而,当这些软性的力量没法奏效时,硬的力量就是一种后盾。这时这种作为后盾的、经常不用的硬性的力量才在背后保证了软性力量的最终有效性。也许在这个意义上,罗伯特·比尔士达特说,权力是使用暴力的能力,而不是真正的使用;是实施制裁的能力,而不是真正的实施。因为威胁本身就是权力。当然,比尔士达特的说法在语气上也许有点偏颇,使人在情感上不愿接受,但权力之力量的实质性特征并不是非强制性的影响力,而是在其背后起支撑作用的控制力、支配力和强制力,这一点,是不可以忽略的。

另外,不可忘记的是,尽管可以将控制力、支配力和强制力作为权力之力量的实质性特征,但这是在权力之权——这种名分、资格和正当性条件的前提之下讲的。否则,因为离开了权力之权的约束,仅仅讲控制力、支配力、强制力,那一切暴力、包括用拳头、棍棒、枪支、弹药等武装起来的黑社会力量就都成为一种权力了。当然,仅从力的角度看,这也不是绝对不可以。但汉语权力的"权"字是加在"力"字之前的,这至少表明权力之力是以某种名分、资格和正当性条件为前提的,不是任何一种暴力、力量都可以称之为权力的。事实上,在汉语语境中,权力总是同官场相联系的。不管这种官场是指公共管理机关,还是狭义为社会组织内部的管理层,它总是与公开的、为人们事实上所同意、所认可,或所习惯的相对稳定的机制相联系的,而不是与当事人对外的个人力量、不定型群体所展示的力量、黑社会组织对社会的损害力量相联系的。换句话说,作为权力之"力"约束条件的"权"字,作为拥有和使用"力"的名分、资格和正当性条件,可以是道德上正当的、法律上合法的,也可以指道德上虽不正当、法律上虽不合法,但事实上则是为人们所接受、所习惯的——尽管也可能是不得已的。此外的力量,只能认为是一种单纯的暴力,不能认为是一种权力——尽管权力也是以暴力为后盾的。

再者,有了上面这样的认识,也许有人会追问,既然权力的实质被看作一种以权作为限定的具有名分的控制、支配和强制的力量,那由于力量是一个功能性概念,不是实体性概念,因而是不是应当有一个载体呢?回答是肯定的。前面讲过,权力之权对应的是掌权人的职位,因而权力作为具有职位名分的力量,其载体就是与掌权者职位联系在一起的那个组织系统及其辅助设施。正是这种以职位为结构单元的组织系统及其辅助设施,才构成了权力的实体性结构。也许由于这样一种缘故,在古汉语中,权力一词更多是用"权柄"来表示的。比如,《资治通鉴·卷第三十三》中的"虽未有皇子,万岁之后未能持国,权柄之重,制于女主"中的"权柄"其实就是权力。所不同的仅在于,前者体现的是实体性结构,而后者则侧重功能性内涵。这样,所谓掌握权力,从实体性结构的角度看,就是在一定范围之内掌握了可以利用和控制的那个组织系统及其辅助设施;而从功能性内涵的视角看,则是在一定范围之内拥有了可以克服阻力、支配他人、实现自己意志的力量。当阻力可以忽略的时候,权力更多不是表现为力,而是以职位为结点的组织系统及其辅助设施这种实体性结构的正常运转;而当阻力不可忽视的时候,权力那种通过强制手段、克服阻力的力的特征就凸显出来。事实上,由于权位与权力并不见得一定成正比,有的人权位很高,权力却很轻;有的人权位卑微,但权力却十分显赫。因此,用"权力"一词替代"权柄"二字,就突出了人们对权力之"力"这种权力的功能的关注。但无论如何,所谓权力是一种力量,并不是只有感觉、没有载体的空穴之力,确切地讲是一种组织化的力量。

2.1.3.3 一种权利和行为的能力

权力对于掌权人来讲,是其掌握公共资源、决定公共事务、支配他人的权利能力和行为能力。在我国的法律制度中,有一对概念:权利能力和行为能力。前者指以自己的名义享有权利和承担义务的资格,后者指以自己的行为取得权利和履行义务的资格;前者回答法律关系主体资格的认定问题,后者则回答法律关系主体是自己、还是必须由他人代理来从事法律活动的问题。一句话,前者是主体资格内涵的表达,后者是行为资格内涵的表达。与此相类似,对于掌握权力的人来讲,在法理上也应有一个在公法意义上的权利能力和行为能力的问题。

前面讲过,权力是一种名分、主体资格和行为的正当性条件,同时又认为,权力是一种组织化的力量。由此可以推知,一方面,正是前者这种名分、资格和正当性条件构成了掌权人的权利能力,使其能够在法律含义上名正言顺地掌握公共资源、决定公共事务、支配他人的行为;另一方面,正是后者这种组织化的力量构成了掌权人的行为能力,使其能够在事实上拥有掌握公共资源、决定公共事务和支配他人行为的实力。正是这两种能力合在一起,才使权力成为掌权人掌握公共资源、决定公共事务和支配他人行为的一种完整能力。

在此,也许有人会问,掌权人个人的素质是否也是构成公法上的权利能力,特别是行为能力的要素呢?回答是,似为肯定,实为否定。说似为肯定,是因为并不是任何人都有能力成为掌握权力、特别是掌握某个重要职位权力的人,这表明个人的素质是其获得公法上的权利能力的重要因素,与此同时,同样一个权力,在不同素质的人掌控之下,其运行状态往往大相径庭,这又表明个人的素质似乎是其行为能力的重要构成要素。而说实为否定,是因为尽管个人素质是其获得权利能力的重要因素,但公法上的权利能力作为一种名分、资格和正当性条件是被赋予的,这又表明它不是掌权人自有的,进而不能认为个人素质就是其公法上的权利能力的构成要素;同样的,尽管个人素质在权力运行过程中发挥着重要意义,但这里所讨论的是权力这个概念的特征,不是掌权人在行使权力过程中所展现的个人特征。换句话说,对于掌权人来讲,权力所意味的权利能力和行为能力,是由权力自身的要素所构成,不可与掌权人的素质混同。

由此看来,对于掌权人来讲,权力确实像许多学者认为的那样可以被视为一种能力。但需要注意两点:一是权力自身并不是一种能力,而是相对于掌权人来讲是一种能力;二是权力作为一种能力,不是任意一种能力,而是具有法律意义的一种能力,即,一种在被赋予的名分上和组织化力量上的能力,也就是公法含义上的权利能力和行为能力。

这一点很重要。能力概念的核心特征之一在于"能够"(be able to)二字,即:无论什么人、处在什么位置、使用什么手段、通过什么途径,只要达到目的,就满足了"能够"这样一个特征。在这种条件下,如果离开被赋予的名分和组织化的力量这两个要素,去将权力定义为一种能力,就很容易导致许多认知上的盲点。比如,美国决策学家 H. A. 西蒙认为,可以用"A 的行为导致 B 的行为"来取代"A 对 B 拥有权力"。按此说法,如果较真、去抬杠的话,一个人因为有事叫另一个人的名字,引起了该人的应答,一个人习惯用眼睛说话、给另一个人送去一个眼神,引起该人思绪万千、彻夜难眠,一个人喜欢恶作剧、给另一个人发了一条短信,引起该人坐立不安、虚惊一场等,就都具备"能够"的特征,就都成为一种权力了。因此,这种权力概念虽然外延很广,囊括面大,不会有破绽,但内涵的贫乏使得它几乎没有多大意义。

又比如,有人认为:"权力是驱使他人,怂恿他人,说服和鼓励他人从事某种行为以达到某个目标的能力。"在这里,所谓的"驱使""怂恿""说服"和"鼓励"究竟是在什么背景之下进行的,确切是一种什么意思,就需要明确。如果是平等主体之间,通过情与理的沟通或者某种说教式的开导、暗示性的指引、夸张性的诱惑、甚至某种恐吓性的言辞,没有任何实际的强制手段作为保障,那就是一种心理学上的权力了。这种心理学上的权力概念不能说没有意义,但至少不具有法律上的意义。而且,按照这种心理学上的概念,只要一个人在某事上能够说服他人、使其按照说服者设定的目标去作为,那就意味着该说服者拥有了对被说服者的权力,进而使权力变成几乎人人拥有、处处拥有、随时拥有但又经常变化、飘摇不定的一种行为、一种事件、一种活动。很显然,这与那种本性上倾向于腐败的权力概念实在相去太远。

2.1.3.4 一种关系之中的概念

权力不是一种关系,但又是关系之中的一个概念。这种关系的实质就是人与人之间在涉及公共利益范围之内的支配与服从关系。可以看到,这个特征至少表明、当然还需要进一步说明的有这样几点:

首先,权力关系是人与人之间的关系。借用行政法学上关于行政机关与行政相对人的概念,其中取得支配地位的人就是掌权人,处于服从地位的人可以称为权力相对人。当然,这种权力相对人既可以是没有掌握任何权力的平民,也可以是虽掌握着权力,但相对而言较小,因而在两种权力大小之差的范围之内可能成为权力相对人;又可以是虽掌握着与其他掌权人大小相近的权力,但由于两种权力分属于不同的事项范围,因而在不属于自己掌权的事项范围内就可能成为权力相对人,甚至还可以是虽然掌握着与其他掌权人在大小和事项上同一,但却处于不同的环节的权力,这样在自己所没有掌握其权的环节之内就可能成为权力相对人。这里一连几个"可能"意味着在相应范围之内没有掌权不见得一定就是权力相对人,只有处在掌权人权力范围之内时才成为权力相对人。可以看到,权力关系既可以是单向的,也可以是双向的,更可以是网络的,但在一个特定的权力关系中,则必然是单向的。否则,就没有权力概念可言。

另外,把权力关系归结为人与人之间的关系,虽然意味着离开权力关系的任何一方,也就没有权力关系,甚至可以说没有权力本身了;但需要注意的是,这绝不意味着权力关系只是人与人之间直接打交道的相对关系。在更多的场合,对公共资源的占有,虽然表面上不是人与人之间的关系,但实质上则是掌权人与其他特定或不特定的多数人之间的一种关系。因此,占有、控制公共资源也是权力的一大特征。

其次,权力关系所涉及的利益属于公共利益。这一方面表明,掌权人与权力相对人在不涉及公共利益的事务范围之内,其关系就不是权力关系,而是民事或其他关系;另一方面表明,在权力关系中,虽然掌权人代表的是公共利益,但权力相对人所代表的可能是,但也不见得一定都是公共利益,就像在行政管理关系中那样,老百姓更多的是代表自己的私人利益。在权钱交易的情况下,掌权人与权力相对人都代表自己的利益,但由于这种交易侵害了权力的廉洁性,损害了公共利益,因而也是一种权力关系。所不同的仅在于,它是一种不正常的权力关系。

与此同时,还需要说明的是,像合同纠纷、一般的侵权案件等都是民事关系,并不直接涉及公共利益,似乎与权力关系无关。但在当事人之间无法通过协商自行解决而诉诸法律的时候,这种民事纠纷能否合法、合理、合情地得到有效的解决,就关乎社会秩序的和谐与稳定,进而间接涉及公共利益。正因为如此,民事审判处理的虽然是当事人之间的利益关系,但民事审判权则是一种权力,相应的司法关系也就自然而然涉及权力关系。

再次,权力关系的实质是一种支配与服从的关系。但是,支配与服从关系不能简单地、概括地、不加区分地像我国许多学者所认为的那样,是一种主体与客体的关系。客体的特征是什么?就是没有法律上的权利,就是可以被其主人任意去处置的一种财产、一种物。人在什么条件下具有这种客体的特征?在奴隶制度下,奴隶具有这种特征;在地下黑社会中,那些被当作奴隶一样被支配的人具有这种特征;在绝对的权力控制之下,权力相对人由于对掌权人的绝对人身依附,也具有部分客体特征。但是,权力关系的外延是广泛的,并不限于那几种极端的情况。在大多数的权力关系中,尽管掌权人与权力相对人之间存在一种支配与服从关系,但这种关系是建立在双方乃至多方各自自身权利基础之上的,是由建立在人的主体性资格之上的游戏规则所约束的,因而不能简单地等同于主体与客体之间的关系。

综上讨论,权力是什么?是否可以用这样的描述来定义:权力反映的是人与人之间的支配与服从关系,一方面,它是一种被赋予的代表公共利益的名分、主体资格和行为的正当性条件,另一方面,它是一种以组织系统及其辅助设施为载体的、可以展示为控制力、支配力和强制力的力量;对于掌权人来讲,它又是其掌握公共资源、决定公共事务、支配他人行为的一种权利能力和行为能力。

2.2 权力理论

不同的学科对组织权力的研究往往以不同的术语和主题出现。有的学者甚至把政治学整体看作对权力的研究:"政治是社会掌舵者,是社会有组织地努力改变事物的发生概率,从这个意义上讲,政治学就是对权力的研究,是研究任何社会对自己命运的权力。"①

限于学识、篇幅和时间,笔者无法在这里系统综述相关学科中的研究成果。下面的综述只限于社会学领域内的权力理论和组织理论。这既是我们的有意选择,也是因为这两种理论与本书最为适切。之所以把权力理论和组织理论分别进行综述,是因为在笔者看来,这两种理论所谈论的是同一对象、同一种机制。

在具体讨论这些理论之前,我们有必要描述一下权力现象的现象学特征。建立一个研究对象的经验模本,这是本书用以评估各种社会学理论的经验参照:

第一,所有权力现象,都涉及多个人,至少两个人,这是权力的"集体表现"。

第二,所有权力现象,在不同的参与者眼中,会呈现出不同的性质和状态,这是权力的"参与者幻境"[106]。

第三,所有权力,均受到特定环境(社会结构、组织任务)的约束,超出这些环境,权力就不再有效,这是权力的"情绪约束性"。

第四,所有权力都有效,只在特定时间内有效,这是权力的"时间约束性"。

第五,权力的"非传递性",A 对 B 拥有权力,B 对 C 拥有权力,不能推定A 对 C 具有权力,这是权力的"结构依附性"。

---

① Deutsch, Karl W. On Political Theory and Political Action. The American Political Social Review, 1971, 53(1): 631.

上述这些现象学特性,必须在对权力的界定和命题中得到解释,这是我们考察不同流派的权力理论的现象学基础。①

"权力"是社会学中的常见概念之一,同时也是最为混乱的概念之一。可以说,不了解"权力"这个概念的社会学家几乎没有,但对它完全一致理解的两个学者,也几乎找不到[107]。这一现象的存在,一方面说明了权力这个概念在社会学理论中的重要地位,另一方面又说明了认识权力问题的困难所在:一是权力所对应的现象可能过于复杂,以至于我们无法得出清晰的解释(认识障碍);二是权力所涉及的问题可能有关不同群体的根本利益和自主性,以至于具有不同意识形态的学者有意识地混淆视听(利益障碍)。② 作为说明上述困难的一个示例,我们可以看一看学者们对组织权力研究的流派分化③:

(1) 系统理论性:权力是对资源的战略性使用而带来的一众理性过程。

(2) 阐释范式:研究如何从话语构建出共享的权力概念。

(3) 批判范式:研究社会结构如何创造和维持压迫性权力和抵抗。

(4) 后现代范式:权力是不断漂移、间断、情境地约束于话语。

(5) 女权主义:权力贯穿于家长制过程中,超越男女之间的具体互动。

粗略地看一下,也可见这种划分更多反映的是研究者的政治立场,而不是其理论的实质性差异。

对权力定义的混乱现象的不满,不是从今天才开始的。早在 20 世纪 60 年代,马尔驰(March)就曾经说过:"总的来说,权力是一个令人失望的概念。"④但是,尝试解决这一问题的努力也从没有终止过。遗憾的是,按照马丁的观点,这些努力,要么局限于没有社会推广价值的小群体中,要么陷入博弈论的理论命题丛林而不能自拔,要么蜕化为意识形态的论争。⑤

本书试图接过前人手中未完成的学术任务,继续进行研究组织权力这一既充满挑战又充满风险的学术探险历程,具体分析在大学的场域之中,学术权力和行政权力是怎么发生关系的。

众所周知,由于认识上、价值上和利益上的障碍,社会学界内部对权力的研究和认识并不存在共识。由于缺乏共识,一个主流的权力理论范式也就不

---

① 夏传玲. 权杖和权势:组织的权力运作机制[M]. 中国社会科学出版社,2009:7-38.

② Lukes, Steven. Power: A Radical view. London: New York: Macmillan, 1974.

③ 夏传玲. 权杖和权势:组织的权力运作机制[M]. 中国社会科学出版社,2009:7-38.

④ James G. March. The Power of Power[M]//Varieties of Political Theory, 1966: 39-70.

⑤ 夏传玲. 权杖和权势:组织的权力运作机制[M]. 中国社会科学出版社,2009:7-38.

会出现。从这种意义上讲,我们并没有真正意义上的社会学权力理论,即关于权力的类型、来源、演化和变迁的规律研究。和权力现象的经验特征所表现出的纷繁迷雾一样,关于权力研究的社会学理论也是迷雾一团。在众多关于权力的研究中,我们大致可以划分出至少五种基本的流派或取向,分别是能力论(包括控制和影响)、博弈论、依附论、媒介论和结构论。

不过,在讨论具体流派的观点之前,笔者需要对自己的立场做一个初步的说明。在笔者看来,权力定义涉及两个基本问题:一个是本体论问题,一个是主体性问题。本体论问题是:个体之外的宏观结构是认识建构还是真实存在?主体性问题是:主体能动性之外的集体是否具有行动能力? 对这两个问题的正反两面的回答,组合成一个坐标系中的四个象限,坐落于这四个象限中的社会学家及其主要观点大体如下:

(1) 帕森斯的分析唯实论:两个都不存在,都是分析上存在,现实中不存在。

(2) 吉登斯的结构理论:个体是现实的,集体是虚构的;个体是能动的,集体是分析的。

(3) 福柯的权力论:宏观是能动的,个体是被动的。

(4) 卢曼的社会系统论:两者都存在,是互为渗透的系统。

本书的认知立场是上述第四种,即认为在社会中,独立于个体之外的宏观结构是一种理论意义上的真实存在,不仅如此,这些存在也具有自己的行动能力,这些能力不是构成其要素的个体能力的简单相加,而是建立在个体能动性之上的突生现象。

在综述相关文献的时候,笔者还特别关注有关权力论述对下面四个重要问题的回答:

一是能动与结构(agency vs. structure):权力源自何处? 是源自能动,还是源自结构? 这不仅是一个关于权力来源的问题,也是一个关于权力维度的问题。是否存在行动者可观测的权力? 对这一问题的研究,将为我们后续进行大学学术权力与行政权力共轭研究提供理论支撑。

二是传递性权力和非传递性权力(transitive vs. intransitive):权力是否具有可传递性? 按照德麦斯奎塔的观点,权力可分为两类:传递性权力和非传递性权力。传递性权力与代理、冲突以及零和博弈关联(一个人统治另外一个人或一群人);非传递性权力与社会整合、社会良知和集体行动关联,是指一个集体的一致行动。前者建立在后者之上①。

三是任期权力与终身权力(episodic vs. dispositional power):权力是否具有时限?克莱格做出的区分是任期权力和终身权力,前者指在特定的时期内行使权力,后者指终身拥有权力②。

四是权力间的相互影响:厘清这一理论有助于我们分析学术权力与行政权力的关系。

2.2.1 能力论[108~111]

对权力现象的关注不是从社会学家开始的。在探索权力概念和理论的行程中,有无数的先哲在这个精神旅程的终点等待着我们的归来,以他们的预言、寓言或偈语审视我们的理论和结论。卢梭(Russell)曾经说过,"权力是社会科学中的一个基本概念"③。更早在350年前,霍布斯就在《利维坦》里勾勒出权力的一幅肖像画④。而在几千年之前,孔子即以仁说为基础,用"君亲臣忠"来规范当时最重要的权力关系。但我们行程的起点还是近代社会学发端之后的学说,因为这是人类试图以科学理性而不是伦理规范的方式来认识社会(一般)和权力(特殊)现象。

(一) 作为一种能力的权力

在社会学中,最有影响的权力定义来自个体主义传统,很多学者甚至认为,这是社会学对权力定义的"基本共识",即权力是行为者(个体或集体)的一种能力。

有关权力能力论的最经典界定莫过于韦伯(Weber)的权力定义。在韦伯看来,"权力是一个行为者在社会关系中占据一种位置的机会,在这个位置上,即使遇到阻力,这个行动这也能够贯彻自己的意志,无论这种机会的基础来自何处"⑤。韦伯解释道,"社会权力"一词是对一个行动者在社会关系中贯彻自

---

① 夏传玲. 权杖和权势:组织的权力运作机制[M]. 中国社会科学出版社,2009:7-38.

② Clegg, Stewart. Framework of Power[M]. London: Newbury Park: Sage Publications, 1989.

③ Russell, Rertrand. Power: A New Social Analysis[M]. New York: Taylor & Francis, 2004.

④ Homans, George C. Social Behavior: Its Elementary Forms[M]. New York: Harcourt, 1961.

⑤ Weber, Max. The Theory of Social and Economic Organization. Trans. by A. M. Henderson and T. Parsons as a Vocation: Fortress Press, 1947.

己意志、维护自己的利益的可能性的一种度量,即使遇到阻力①。

在韦伯的这个定义中,有三个关键的概念:一是"社会关系",二是"阻力",三是"意志"。第一,所谓"社会关系",是一种具有共同意义取向的社会情境,其中,某个行动者总会考虑其他行动者的意愿和行动。这暗示了掌权者和从属者之间的相互影响,而不是一方对另一方的统治,也就是说,权力不是一种统治关系。第二,韦伯并没有具体定义阻力的类型,但暗示了权力和阻力之间不可避免的纽带,这是一种阐述;另外一种阐释是,阻力不是韦伯权力定义中的必要因素,因为这是他提出的一种反事实,表明在一种特定的情形下,即遇到阻力时,权力现象的特征。第三,从个人意志或个人利益来界定权力,使得韦伯的定义具有很大的主观主义和个人主义色彩。

总而言之,我们把个体主义的权力定义归结为下图:

$$a \xrightarrow{R} b$$

其中,a、b 均为一个行动者,R 表示权力关系,箭头表示关系的方向。

(二) 权力和抵抗

个体主义认为,服从和抵抗是一个维度上的两个极端。但韦伯、卢克斯和吉登斯等人的权力概念更多关注权力关系的形式属性,即一个权力关系中的两个个体,而不是他背后的社会结构基础,即这两个个体在占有或掌控社会资源方面的巨大差异。因此,权力关系的表面是意志臣服的生成和传递,但其背后的基础是巨大的不平等。一个权力关系中,服从和抵抗是两个不同但相互依赖的方面,权力关系不仅暗含臣服,也暗含抵抗。接受权力的合法性,并不意味着无条件地接受权力所带来的效应。抵抗设定了权力的界限。不过,对权力的抵抗并不一定会导致冲突。从这个意义上讲,权力链的起点是臣服,终点是抵抗。

(三) 权力和统治[112~113]

韦伯把统治看作权力的一个特例,是"特定人群遵从具有特定内容之命令的概率"。② 不过,怀特(White)却把统治看作权力运作的一种状态,在这种状

---

① Hadermas, Trevor R. & Theodore Jacob. The Measurement of Family Power: A Methodological Study[J]. Sociometry, 1976, 39(4): 384 – 95.

② Weber, Max. The Theory of Social and Economic Organization[M]. Trans. by A. M. Henderson and T. Parsons as a Vocation: Fortress Press, 1947.

态中,掌权者的权力行使公开违反其从众的意愿或需求①,也就是韦伯权力定义所假定的反事实情形——遭遇阻力的情形。

(四) 权力形式[114]

依据不同的标准,个人主义学者把权力划分为各种形式。例如,韦伯首先依据合法性把权力分为两种形式:合法的权威和非法的压迫。其次,他再依据权力来源把权威分为三种形式:一是卡理斯玛权威,来源于对个人杰出才干的信念;二是传统权威,来源于既定的习俗或传统;三是法理权威,来源于法和理,这里的"法"是指对超越人际关系的规则的认可,"理"指这些规则是以达成目标为取向的。

达伦多夫(Dahrendorf)不同意在界定权力的时候引入权威的概念。在他看来,这种定义排除了存在不合法、重复出现的权力关系等现象的可能性。在界定权力的时候引入权威概念,不但没有解决前者的定义问题,反而把界定问题变得更加复杂,因为权威是权力的一个衍生概念。②

达伦多夫认为,权力是个体的一种偶然属性,而不是社会结构的一种属性。因此,权力和权威的区分是错误的。权威和权力之间的重要差异在于权力和个体的人格联系,而权威则总是和社会位置或角色关联。权力是一种事实关系,权威不再是合法的权力,而是和权力性质完全不同的两个概念。

卢克斯依据权力的作用对象,把权力分为两种形式:一种是所向权力(power to),它的作用对象是各种没有能动性的客体,它能产生共识,完成任务,是自己"能"干什么的含义;另一种是所在权力(power over),它是压制和规避对抗,确保他人臣服,是"要"别人干什么的含义。所向权力是一个个体或群体所拥有的能力之和,是各种分散的力量组合成合力的过程;所在权力是一个个体或群体控制多个个体或群体的过程。前者是一种行事的能力,后者是一种服众的掌控力。

(五) 权力的制度化[115~116]

权力形式的划分是从静态方面来把握权力现象的,权力的制度化则试图从动态方面来考察权力关系。在这方面,个体主义传统也有很多研究,特别是

---

① White, Stephen K. Review on Dominion and Power[J]. British Journal of Sociology, 1989, 40(1): 147.

② Dahrendorf, R. Class and Class Conflict in Industrial Society. Stanford University Press, 1959.

从制度化的视角。例如，波皮兹（Popitz）认为，权力的制度化包含三个方面：一是权力关系的非人际化，权力超越个人而附着于社会位置上；二是形式化，正式权力越来越趋向于规则、程序和仪式；三是权力关系不断整合到总体秩序中，权力变得无所不在①。

韦伯则从合法性的角度来看待权力的动态过程。按照韦伯的理论，善恶不是政治的标准，而是道德的标准。政治的标准是是否负责和问责。韦伯的概念是，道德领域遵守的是"意向伦理"，它约束行动者的良知，只问行动意向之善恶，不问行动结果之利弊。因此，在道德领域，按照规范行事不逾规，可以让天地决定事情的最终结果。但是，政治领域（在韦伯这里，所谓政治就是分享权力的斗争，或者是影响政府或群体内部的权力分配的斗争）遵守的是"责任伦理"，它约束行动者的行为，只问行动结果之利弊，不问行动意向之善恶。

韦伯把政府看作人统治人的关系，这种统治的基础是合法暴力，其三个基本的内在合法性分别是"传统合法性""卡理斯玛合法性"和"法理合法性"②。因此，在韦伯这里，权力的对应物是服从，它是微观基础，是恐惧和希望，个人服从是恐惧（掌权者的报复）、希望（现世和来世的物质奖励和社会荣誉）以及各种利益的函数。

（六）权力和科层化

除了制度化和合法化之外，科层化也是个体主义关注权力动态的一个维度。在韦伯看来，维持一种统治，至少需要两个条件：行政人员和行政手段（行政的物质条件，包括货币、建筑、军事物资、交通工具等）。因此，可以按照行政人员是否拥有行政手段，来划分不同的统治类型，就像经济组织中，可以通过是否占有生产资料来划分不同的组织类型一样。一个历史趋势是，行政人员和行政手段之间渐行渐远。

（七）权力的测量

个体主义的权力定义比较容易在经验层面上得到测量。从某种意义上讲，韦伯的权力定义也是一种操作性定义，而不是构造性定义。因为他并没有指明权力是什么，而是从意志得到贯彻的程度来测定权力的大小。

在个体主义的权力测量中，权力是一个连续变量。因此，在拥有测量方法

---

① Popitz, Heinrich. Phanomene der Macht[M]. Tubingen: J. C. V. Nohr, 1992.

② Weber, Max. The Theory of Social and Economic Organization[M]. Trans. by A. M. Henderson and T. Parsons as a Vocation: Fortress Press, 1947.

之后,我们就有可能计算出两种权力:一是相对权力(relative power),它是两个行动者之间权力大小的差异;二是总体权力(total power),它是所有行动者权力的总和,是对它们之间的相互依赖的度量。

2.2.2 博弈论

(一) 作为一种系统资源的权力

和个体主义从个体的视角来考察权力不同,功能主义的视角是把权力看作个体之外的集体。这一传统的代表人物是帕森斯(Parsons)。在帕森斯的社会系统论中,整个社会系统按照 AGIL(适应、目标达成、整合和潜模式维持)四个功能要求而划分为不同的子系统,每一个子系统都拥有自己特定的交换媒介[117]。其中,政治统治的功能在于集体目标的有效达成(即 AGIL 中的 G),它的特定交换媒介就是权力,"当责任已经以他们对集体目标的绩效而合法化,且在遭遇抵抗的时候仍存在用惩罚来强制执行的前提下,权力是确保集体组织系统中的单元执行约束性责任的广义能力"①。

在帕森斯看来,"权力是一种系统资源,是实现集体目标的广义手段,而不是实现部门的有限利益的特定工具"②。在这个定义中,有三个关键点,分别是权力的广义性、合法性和惩戒性。(1) 广义性是指权力从一种人际关系传递到另一种人际关系的能力,就像从物物交换过渡到市场交换一样;(2) 合法性是指权力关系的双方均接纳权力关系在实现集体目标上的作用;(3) 情境惩罚是指物质剥夺而不是指道德指责。

因此,权力是一种"集体力"(collective power),是个体之间的合作的结果,以对付共同的第三方或自然。我们可以把这一思想用下列公式表达:

$$a+b \overset{R}{\longrightarrow} c$$

其中 $a+b$ 组成一个集体,他们形成的力量,共同对付 c(另一个个体或自然),R 表示权力关系。

在这一点上,阿伦特(Arendt)的表达最为清晰:权力是一种步调一致的行动能力,而团结不过是这种权力的一种形式表达[118]。权力"不是简单的行动能力,而是人类步调一致行动的能力,它从来不是个人的属性,而是属于一

① Parsons, Talcott, Neil J. Smelser. Economy and Society: A Study in the Integration of Economic and Social Theory[M]. Glencoe: Free Press, 1956.

② 同上。

个群体,只要这个群体还团结在一起,权力就依然存在"①。

费孝通也把权力看作社会的属性,而不是个人的属性。在他看来,"权力是社会控制个人的力量,它发生在人类本性和集体生活不相协调处,生物性和社会性的矛盾场合下。权力的来源固然是社会的,但是社会不能来约束人,它还得借着人来表达"②。尽管费孝通没有指明权力来源自社会的具体地方,而且他更多是从控制的角度来界定权力,但他还是指出权力的另一属性——代理性。"借着人来表达"就表明权力的运作需要表达符号。

(二) 零和博弈的假定[119]

历史上,社会学理论中的整合论和冲突论曾经有过激烈的交锋,它们之间的主要差异之一,在于对权力的性质和来源的不同看法。帕森斯被看作整合论的主要代表,而米尔斯则是冲突论在美国的代表。

米尔斯认为,一方拥有权力,必定以另一方丧失权力为代价。帕森斯的权力理论,是从批判米尔斯的权力概念开始的③。帕森斯认为,米尔斯的权力概念具有零和博弈的假定,在这种假定下,任何权力的行使,必然就会被认定为服务于局部利益。但在帕森斯看来,权力更可能是一种双方均可能获益的关系。

(三) 权力和服从[120]

吉登斯认为,帕森斯权力定义中的"约束性责任"已经把合法性带入权力的界定中,从而从概念上否定了"非法权力"的存在④。在帕森斯那里,通向服从的道路有很多,他区分了主要的途径和两种主要的方式,并形成四种类型:

(1) 情境+奖励:服从掌权者的意志则给予奖励(激励)。

(2) 情境+惩罚:若不服从,则将惩罚(行使权力、使用武力)。

(3) 意向+奖励:陈述服从的理由(说服)。

(4) 意向+惩罚:不服从就不道德(良知)。

奖励常常是有形、实在的,惩罚常常是无形、符号的。因此,这两种方式之间存在不对称的关系。

---

① Arendt, Hannah. On Violence[M]. New York: Harcourt, 1969.

② 夏传玲. 权杖和权势:组织的权力运作机制[M]. 中国社会科学出版社,2009:7-38.

③ Parsons, Talcott, Neil J. Smelser. Economy and Society: A Study in then Integration of Economic and Social Theory[M]. Glencoe: Free Press, 1956.

④ Giddens, Anthony. "Power" in the Recent Writings of Talcott Parsons[J]. Sociology, 1968, 2(3): 257-72.

在帕森斯看来,武力不是权力,但也是通向服从的一种手段。他把武力比作政治系统中的黄金储备。当出现"权力通胀"即人们对掌权者的行动能力丧失信心时,武力就可以替代权力来维持政治系统的整合,正如通货膨胀下,黄金储备所起的作用一样。

(四) 权力作为一种沟通媒介[121]

在帕森斯的基础上,卢曼(Luhmann)进一步把权力界定为社会系统的一种广义沟通媒介,是个体之间行动的链接。"权力是一种约束性决策","权力是受代码导向的沟通"①。在卢曼的权力理论中,对权力现象的认识论基础是代码和沟通过程的区分,因此,他不会把权力归因为任何一方的一种属性或一种能力。但是,在社会生活中,把权力归诸掌权者的这种归因过程,具有自身的社会功能:它"强化对服从、责任、制度化、给变迁愿望赋予特定方向的动员。尽管双方都在行动,但所发生的事情却完全归诸掌权者"②。

权力不同于其他沟通媒介的地方在于它的代码假定,沟通关系中的两方均通过行动,而不仅仅只是通过经验,来简化复杂性。行动者和经验者两个无法解开又相互关联的事物,是人类社会得以存在的前提,因此,行动和经验的对比,一定程度上就是人为的。但是,权力机制是适应于行动链形态的一种比较专门的机制,它的人为性不是科学抽象的结果,而是社会本身的抽象,是处在进化高级阶段的社会系统的一个前提条件。

(五) 组织是权力机制[122]

在卢曼这里,组织是分化和配置权力的一种机制③。"配置"在这里不是分配既定的产品,而是创造和改变被配置的东西。这是因为,"组织权力不过是奖惩互换机制的一个个案而已"④。把奖励化为一种潜在的惩罚,这是组织的权力基础。首先,组织把"成员奴隶"当作一种奖励,不准加入和勒令退出就变成一种惩罚。其次,组织再对各种人事权力制定详细的规章制度,进行调节,例如为了避免被开除组织,个人必须适应于任务和职位的既定结构,执行命令(或发出命令)。从这个意义上讲,组织中的每一个人都在一种无形的权

---

① Luhmann, Niklas. Trust and Power[M]. Chichester : John Wiley and Sons, 1979.
② 同上。
③ Luhmann, Niklas. Political Theory in the Welfare State[M]. New York : W. de Gruyter, 1990.
④ 同上。

力漩涡中挣扎。最后,所有人事制度的变更,也可以在组织内部得到调节,从而进入不断把奖励变成惩罚的螺旋上升过程。当然,通过招聘和解雇来支持权力的做法,太过粗放,只适用于作为解决严重冲突的规则。只有作为撒手锏,解雇才有意义。

组织还可以通过控制人事决策而细化权力运作。一种常见的现象是,多数组织中,升职的期望常常被夸大,从而变得不现实。在这种氛围下,组织内部培养出一种难以为外人所察觉的人事敏感性,从而放大职位和薪酬上的细微差异。这样,一个人在组织阶梯上的较高位置,就成为权力的一种工具。不升职、明升暗降,等等,都变成一种惩罚,从而变成权力的工具。

2.2.3　结构论

结构主义的传统可以追溯到法国人类学家列维·施特劳斯。和个体主义关注行为、功能主义关注可能性不同的是,结构主义更关注表象背后的潜在法则。结构主义传统的基本观点是结构统率行动,就像语法统率话语一样。

(一)吉登斯的权威权力[123]

吉登斯承认,帕森斯对权力概念的零和博弈假定的批判具有"洞察力",对权力理论有所贡献。因为零和博弈假设会迫使权力概念向胁迫和武力认同。甚至在韦伯的权力定义中,"权力是一个行动者在社会关系中占据一种位置的机会,在这个位置上,即使遇到阻力,这个行动者也能够贯彻自己的意志,无论在这种机会的基础来自何处"。① 我们可以看到,权力关系不可避免地包含不相容甚至冲突的利益,因为它强调的是实现"自己的意志",也就是部门利益,而不是帕森斯所说的集体利益。在这个视角下,测量权力"数量"的主要标准是它所能克服的"阻力"的大小。吉登斯和帕森斯均认为,这样界定会让人误将权力等同于掌权者所采用的奖惩手段。但实际上,胁迫与武力的公开和频繁使用,均表明权力基础的式微。②

(二)哈贝马斯的沟通权力[124~126]

如果说吉登斯是从利益和合法性上批判功能主义权力观的话,那么,哈贝马斯(Habermas)则抽去了功能主义对权力认识的结构基础。在哈贝马斯看

---

① 夏传玲.权杖和权势:组织的权力运作机制[M].中国社会科学出版社,2009:7-38.
② Gerth,Hans H.,C. Wright Mills. From Max Weber:Essays in Sociology[M]. London:Routledge and Kegan Paul,1948.

来,权力是一种关系网络,无所不在,因此,谁拥有权力,以什么名义拥有权力,他们从权力中获得什么等级权力的"配置"问题,相对于权力的构成问题,就是一个次要的问题了①②。在这一点上,福柯也有着相同的见解,他把权力看作贯穿整个社会的生产性网络,它的产品是现实、对象领域和真理仪式③。

哈贝马斯也不认同功能主义的媒介理论,他认为,权力和货币之间不存在可比性。首先,权力更须合法化,它比货币需要更多的规范支持。其次,在交换关系中,双方并没有结构上的优劣之分,但在权力关系中,一方发布命令,另一方却处于结构上的劣势,则需要服从。再次,权威不能完全依赖于惩罚的威胁,而交换则可以。如果权威完全依赖于惩罚,则权威是不稳定的。为了保持权威的稳定,服从命令的责任感是必需的。最后,在权力关系中,下属必须能够观察目标,决定其是否合法;而在交换关系中,目标是否合法化是一个不相干的问题。可见,货币和权力之间的差异还是相当明显的。

(三) 福柯的话语权力[127]

当代研究权力的学者,恐怕没有人能够绕过福柯的权力理论。因为福柯把权力和知识有机地联系在一起,从而让我们对话语权力有了更为深刻的了解。福柯把自己对权力的研究称为"权力的微观物理学",这一阐述可以表明他自己对权力关系的关注点和立场,即对权力关系的各种阻力形式的研究。

福柯在其著作中,以"权力的微观物理学"一词阐明了自己的立场。他提出四个主题,确切地说,他讨论了四个他认为不成立的常见观念:第一,权力是某些人可以占有的东西,同时,另一些人被排除在占有之外。他认为,尽管"大权在握"一词可以充当方便的政治口号,却无益于历史分析。除政治之外,权力也植根于家庭、性关系、生活条件和邻里生活。因此,他拒绝的第二个概念是,权力有局限,特别是权力仅限于国家机构。他认为,恰恰相反,国家机器仅仅是一个"附属机构",权力体系的工具远远大于国家。例如,法国古代政权中的警察,仅仅因为父系权威和宗教社区的预先存在,才有效力。第三,权力隶属于生产方式,或者是生产方式的派生物。相反,他认为,权力是主导性生产方式的构成要素。只有通过权力机制,人们才会把相当一部分的生命贡献给

---

① Habermas, Jurgen. Between Facts and Norms. Contributions to a Discourse Theory of Law and Democracy[M]. Trans by W. Rehg. Cambridge: Polity Press, 1997.

② 崔高鹏. 董事会权力变迁与密歇根大学转型研究[D]. 北京师范大学,2011.

③ Foucault, Michel. The History of Sexuality[M]. New York: Pantheon Books, 1978.

劳动,而不是其他活动,如休息、做爱或抢劫(很明显,这一论题使得福柯的观点有别于正统的马克思主义者)。第四,权力仅植根于物质力量①。

在福柯看来,权力是一种社会关系,是一种社会结构。在这种结构中,掌权者 A 和从属者 B 之间的关系是一种内在关系,失去一方,另一方就没有存在的理由,他们是一个物体上的两极②。因此,权力参与者的认同,不是存在于权力形成之前,而是权力形成之后,是某种权力关系的反映。

(四)埃里亚斯的社会构型[128~129]

和福柯一样,埃里亚斯(Elias)也认为,"权力不是豪强独享的东西",而且他也把权力看作社会关系的一个属性。"权力"是埃里亚斯自 20 世纪 60 年代以来著作的主题之一。他关于权力的基本观点十分明确:权力永远和人(个体或者群体)联系一起,但权力本身既不能人格化,也不能具体化。

埃里亚斯把权力定义为"社会关系的结构特征"③。正如他在一次学术演讲中所说的,"权力不是你可以放入口袋中的有魔力的物质",相反,它是两个、多个直至成千上万的个人之间互动的一个方面。在另一个场合,埃里亚斯解释道,我们称为"权力"的东西是每一个社会关系、每一个人际关系的一个方面。这和下列事实有关:作为群体或者个体,人们可以扣留或者垄断他人的必需品(食物、爱情、意义和安全)以及知识等④。

因此,权力总有两个方面:从上到下以及从下到上。掌权者虽然能够让某些东西免遭别人染指,但他仍然需要其他人,只不过权力分布常常不是对等的。换言之,群体 A 可能比群体 B 更有权力,并不意味群体 B 完全没有权力。

(五)沃尔夫的结构权力[130]

以沃尔夫(Wolf)为代表的结构权力论认为,权力不是强制,而是"人们之间所有关系的一个方面"⑤,权力关系也不总是带来不平等的结果,而且,在经验研究中,我们无法看到结构权力的所有方面,尽管这种结构权力几乎无处不

---

① Foucault, Michel. Mikrophysik der Macht-uber Strafjustiz, Psychiatrie und Medizin[M]. Berlin: Merve Verlag, 1976.

② 崔高鹏. 董事会权力变迁与密歇根大学转型研究[D]. 北京师范大学,2011.

③ Elias, Norbert. What is Sociology[M]. London: Hutchinson, 1978.

④ Elias, Norbert. Knowledge and Power: An Interview by Peter Ludes[M]. New Brunswick; London: Transaction Publishers, 1984: 203-243.

⑤ Wolf, Eric R. Envisioning Power: Ideologies of Dominance and Crisis[M]. Uniwersity of California Press, 1999.

在、纷繁复杂。理论的价值在于其作为"权力倒数"(inverse of power),可以用来显示权力的存在和运作,即通过对此理论所要建立的理想状态和实际的经验事实,我们才能得以窥见权力的影子。

权力的动态平衡是构成所有社会关系中的一个要素,结构权力的作用是塑造人类行动的社会场,让其中的一些行为得以成为可能,而让另外一些行动变得较不可能,或者完全不可能。与"战术权力"(tactical power)不同的是,结构权力内在于任何社会和文化关系所显现的形式和规模之中,因此,秩序之存在是结构权力存在的信号。

2.2.4　冲突论[131~132]

激进主义的基本立场是坚持利益和冲突是权力的界定性属性,但它们之间的不同则在于强调利益彰显和冲突发生的不同方式和场合。例如,皮文(Piven)和克洛沃德(Cloward)认为,对暴力工具和生产工具的控制是权力的两个基础①。

(一) 权力面孔之一:冲突

在冲突主义看来,权力表现自己的最常见场合是冲突。因此,达尔把权力定义为"A 对 B 拥有权力的大小,视 A 可以让 B 做自己不愿做的事情的程度"②。在这里,权力是否存在,要看 A 和 B 之间冲突的存在与否,如果 B 所做的事情出于自己的意愿,那么,按照达尔的定义,A 对 B 就没有权力。权力的第一面孔是关于谁在何时、如何得到权力的问题③。在这个维度中,利益冲突直接显现为对抗。在对抗中,一方借助于其他各种资源,把自己的意志强加在另一方身上。例如让社会政策的内容体现为自己的意志。由此可见,权力的第一副面孔是决策场内的斗争。

(二) 权力面孔之二:阻隔

在非冲突的场合,权力是否还在运作? 按照达尔的观点,答案是否定的。但在巴克拉克(Bachrach)和巴拉兹(Baratz)看来,答案却是肯定的。他们认为,在 A 和 B 互动的场合,即使 B 的行为出于自己的意愿,A 对 B 还有可能拥

---

① Piven, Frances F., Richard A. Cloward. Poor People's Movements: Why They Succeed, How They Fail[M]. New York: Pantheon Books, 1977.

② Dahl, Robert A. The Concept of power[J]. Behavioral Science, 1957, 2(3): 201-215.

③ 崔高鹏. 董事会权力变迁与密歇根大学转型研究[D]. 北京师范大学, 2011.

有权力①。这种权力来自权力的第二副面孔。和第一副面孔关注何时、如何得到权力不同,权力的第二副面孔关注的是谁被排除在外和如何被排除的问题,也就是关注 A 和 B 互动的前提条件。因此,权力不仅是影响别人实现自己意愿、在决策场中施加影响的问题,也是把某些人群或某些议题排除在决策场之外的问题。由于权力的作用,某些社会问题永远不会进入决策领域,而表面的沉默也不是缺乏不满的征兆。由此可见,在有形、可见的决策场之外,有一个无形、不可见的围墙,它让利益没有机会得到社会表达,这就是权力的第二副面孔。

(三) 权力面孔之三:意识形态[133~134]

卢克斯认为,承认权力的两维模型是认识上的一大进步,但还不够,因为还存在权力的第三副面孔。甚至人们的"不满"也可能受到权力的操控,缺乏不满也可能是操纵民意的结果。换言之,在第一副和第二副面孔下,处于权力关系的各方均清晰地了解自己的利益所在;但当第三副面孔出现时,清晰的利益假定就不再成立。因此,对利益的认识也可以受到权力的影响,卢克斯甚至称权力的这副面孔是"最有效、最隐匿"的权力运作,它是权力的最高境界,即让他人"欲吾所欲"②。例如,现代的组织管理实践均鼓励员工的"公民行为",但员工的真实利益是如何保证以最低的付出得到法定工资。

卢克斯把权力的这三副面孔分别称为"决策权""非决策权"和"意识形态权"③。

(四) 权力面孔之四:认同[135~136]

权力也作用于人们的身份认同,即人们把自己看作谁。和第三副面孔一样,权力的第四副面孔也是无形的,这是一种"攻心为上"的权力应用。与其左右别人对利益的认识,还不如直接把他们改造成掌权者所中意的各种身份,如模范、积极分子等④。操纵他人的身份认同,以形成一个潜在的权力对象,这

① Bacharach, Samuel B., Edward J. Lawler. The Perception of Power[J]. Social Forces, 1976, 55(1): 123 - 134.

② Lukes, Steven. Power: A Radical View[M]. London; New York: Macmillan, 1974.

③ 同上。

④ Digeser, Peter. The Fourth Face of Power[J]. The Journal of Polities, 1992, 52(4): 977 - 1007.

是"身份企业家"的最大权术①。身份企业家和独裁者不同,后者利用暴力和压迫而臭名昭著,而前者利用身份认同,并和所有企业家一样受人尊敬。A和B的权力大小,和A塑造B的身份认同的成功程度一致。如果A能制造出千千万万个B出来,让B能够完美承担从属者的角色,这是掌权者A的最大利益,也是权力最隐秘的第四副面孔。在这种情形下,强迫、对奖惩资源的投资、监控等就没有存在之必要了。

权力的这四副面孔,实际上是权力运作的不同机制。权力的这四种机制,不仅包括控制信息和社会化的过程,而且包括宿命论、自暴自弃、冷漠,对掌权者价值观和信念的内化,所有这些都是从属者用来逃避主观"无权感"的心理适应机制。

2.2.5　社会交换论

(一) 霍曼斯:社会交换[137~138]

社会交换流派的基础是霍曼斯(Homans)的交换理论,其主要内容可以简化为下列四个命题:

成功命题:对个人所采取的全部行动而言,特定类型的行动得到奖励的频次越高,在相似的刺激条件下,个人重复此行动的可能性就越大。

刺激命题:如果在过去,一个特定刺激或者一组刺激在一个人的行动得到奖励的时候出现,那么,当前刺激和过去刺激的相似程度越高,这个人现在就从事这个行动或相似行动的可能性就越大。

饱和命题:在最近的过去,一个人得到特定奖励越多,对他而言,该奖励的边际价值就越低。

价值命题:"行动的结果对个人越有价值,他越有可能采取这个行动。"②

依据上述四个命题,我们就可以推论出一个选择定理:在社会交换中,在不同替补行动(备择)之间进行选择时,一个人会选择价值 V(当时所知觉的)和出现该备择的概率 P 的乘积(VP)最大的行动③。

---

① Reicher, Stephen & Nick Hopkins. Self and Nation: Categorization, Contestation, and Mobilization[M]. London : Thousand Oaks SAGE, 2001.

② 霍曼斯及其社会学理论简介[DB/OL]. http://shehuixue. baike. com/article-117692. html.

③ Hannan, Michael T. & John Freeman. Organizational Ecology[M]. Cambridge, Mass. : Harvard University Press, 1989.

(二) 爱默生：权力作为一种依赖

爱默生(Emerson)认为，霍曼斯的社会交换理论让我们关注社会关系，而不是个体，社会交换的概念把个体和行动看作社会交换关系之下的纯粹分析要素。因此，在研究权力时，社会交换流派不是只关注领导人的行动，而是关注领导和下属之间的角色关系；不是只关注个人的权力，而是讨论权力的依赖关系。两个行动者之间的相互依赖是两者之间权力关系的结构基础①。

在爱默生看来，个体主义流派的主要缺陷是，隐含着把权力当作个人或者群体的一个属性(X 是一个显要人物，Y 是一个有权势的群体，等等)。在这种隐含的假定下，研究问题自然变成："谁是某某社区的掌权者？"但是，权力是社会关系的属性，而不是行动者的一个属性②。

(三) 权力和合法性

和韦伯从合法性的理据来讨论合法性不同的是，交换理论试图从组织结构上来讨论合法性的问题。交换理论把合法权威看作一种在权威的范围中让他人顺从其命令的权力，不管他人的感觉如何。在组织中，这种权力包括设定标准、分配任务、评价业绩和进行奖罚。

2.3　组织理论

组织是什么？它和其他集体，如家庭、群体、集合有什么区别？常见的定义是把组织看作一种"由个体创造的，以合作方式追求特定目标的社会结构"。[139～141] 如帕森斯、斯美尔塞③和唐纳森④等人就是持这样的观点。但是，把目标作为组织的界定特征是有疑问的：一是组织成员未必了解和支持组织目标；二是组织成员具有不同的目的；三是组织目标可能会发生变化。最重要的是，"目标论"暗含着把组织当作一种工具。

当组织被当作一种工具时，组织研究的主题也就偏向于从掌权者的视角

---

① 崔高鹏. 董事会权力变迁与密歇根大学转型研究[D]. 北京师范大学，2011.

② 同上.

③ Parsons, Talcott. On the Concept of Political Power[M]//T. Pasons. Sociological Theory and Modern Society. New York：The Free Press, 1967.

④ Donaldson, Lex. American Anti-Management Theories of Organization：A Critique of Paradigm Proliferation[M]. Cambridge；New York：Cambridge University Press, 1995.

来统领组织的"管理"问题。例如,如何提高组织绩效,如何更有效地控制组织的个体行为,如何创造和管理组织文化,如何识别和培养领导等,但忽略了组织目标实施和评估过程中的合法性问题。

在这里,我们把组织看作一种以成员资格为边界维持机制的社会系统①。其他相关的两类社会系统分别是互动和社会,前者是以在场为边界维持机制的社会系统,后者是以意义为边界维持机制的系统。和建立在信任基础上的网络不同,组织这一形式运作在权利这一符号泛化的沟通媒介之上。

组织的重要性,首先体现为其无所不在。近代社会的一个特征是组织的大量出现,到当代已经是无处不在了。组织的重要性还体现在,它们越来越被看作当代社会弊病的原因之一,越来越多的社会资源集中在组织手中。20世纪的一个总体趋势是,组织规模的大型化和科层化。其后果之一是,大多数人越来越远离权力中心,同时,也越来越依赖组织。

美国的组织研究兴起于20世纪60年代,以人际关系的观点向科学管理挑战,古典社会学关于科层制的零星研究也是其起点之一。在这个过程中,组织研究的视野逐渐扩大,环境的重要性越来越得到重视,首先是物质资源、技术特征,然后是政治力量,目前备受关注的则是制度和文化力量。而开放系统的概念给长期关注内部行政设计、领导和团队凝聚力的组织研究带来新鲜的血液。

最近的20多年,组织研究一直致力于研究各种组织实践是如何以路径依赖的方式形成的,强调问题框架对组织运作的重要性;开始考察各种组织实践如何在组织总体扩散的问题;关注组织的制度嵌入性;研究造成组织形式(无中心的网络或有中心的层序)不同的条件,等等。

组织研究主要集中在三个方面:一是内部组织结构和过程;二是组织和环境中的行动者的关系;三是对社会的影响。普费弗(Pfeffer)则更进一步将组织研究分为五个方面:一是社会组织对其成员的行为和态度的影响;二是个体的特征和行动对组织的效应,特别是效率和(通过领导)对个体的影响;三是组织的性能;四是文化和政治环境对组织的影响;五是研究组织时的认识论和方法论②。

---

① Luhmann, Niklas. Social Systems[M]. Stanford, Calif.: Stanford University Press, 1995.

② Pfeffer, Jeffrey. New Directions for Organization Theory: Problems and Prospects[M]. Oxford University Press, 1997.

不过,上述问题的背后还存在三个相互关联的基本问题:即组织是什么,组织如何成为可能,组织如何得以维系。这是本书所关注的重点,即众多组织属性中共性的机制。因为对这三个问题的不同回答,会影响我们对组织研究的基本方法和基本取向。相比较这些基本问题而言,其他问题都变成了组织研究的"技术性"问题[142]。

下面,对几种典型的组织理论进行解读。

2.3.1 制度论

制度论是组织研究的主流观点之一。其主要论点是:决定组织行为、惯例、结构的主要因素,不是效率,而是制度。所谓制度,即由价值、规范、规章、信念、习以为常的假定所构成的规则集合。这些文化要素规定了组织的现实及其理想模式,为组织提供了结构蓝图,特别是提供了组织程序和形式。从这个意义上讲,制度限定了组织结构的选择集,尽管随着时间的推移,这种约束是可以变化的①。

制度只是约束人们的组织行为,而不是完全决定人们的组织行为。制度给理性设定极限,它限定人们所能知觉的机会和备择,从而增加某些类型的组织行为发生的概率。不过,组织和个体也可以通过选择和行动来修正制度、废弃制度。因此,制度和组织行为之间是一个相互依赖的关系。

制度是经由社会构建的行动模板,它由持续不断的互动所生成,所维持。因此,行动者通过一系列的协商,达成共同的行为类型、行为期望和行为解释。这些模式化的关系和行为逐渐变成习以为常的事实,从而获得道德上和本体论上的存在地位,并影响将来的互动和协商。由此可见,制度内在地具有两重性:它源自行为又约束行动。但在制度论在对制度化过程的理解和解释中,利益冲突对制度化的影响被忽略了。

为了获得合法性和资源,组织必须适应来自环境中的压力。随着时间的推移,组织行为和结构,在制度层面会变得越来越相似,从而出现制度同型的现象。

2.3.2 资源依赖论[143~144]

资源依赖论是组织研究中的另一主流观点。"资源依赖"是这一理论的首

---

① Selznick, Philip. Institutionalism "Old" And "New"[J]. Administrative Science Quarterly, 1996, 41(2): 270-7.

要概念。其主要论点是,组织的生存取决于它从外部环境中获得关键资源的能力。为了降低获得必需资源的不确定性,组织会采用一系列战略重构其依赖性。有些战略是单边的,即绕过约束的来源,例如,减少对资源的兴趣,培养其他供应来源或形成同盟。有些战略则是约束对方,例如,通过交换其他有价值的资源(如地位、友谊、信息)来稳定资源①。

资源依赖论的第二个重要概念是"约束吸纳"。吸纳约束即把造成依赖的资源的控制权转移到组织手中。例如,通过合并和并购,组织可以完全吸纳约束。长期契约也可以吸纳部分约束,风险投资也是这样。和其他重要依赖的战略不同的是,约束吸纳是一种让组织直接可以控制它所依赖的资源的战略。

资源论预言,组织对资源的依赖度越高,它就越有可能吸纳造成其依赖的资源。但是,经验研究表明,组织的依赖性和它吸纳约束资源的能力呈正相关,但占主导地位的组织却明显缺乏动力去吸纳对方。正如卡塞洛(Casciaro)和皮斯科尔斯基(Piskorski)所指出的那样,吸纳约束意味着拥有资源的一方主动放弃其对资源的控制权,这让人无法理解其动机何在。因此,基于爱默生的社会交换论对权利的定义,他们把组织对依赖的反应策略分为两类:一是重构依赖的操作;二是行使权力的操作②。前者已经由普费弗等人做了详细说明,后者则是在不改变自己的依赖地位的前提下,组织利用自己的优势地位来补偿自己的资源依赖。当两个组织之间的权力差距越大时,重构依赖的操作就越不可能发生。

2.3.3 组织变迁理论[145~151]

组织为什么会变迁?这个问题是组织变迁理论所无法回避的。不同的理论在解答这个问题时,会关注不同方面的因素,它们大体可以划分为两类:组织内部和组织外部。

就组织内部的因素而言,首先被考察的就是组织的年龄。关于年龄对组织变迁影响的最常见的理论是"组织发展论",它的基础是生命周期或发育的类比。其基本论点是,和生物发育一样,随着组织的成长,某些结构转型就会出现。例如,随着一个企业从创业到发展壮大,达到一定发展阶段时,企业家

---

① Parsons, Talctt. The Distribution of Power in American Society[J]. World Politics, 1957, 10(1): 123-43.

② 夏传玲. 权杖和权势:组织的权力运作机制[M]. 中国社会科学出版社,2009:7-38.

就必须从直接、非正式的管理模式转变到简洁、正式的管理模式。不过,许多生命周期论的经验证据都是对大型组织的回溯性考察,这些数据存在很大的偏差。因此,这一理论也不可能是组织变迁的因果模型,有时甚至连一个描述性模型都称不上。此外,发育的类比还暗含着,在组织发展的最初阶段,其成熟阶段的特征已经暗含在组织的"胚胎"中,因此,整个变迁过程只不过是这些预设特性的展现而已,变成了"种瓜得瓜、种豆得豆"的宿命。

结构惯性理论①在关注组织年龄的基础之上,更注重组织内部的变迁过程。这种理论认为,随着时间的推移,组织内部的程序、角色和结构日益得到完善,组织因此而变得更加具有惯性②。这暗含着,随着组织年龄的增长,组织变迁的可能性将下降。同时,结构惯性理论还预言,一旦变迁开始,变迁的可能性又会加大,因为惯性的"时钟"已经被重新拨回到起点。在变迁的过程中,程序、角色和结构又被组织重新生成。这两个命题都已经得到经验数据的支持。

除了组织年龄和结构惯性这两个因素之外,第三个影响组织变迁的内部因素就是组织规模。汉南(Hannan)等人认为,随着组织规模的增大,出现科层制结构的可能性也加大,因而大型组织发生变迁的概率就会下降③。另一种相反的观点认为,由于大型组织能够掌控更多的资源,发生变迁的概率会更大。但经验研究的结果并不一致,有的支持前者,有的支持后者,有的研究表明,中型规模的组织最容易发生变迁④。

影响组织变迁的外部因素有很多,组织环境中的制度、技术和组织间的关系是三个被关注最多的外部因素。关于制度因素,迈纳等人发现,在芬兰,报业组织的变迁速率与报纸和政党的隶属关系正相关。辛格等人的研究表明,引入新的政府资源项目会使得服务组织的变迁速率增加。哈利迪(Halliday)

---

① Hannan, M. T., J. Freeman. Structual Inertia and Organization Change[J]. American Sociological Review, 1984, 49(2): 149-64.

② Bruce B. Risk, Power Distributions, and the Likelihood of War[J]. International Studies Quarterly, 1981, 25(4): 541-68.

③ Casciaro, Tiziana, Mikolaj J. Pisorski. Power Imbalance, Mutuai Dependence, and Constrant Absorption: A Closer Look at Resource Dependence Theory[J]. Adminnistrative Science Quarterly, 2005, 50(2): 167-99.

④ Greiner, Larry E. Evolution and Revolution as Organizations Grow: A Company's Past Has Clues for Management That Are Critical to Future Success[J]. Harvard Business Review, 1972, 50 (4): 37-46.

等人的研究显示,州政府的行为会影响律师协会从市场取向转变为政府取向的可能性①。

在分析环境因素对组织变迁的影响时,有些研究隐含着这样的假定:组织是有行动取向的,直到环境中有上佳的机会出现,组织才会采取行动。而另一种对组织的隐含假定是,组织是有惯性的,只有出现资源枯竭和环境危机时,它们才会采取行动②。为什么有的组织会主动适应环境变化,而另一些组织却是等待环境被动做出反应? 现有的组织变迁理论没有答案。

潜在的答案可能掩藏在组织内部那些评估环境机会和约束的过程之中,它们也是影响组织变迁的重要因素。例如,环境灾难可能导致组织领导层面的变化。尽管权力是一种组织惯性的源泉,但组织内部的政治斗争也是变迁的诱因。另一个可能隐藏答案的地方是组织环境理论,如技术创新。吸纳创新需要组织具有创新能力,但获得这种能力并不容易,因为这暗含着组织结构的重新调整。组织的结构惯性和抗拒变迁的阻力之大小,一方面取决于组织的战略和结构③,另一方面取决于环境变迁的速度④。

第三个外部因素是竞争。竞争压力可以导致组织发生变迁,迫使组织逃离高度竞争的环境或努力营造低度竞争的环境。汉南和弗里曼(Freeman)把竞争操作化为“组织密度”,即具有特定形式的组织的数量,它是组织群落的总体结构的测量。麦克弗森则从单个组织在资源空间中的特定位置(生态位)来考察竞争,把它作为多维度的总体结构的变量来加以估计⑤。

在结构惯性理论看来,结构变迁区分为两类:“内核变迁”和“边缘变迁”。内核变迁是不稳定的,会加大组织死亡或失败的概率。边缘变迁只涉及非核心的结构,这种变迁甚至会降低组织死亡的概率。在汉南和弗里曼那里,组织变迁的内核依次是组织使命、权威机构、技术和营销战略⑥。判断一个组织变迁是不是内核变迁,可以从初始变迁所带来的余波来加以判断,内核变迁会给组织带来巨大的震荡,在组织内部一个结构位点上的内核变迁,会在组织的其

① March, James G. The Power of Power[M]. Varieties of Political Theory, 1996: 37-70.

② 夏传玲. 权杖和权势:组织的权力运作机制[M]. 中国社会科学出版社,2009:7-38.

③ Bothschid, Joyce, Raymond Russell. Alternatives to Bureaucracy: Democratic Participation in the Economy[J]. Annual Review of Sociology, 1986, 12: 307-28.

④ 同上.

⑤ Robert N., Stephen R. Berley. Organizations and Social Systems: Organization Theory's Neglected Mandate[J]. Administrative Science Quarterly, 1996, 41(1): 146-62.

⑥ 夏传玲. 权杖和权势:组织的权力运作机制[M]. 中国社会科学出版社,2009:7-38.

他结构位点上带来一系列的角色和程序变化。这意味着,组织变迁的范围越大,组织失败的概率就越大。

2.4 大学行政权力与学术权力

现代大学是一种正式组织,也是独立的法人,呈现为由学科和事业单位交叉组成的矩阵,大学内部的学科系统和行政系统构成大学发展必不可少的两翼。由此而产生的大学行政权力与学术权力具有特殊的内涵。

2.4.1 法律框架下的高等教育

2.4.1.1 宪法视野中的高等教育

宪法中与教育有直接相关的条款包含如下内容:

第一,在教育事业管理方面主要规定了管理教育事业的各级行政管理机构、教育的举办者以及管理教育事业的职责等。其具体内容体现在《中华人民共和国宪法》第二条第三款和第十五条第一款、第十九条第二款、第四款、第七十条、第八十九条、第九十九条第一款、第一百零七条第一款和第一百一十九条等。

第二,关于教育制度的规定,指明了学校教育制度体系的构成。

第三,国家对文化、科学事业的价值取向和政策进行了阐明,概括而言便是"普及、发展、鼓励"。其具体内容体现在第二十条、第四十七条。

第四,在社会主义现代化建设中对知识分子的地位和作用进行了充分的肯定。

第五,在宪法中对教育事业的任务进行了详细的阐述,归纳而言主要是普及和提高。其具体内容体现在第二十四条第一款、第二款,第十九条第三款和第二十四条。

第六,规定了受教育是公民的权利和义务,第四十六条第一款。

第七,对残疾人、妇女等特殊社会群体的受教育权做了特别规定。第四十五条第三款、第四十八条第一款,第二十四条第四款。

第八,明确规定了学校的教育目标,其集中体现在第四十六条第二款。

第九,对未成年子女的父母的教育义务进行了规定,其集中体现在第四十九条第二款。

第十,规定了宗教与教育分离的原则,其集中体现在第三十六条第一、三款。

2.4.1.2　行政法视野中的高等教育

我国高校法律身份的性质具有多重性,依据社会与教育发展的现实需要,许多高等教育领域中的权利与义务关系发生了改变。诸如高校与内部主体之间以及高等教育行政部门与高校内部主体之间的关系正在发生变化,大量的新型权利义务关系正在出现。

教育行政关系主要体现的是一种以隶属性为特征的法律关系。在这种法律关系中突出表现的是权力服从的基本原则,其实质是一种国家对教育的管理、领导与组织活动,另外在内容关系上所反映的是领导与被领导、命令与服从,等等。高校作为教育行政法律关系中的主体,其表现为除了对政府及相关部门管理的服从外也同时可以在法律规定范围内对高校中各主体行使国家权力,这种权力主要表现为学位授予权等。在这种行政法律体系下,不同的行政关系高校也具有行政主体与相对方两种差异性身份。

在我国目前的法律理论与实务界认为,高校行政主体地位的获得是基于其属于法律、法规所授权的组织。法律、法规授权组织是一个行政法学中的特有概念,主要是指非国家机关组织在法律、法规授权下而行使特定行政职能。在《中华人民共和国教育法》中学校的处分权、招生权、颁布学业证书等权力具有行政权力的特征,所以从性质的角度来看应该属于公共管理权力或者行政权力。高校具有符合授权的理由与事实,所以应该属于法律、法规授权的组织范畴。行政主体其含义是指依法享有和行使国家行政权力,能够履行行政职责以并独立承担法律责任的法律法规授权组织或行政机关。《中华人民共和国教育法》第二十八条中对教育领域中的机构及学校相关权利予以规定,其中包括招收受教育者、对受教育者进行管理和颁发学位证书、对本单位设施和经费的使用与管理、聘任教师职工、拒绝组织和个人的非法干预,等等。通过此法条的理解我们能够看出关于规定高校奖励制度、学籍管理以及学生处分的第四项,关于高校招生权的第三项,关于规定教师聘任及管理的第六项,关于颁发学位证书的第五项等内容中都赋予了高校单方意志性的权力。所以能够看出,我国高校在法律中被定位为行政主体,并能够行使相关行政权力。我国高校在相关法律法规的规定中具有法律的授权性,所以在对高校内学生进行管理的过程中属于一种行政行为,应该遵循行政法的基本原则。

我国高校权利的基本来源自《中华人民共和国教育法》中以列举的形式规

定的学校的九项权利,以及在《中华人民共和国高等教育法》中以列举的形式规定的高校的七项办学自主权。然而虽然我国奉行着行政诉讼和民事诉讼分野的制度,但是在《中华人民共和国教育法》和《中华人民共和国高等教育法》中对权利的规定中却未进行民事主体与行政主体的区分。这种区分的缺失模糊了高校的法律地位,导致了将高效的私人行政与公共行政权力的混淆,还导致了民事权利和行政权力的混淆,使我国在关于高校的司法实践中出现混乱。所以欲对高校的行政主体地位进行明确,必须对高校的行政范围进行科学界定。

2.4.1.3 民法视野中的高等教育

高等学校是我国高等教育的实施主体,肩负着我国公众高层次教育的重要任务。目前高等学校受民法调整,在我国的法律中被定位为事业单位法人。在《中华人民共和国民法通则》中第五十七条规定:"法人是具有民事权利能力和民事行为能力,依法独立享有民事权利和承担民事义务的组织。"在《中华人民共和国民法通则》中将法人进行了划分,根据属性的不同主要分为三种类型,即营利法人、非营利法人与特别法人。《中华人民共和国民法通则》这个上位法为在高等教育领域中大学的法律身份提供了立法框架,所以我国在界定大学法律身份时将法律技术与文化概念进行了有效的结合,使我国大学的法人身份进一步明确。其中对大学法人的规定主要集中于《中华人民共和国高等教育法》第三十条以及《中华人民共和国教育法》第三十一条之中。从此三部法律之中可以看出,我国现行法律要求大学组织具有一定的法人身份。在对这种法人身份的规定中既包含了地方与部属的大学,也包括了私立的和公立的大学,所以无论是从学校的性质还是分管体制来说其都具有法人身份。

在国务院的《事业单位登记管理暂行条例》中也明确规定了事业单位法人的相关内容,"事业单位是指国家为了社会公益目的,由国家机关举办或者其他组织利用国有资产举办的,从事教育、科技、文化、卫生等活动的社会服务组织"。在上述的相关规定中可以看出高等学校在获得教育主管部门审批成立后即具有事业单位法人资格。高等学校法人资格的确认使其改变了教育行政主管部门与政府附属物的地位,对高等学校发展的自主性,包括教育教学以及自主办学等方面具有重要的推动作用。

除了上述从不同的法律视野中分析高等教育,我国对大学的赋权来源于法律的规定性。目前涉及大学的法律体系已经相对完善,如图2-1所示,大学从办学到运行都有相应的法律的支撑。

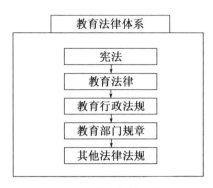

图 2-1　大学赋权的法律体系

1998 年颁布的《中华人民共和国高等教育法》是大学的基本法。与之相关的教育行政法规共计 13 条,涉及的教育部门规章 134 条①。除此以外,大学章程是每所大学的"宪章",是大学办学的最直接规范。

表 2-1　我国高等教育法律体系

法律名称	颁布时间
中华人民共和国义务教育法	2006 - 06 - 30
中华人民共和国民办教育促进法	2002 - 12 - 28
中华人民共和国国家通用语言文字法	2000 - 10 - 31
中华人民共和国高等教育法	1998 - 08 - 29
中华人民共和国职业教育法	1996 - 05 - 15
中华人民共和国教育法	1995 - 03 - 18
中华人民共和国教师法	1993 - 10 - 31
中华人民共和国学位条例	1980 - 02 - 12

《中华人民共和国高等教育法》第四章详细规定了高等学校的组织和活动,其中包含大学的学术权力与行政权力。

第三十条　高等学校自批准设立之日起取得法人资格。高等学校的校长为高等学校的法定代表人。

高等学校在民事活动中依法享有民事权利,承担民事责任。

---

① 来源于教育部网站[DB/OL]. http://www.moe.gov.cn/publicfiles/business/htmlfiles/moe/moe_191/list.html.

第三十一条　高等学校应当以培养人才为中心,开展教学、科学研究和社会服务,保证教育教学质量达到国家规定的标准。

第三十二条　高等学校根据社会需求、办学条件和国家核定的办学规模,制定招生方案,自主调节系科招生比例。

第三十三条　高等学校依法自主设置和调整学科、专业。

第三十四条　高等学校根据教学需要,自主制定教学计划、选编教材、组织实施教学活动。

第三十五条　高等学校根据自身条件,自主开展科学研究、技术开发和社会服务。

国家鼓励高等学校同企业事业组织、社会团体及其他社会组织在科学研究、技术开发和推广等方面进行多种形式的合作。

国家支持具备条件的高等学校成为国家科学研究基地。

第三十六条　高等学校按照国家有关规定,自主开展与境外高等学校之间的科学技术文化交流与合作。

第三十七条　高等学校根据实际需要和精简、效能的原则,自主确定教学、科学研究、行政职能部门等内部组织机构的设置和人员配备;按照国家有关规定,评聘教师和其他专业技术人员的职务,调整津贴及工资分配。

第三十八条　高等学校对举办者提供的财产、国家财政性资助、受捐赠财产依法自主管理和使用。高等学校不得将用于教学和科学研究活动的财产挪作他用。

《中华人民共和国高等教育法》将大学的责权利、内部结构、权力及其运行等都做了明确规定。

2.4.2　制度框架下的行政权力

行政权力(administrative power)一词来自大陆法系国家的行政法[152]。大学的行政权力在大陆法系的德国意指"大学的自治行政权",即大学在处理与大学教学、研究、课程及进修直接有关的行政事务时所享有的自治权。① 我们所理解的行政权力,是国家机关的"公权力",是公法领域之中的

---

① 赵成.治理视角下的大学制度研究[D].天津大学,2006.

"power"[153]。它是根据宪法的规定，为了实现国家意志，由国家行政机关依靠行政强制力所进行的管理。大学作为一类特殊的社会组织，其所完成的行政管理，也具有科层制特性。根据法律的赋权，大学对内部行使管理职权，这就是我们通常理解的大学中的行政权力①。

通过我们前面关于"权力理论""组织理论"的理论分析可知，大学是一种特殊的组织，而行政权力则是一种大学中的特殊的权力。行政权力是大学权力结构体系中的基本权力之一。其特点之一就是与政治权力的特殊关系。我国大学实行的是党委领导下的校长负责制。党委领导与校长负责体现了我国高等教育中独特的权力结构——即政治权力与行政权力的关系。有关党委领导与校长负责的具体分工，《中华人民共和国高等教育法》第三十九条规定：

> 国家举办的高等学校实行中国共产党高等学校基层委员会领导下的校长负责制。中国共产党高等学校基层委员会按照中国共产党章程和有关规定，统一领导学校工作，支持校长独立负责地行使职权，其领导职责主要是：执行中国共产党的路线、方针、政策，坚持社会主义办学方向，领导学校的思想政治工作和德育工作，讨论决定学校内部组织机构的设置和内部组织机构负责人的人选，讨论决定学校的改革、发展和基本管理制度等重大事项，保证以培养人才为中心的各项任务的完成②。

大学的校长则体现着大学之中的最高行政权力。校长全面负责本校的教学、科研和其他行政管理工作。《中华人民共和国高等教育法》规定：

> 第四十一条 高等学校的校长全面负责本学校的教学、科学研究和其他行政管理工作，行使下列职权：
>
> （一）拟订发展规划，制定具体规章制度和年度工作计划并组织实施；
>
> （二）组织教学活动、科学研究和思想品德教育；
>
> （三）拟订内部组织机构的设置方案，推荐副校长人选，任免内部组织机构的负责人；

---

① 王中海. 中国近代大学内部权力研究[D]. 广西师范大学，2008.

② 中华人民共和国高等教育法[DB/OL]. http://www. xatzy. cn/dwxcb1/news_view. asp? newsid=451,–2012–03–23.

（四）聘任与解聘教师以及内部其他工作人员，对学生进行学籍管理并实施奖励或者处分；

（五）拟订和执行年度经费预算方案，保护和管理校产，维护学校的合法权益；

（六）章程规定的其他职权①。

2.4.3 制度框架下的学术权力

"academic"源自"阿卡德米学园（Academy）"。现代英语"academic"有形容词和名词两种词性，作形容词时意思是"学术的"；作名词时意思是"高等院校教师"。美国学者波默罗伊等人所著《古希腊政治、社会和文化史》中"词语释义汇编"的解释是："阿卡德米学园（Academy）：公元前 4 世纪 80 年代，柏拉图在雅典创办了该学校，坐落在奉献给希腊英雄阿卡得摩斯（Academus）的一片果园内。这所学校培养出来的最著名的学生是亚里士多德。学园持续开办，直到公元 529 年罗马皇帝查士丁尼下令，将它与其他的异教学校一起关闭。"豪若威茨（Irving Louis Horowitz）说："academic 与学者（scholar）追求卓越的活动相关联。该语词源自科研人员。"柏拉图的学园（academia），学园原意是指从事高深学问的地方。当时，学园极力反对雅典民主制度。从那时起，政治阴谋即开始渗透学术活动。根据豪恩比（A. S. Hornby）《牛津高阶英语词典》"academic"词条的解释，现代英语"academic"有形容词和名词两种词性。"academic"作形容词用法时，有四种含义：（1）学业的、教学的、学术的（尤指与学校教育有关）；（2）学术的（与实践性、技术性相对）；（3）学业良好的；（4）纯理论的、空谈的、学究式的。"academic"作名词用法时，只有一种含义：高等院校教师和科研人员。简言之，英语"academic"兼指"学术的"和"高校教师和科研人员"两种意义，或者说"学术的"和"高校教师和科研人员"可用同一个词"academic"表示。

但汉语不同。汉语中"学术的"和"高校教师和科研人员"则绝对是两个词。"学术的"，与英语"academic"作形容词时的含义相对应；"高校教师和科研人员"，与英语"academic"作名词时的含义相对应。值得注意的是，汉语"学者"一词，指称精通学术的人，相当于英语"scholars"或"intellectuals"。"学

① 中华人民共和国高等教育法［DB/OL］. http://www. xatzy. cn/dwxcb1/news _ view. asp? newsid＝451，- 2012 - 03 - 23.

者"比"academic"作名词时专指"高校教师和科研人员"的外延大，不但包括"高校教师和科研人员"，还包括其他在学术上有成就和名望之人。由于"高校教师和科研人员"占"学者"总量中的主要部分，人们经常用"学者"指称"高校教师和科研人员"。显然，"学术的""学者""高校教师和科研人员"，均以"学术"为基础词。"学术"是一种活动，是名词；"学术的"是该词的形容词，表示某事、某物或某人与学术活动有关；"学者"是名词，指称以学术为职业或虽不以学术为职业但精通学术之人；"高校教师和科研人员"也是名词，指称精通学术、受雇于大学且以学术为职业的一群专业人员，简称大学教师或高校教师。因此，理解"academic"的词义，必以理解"学术"的词义为先决条件。否则，可能失之浅薄。

学术权力是大学与生俱来的权力，行政权力是后来才有的。学术权力就是专家学者依据其学术水平和学术能力，对学术事务和学术活动施加影响和干预的力量。学术权力是国内外高等教育研究领域中的一个重要概念。学术权力因其自身的产生和运作具有民主性、自由性、开放性、松散性等特征。学术自由是学术权力实现的前提和基础，学术权力的运作必须有法可依，要有程序性加以规范，避免学术权力的无序性、随意性，使其沿着规范性和程序性的轨道运行①。

《中华人民共和国高等教育法》具体规定了大学的学术权力：

> 第四十二条　高等学校设立学术委员会，审议学科、专业的设置，教学、科学研究计划方案，评定教学、科学研究成果等有关学术事项②。

而大学学术权力主要体现在学术委员会章程中（二级学院则是教授委员会）。学术委员会的设立，是健全现代大学制度的需要，目的在于保障学术民主、学术自由、教授治学。校学术委员会是校长领导下的学术事务的最高咨询、决策机构，负责讨论和决定人才培养、科学研究、学科建设、师资队伍等方面的重要学术事项。教授委员会是基层学术单位的学术咨询和决策机构，负责讨论和决定所在单位的人才培养、科学研究、学科建设、师资队伍等方面的重要学术事项。

---

① 学术权力[DB/OL]. http://www. baike. com/wiki/％E5％AD％A6％E6％9C％AF％E6％9D％83％E5％8A％9B.

② 中华人民共和国高等教育法[DB/OL]. http://www. xatzy. cn/dwxcb1/news_view. asp? newsid＝451, - 2012 - 03 - 23.

2.4.4 历史视域下学术权力与行政权力的关系

1978 年,美国学者伯顿·克拉克明确提出了"学术权力"的概念并被广泛使用。20 世纪 90 年代初,中国学者把这个概念引入我国的高等教育研究之中,使其与"行政权力"概念并列,成为解读当代中国高等教育管理体制的基本范式之一。但是,迄今为止,关于"学术权力"与"行政权力"及其关系的争论,仍然莫衷一是[154]。一个重要的原因在于,研究者们对"学术权力"语义的中西差异、"学术权力"范畴在中国被广泛言谈的价值根据以及学术权力在当代中国的实现路径等问题,尚没有给出有效的解答①。要洞察中国的高等教育,不能孤立地分析,必须把学术权力放置在宏大的历史视野之中。在这里,所谓的"学术权力",并不是意指孤立的概念,而是意指中国特色的"学术权力"。在历史的长河中,它是逐渐地萌发、确立、发展起来的。从中国近代高等教育的历史中考察学术权力与行政权力,是高等教育研究回应社会现实的应有之义。

2.4.4.1 近代大学学术权力的萌发[155～156]

1862 年 7 月 11 日,京师同文馆设立,这是我国尝试设立西方大学制度的开始。"吾国历史上本有一种大学",但"早已有名无实",而"吾国今日之大学,乃直取欧洲大学"②。尽管同文馆的设立仅仅是迫于无奈的模仿,而没有真正得到西方大学的真谛,但已经改变了人才的培养方案及模式,这种进步为我国以后的大学发展奠定基础。"同文馆向派正提调二员,帮提调二员,所派正提调均系总办兼充,本署事务较繁,未能逐日到馆,应由帮提调二员轮班在馆管理一切,遇有要事,仍应商同正提调核办。至每日各学生画到,均责成帮提调核实查察,倘有互相代画及学生已到而帮提调转未到馆各项情节,应由正提调随时稽察,回堂办理。"③这是大学章程的雏形,在此也体现了大学的行政权力,馆内的一切事务的决定权在正提调手中。主要是对同文馆实务的管理。此外同文馆章程中还有专门关于教习的规定:"馆内总教习、教习等有条陈馆务事件,呈堂阅后,仍交帮提调体察情形可行与否,会同正提调回堂核办。各学生遇有呈禀事件,应由帮提调呈堂,不得自行径递。同文馆汉教习各员,功

---

① 寇东亮.学术权力:中国语义、价值根据与实现路径[J].高等教育研究,2006.
② 唐钺、朱经农、高觉敷.教育大辞书[M].商务印书馆,1930:42.
③ 同文馆章程及续增条规,第 1 — 6 页。转引自陈学恂,中国近代教育史教学参考资料(上)[M].人民教育出版社,1986:32.

课勤惰,应由帮提调等随时稽查,倘有旷误馆课者,即会同正提调等回堂办理,不得稍涉徇隐。"①同文馆尽管专门设立有关教习的规定,但是作为教学人员,教习们并没有涉及权力,反而处处体现出被行政权力管理。

　　由于西方先进的教育观念逐步渗入我国的教育管理体系之中,才有了《京师大学堂章程》。《京师大学堂章程》有专门的章节叙述设官及教习。这是关于大学行政权力与学术权力最明确的表述了,这份章程值得笔者征引:

表 2

第五章　设官	第六章　聘用教习
第一节　设管学大臣一员,以主持全学,统属各员,由特旨派大臣为之。 第二节　设总办一员、副总办二员,以总理全学一切事宜,随事禀承管学大臣办理。 第三节　设堂提调四员,以稽查学生勤惰出入并照料学生疾病等事。遇学生因事争讼,堂提调应随时排解,有大事会同总办申理。司事杂役人等,有不按定章办事应差并在堂内外滋事者,堂提调查明分别轻重办理。 第四节　设文案提调一员、襄办二员,以总理往来文件。 第五节　设支应提调一员、襄办一员,以总稽银钱出入。 第六节　设杂务提调二员、襄办一员,以照料学生饮食并随时置办堂中应用一切物件。 第七节　设藏书楼博物院提调各一员,以经理书籍仪器标本模型等件。 第八节　设医学提调一员,稽查医学馆学生功课,兼司学堂诊治及照料一切卫生事宜。 第九节　设收掌供事书手若干员,名俟开办时视学务繁简再行酌定。 第十节　以上各员自总办以下皆受考成于管学大臣,除管学大臣外皆须常川驻堂。 第十一节　自副总办以下供职勤惰应由正总办按照章程严密稽查,年终出具考语,报明管学大臣查核。	第一节　设总教习一员,主持一切教育事宜;副总教习二员,佐总教习以行教法,并分别稽查中外各教习及各学生功课。 第二节　现在学生额数未定,西学教习拟暂聘欧美人六员或四员,教授预备科学生,日本人四五员教授速成科学生,按照所定功课章程办理。 第三节　同文馆归并办理仍照向例用英法俄德日本五国文教授聘用外国教习五员,又医学实业馆聘用外国教习一员。 第四节　设西学功课监督一员如外国教习有不按照此次所定功课教授者监督得随时查察,责成外国教习照章办理。 第五节　各外国教习之外仍须用中人通西学并各国语言文字者为副教习,其员数俟开办时酌定。 第六节　应用汉文教习若干员,按照所定汉文功课教授,其员数亦俟开办时定之。 第七节　各教习如有教课不勤及任意紊乱课程上之规约等事,无论中外教习年满与否,管学大臣均有辞退之权,延聘外国教习时应将此条注明合同之上。 第八节　学问之与宗教本不相蒙,西教习不得在学堂中传习教规。 第九节　自副总教习以下,教课勤惰均由正总教习按照章程严密稽察,年终出具考语,报明管学大臣查核,总教习以下皆受考成于管学大臣。

---

　　①　同文馆章程及续增条规,第1~6页。转引自陈学恂,中国近代教育史教学参考资料(上)[M].人民教育出版社,1986:32.

从京师同文馆到京师大学堂,其中有关教习的论述,为今后中国多行学术权力的确立埋下了伏笔。《京师大学堂章程》规定的绝大部分权力是针对学术事务管理的,诸如功课、学生入学、学生出身等。虽然这个时期还是受总监督的统帅,但是教习此时已经有了参与大学管理的权力:"设总教习一员,主持一切教育事宜;副总教习二员,佐总教习以行教法,并分别稽查中外各教习及各学生功课。"虽然这只是教习管理学术上的一点进步,仅仅是一个雏形,但为今后学术权力的发展奠定了基础。

2.4.4.2 近代大学权力的表达[157~162]

特殊的时期,有特殊的需求,也就会产生特殊的权力表达。1911 年之后的中国,高等教育界更需要一种特殊的精神——学术自由。

蔡元培以西方现代大学理念改造北京大学,迎来了中国现代大学制度建设的新的历史时期。"大学以教授高深学术,养成硕学宏材,应国家需要为宗旨",蔡元培的理念彰显出那个时代北京大学的价值取向,也蕴含了大学学术权力与行政权力应该处于何种位置。在《大学令》的行文中,我们已经能够辨别出行政权力与学术权力的划分:

第十一条:大学院生在院研究,有新发明之学理或重要之著述,经大学评议会及该生所属某科之教授会认为合格者,得遵照学位令授以学位。

第十二条:大学设校长一人,总辖大学全部事务,各科设学长一人,主持一科事务。

第十三条:大学设教授、助教授。

第十四条:大学遇必要时,得延请讲师。

第十五条:大学各科设讲座,由教授担任之。教授不足时,得使助教授或讲师担任讲座。

第十六条:大学设评议会,以各科学长及各科教授互选若干人为会员,大学校长可随时齐集评议会,自为议长。

第十七条:评议会审议左列诸事项:一、各学科之设立及开展;二、讲座之种类;三、大学内部规则;四、审查大学院生成绩及请授学位者之合格与否;五、教育总长及大学校长咨询事件。

第十八条:大学各科各设教授会,以教授为会员;学长可随时召集教授会,自为议长。

第十九条:教授会审议左列诸事项:

一、学科课程;

二、学生实验事项;

三、审查大学院生属于该科之成绩;

四、审查提出论文请授学位者之合格与否;

五、教育总长、大学校长咨询事件①。

教授会的出现是我国高等教育史上第一次明确提出学术权力具体运用的程序设计。教授拥有参与大学管理的权力,并且赋予法律的权威,这是蔡元培"教授治校"思想的充分反映②。

评议会规定了教授的权力;恢复学长权限,赋予其行政方面的权力③。评议会的职权如下:

(甲)各学科之设立及废止,

(乙)讲座之种类,

(丙)大学内部规则,

(丁)关于学生风纪事项,

(戊)审查大学院生成绩及谕授学位者之合格与否,

(己)教育总长及校长咨询事件,

(庚)凡关于高等教育事项将建议于教育总长④。

教授的学术权力在大学的管理中完全占有主导地位,拥有学术事务的决策权。这些制度都是在蔡元培的主持下建立起来的,也是对《大学令》的具体实践,更是对蔡元培自己的大学教育思想的实践。更重要的是,蔡元培不仅建立了这套管理体制,而且自己以身作则地实践它。虽然,在今天看来中国学术权力制度的创生是直接移植西方的产物,但是它的发展有着内在逻辑,即制度的建立和学术共同体的成长相互促进。

从北京大学开始,一直到20世纪40年代末,中国大学在其发展的各个历史时期,不断进行制度改革,进一步发展了学术权力,使得学术自由精神逐步得以确立。这方面,学术界有专门的研究。限于篇幅,这里不做详论。

---

① 教育杂志,第四卷第十号.

② 张正锋.权力的表达[M].福建教育出版社,2007:36.

③ 邓小林.民国时期国立大学教师聘任之研究[D].四川大学,2005.

④ 张正锋.权力的表达[M].福建教育出版社,2007:54.

对我国近代大学学术权力制度演进的考察表明，学术权力的制度演进有其内在的逻辑和动力，那就是大学学术的发展、学术力量的壮大、学术自由价值观认同的强化。

第一，程序层面的支撑。

无论是学术权力的产生，还是行政权力的运作，都有其相应的制度保障和支持。包括逐步完善的法律法规、各大学的大学章程等。从《京师同文馆章程》《京师大学堂章程》到《大学令》《国立大学校条例》《大学组织法》，再到后来的《大学法》，这些都是现代大学制度建设的重要保障。有了法制上的规定，教师的学术行为和学术权力得到了法律的保护。在这些法律中，我们可以探究出学术权力的雏形——教授会。由于有了程序方面的规定，使得权力的行使能够在规范的约束之下，也使得权力的合法性一度得到了前所未有的彰显。

第二，认知层面的认同。

学术自由是大学主体的精神追求。大学立法的宗旨体现了"以教授高深学术，养成硕学宏材，应国家需要为宗旨"[1]。近代大学学术权力之所以能够充分确立，教授会和评议会制度之所以实施，与特定社会背景下知识分子奉行的"学术自由"的理念有关。近代的知识分子大多有海外留学的背景，学术共同体倡导学术权力，反对政府权威，认同这些制度，体现了"学术自由""大学自治"的价值，所以，他们希望在中国也能够通过实行类似的制度，弘扬这些价值观。实施教授会和评议会制度，不仅仅是出于全面学习西方、变革中国大学的需要，更是大学学术群体发展的内在要求[2]。

第三，身份层面的表达。

教师的独立性是大学权力运作的基础。一方面，教师享有独立履行学术权力的权利；另一方面，行政权力不能干涉教师。有统计数据表明，1930年后，清华大学教师数量增长尤其快，教师规模迅速增加。此外，教师职称也在向高水平发展，具有教授头衔的教师比例很大[3]。这说明当时教师学术实力非常强，汇聚的都是学术界的精英分子。学术群体力量的壮大，势必要求维护学术自由权利，以"权力"来保障"权利"是必然的选择[4]。

---

① 郭卉. 权利诉求与大学治理[D]. 华中科技大学，2006.
② 郭卉. 权利诉求与大学治理[D]. 华中科技大学，2006.
③ 苏云峰. 从清华学堂到清华大学 1928—1937[M]. 三联书店，2001.
④ 李灵莉. 我国大学学术权力合法性的历史流失与现实建构[J]. 现代教育管理，2011(11)：52 - 55.

第四,精英人士的推动。

"徒善不足以为政,徒法不足以自行。"一套制度的建立需要一个过程,一个理想的实现也需要人的推动。蔡元培在全面模仿西方为北大建章立制的同时,也以"囊括大典,网罗众家"的"兼容并包"之气度,为北大迅速汇聚了一大批国内外优秀学者,催生了北大学术群体的发展。当时北大汇集了如钱玄同、李大钊、胡适、陈独秀、周作人、黄侃、梁漱溟、钱穆、李四光、陈寅恪、刘师培、沈尹默、马裕藻等一大批学术大家,为今天中国任何一所大学所仰望。这个不论派别、年龄、资历和政见的学术群体,追求的最高目标就是发展学术[①]。必须承认,我国近代大学的学术权力的发展、学术的繁荣,得益于学术精英对西方大学制度的实践。

综上所述,笔者认为:中国的学术权力扎根于学科,来源于高深知识;教师、学者作为本学科高深知识的拥有者,享有学术权利,为保证学术权利的实现,被赋予学术权力;学术权力是大学之中学术共同体之间关系的反映,这种关系是多维度的,是学术人所握有的实际学术资源的力量总和。

---

① 郭卉.我国大学学术权力制度演进的历史考察[J].现代教育科学,2007(4):16-19.

3 共轭:大学学术权力与行政权力关系研究的新拓展

"共轭"概念的引入为本书提供了一个新的视角。共轭观科学揭示出来的新特质、新事实和新规律,对哲学社会科学产生了深远影响。"随着自然科学领域中每一个划时代的发现,唯物主义也必然要改变自己的形式。"①世界上的许多事物的本质是共轭存在的。共轭观是一种动态的、辩证的与系统的自然观与世界观,它从更新的视野揭示了事物的本质及其运动规律,在此基础上形成的新的概念和范畴,其理论意义与实践意义具有普适性,它不仅具有哲学方法论上的意义,也影响着大学管理思维的创新。以共轭这一新的视角来分析大学学术权力与行政权力的关系,不仅使大学管理研究在内容上更加丰富,而且拓展了这一领域的研究空间[163]。

3.1 学术权力与行政权力的共轭内涵

3.1.1 共轭的应用

共轭,作为宇宙间的普遍现象,广泛地存在于每一个领域。简单到牛在耕地时所用的工具,复杂到有机化学和生物体中的共轭聚合效应;小到量子物理中的微粒效应,大到宇宙间的正反物质,共轭现象是无处不在的。共轭的运用领域很广泛,比如:

数学上的共轭:

共轭复数:实数部分相同而虚数部分互为相反数的两个复数。

矩阵的共轭转置:把矩阵转置后,再把每一个数换成它的共轭复数。

---

① 中共中央马克思恩格斯列宁斯大林著作编译局. 马克思恩格斯选集:第 4 卷[M]. 2 版. 人民出版社,2012:4.

自共轭矩阵:矩阵中每一个第 i 行第 j 列的元素都与第 j 行第 i 列的元素的共轭相等。

代数上的共轭与共轭复数类似,用来进行分母有理化。

共轭梯度法:不仅是解大型非线性最优化、最有效的算法之一,也是解决大型线性方程组最有用的方法。这样的方法是介于牛顿法与最速下降法之间,运用一阶导数信息,避免最速下降法收敛慢的缺点,又克服了牛顿法需要存储和计算 Hesse 矩阵并求逆的缺点[①]。

共轭指数:数学上,若两个实数 $p,q>1$,且 $1/p+1/q=1$,称 p,q 为共轭指数(Conjugate indices)。

一般定义是,$q=\infty$ 为 $p=1$ 的共轭指数。

化学上的共轭:

共轭系统:共价双键或三键交替出现的现象,会导致电子的离域,并使体系更加稳定。

共轭效应:共轭现象对体系产生的影响。

共轭酸碱对:酸碱平衡中对应的酸碱对,其中的质子(H^+)给予体为相应碱的共轭酸,而质子接受体则为相应酸的共轭碱,它们合称为一对共轭酸碱对。

氧化还原共轭关系:氧化还原半反应中,相应的氧化型及还原型物质互称共轭氧化剂/还原剂,反应则被称为氧化还原共轭关系。

物理上的共轭:

共轭物理量:在量子力学中指算符不对易的物理量。

医学上的共轭:

共轭现象:在脊柱的运动中,共轭现象是指同时发生在同一轴上的平移和旋转活动,或指在一个轴上旋转或平移必然同时伴有另一轴的旋转或平移运动的现象。

管理学上的共轭:

在管理学中,组织的实施、过程和结果,与共轭是相一致的。对于系统组织来说,共轭是成对出现的。整个系统的管理的过程,就是动态的过程,这一过程也是一种多元共轭的平衡过程。随着新的共轭因素的介入,旧的共轭平

---

① 互动百科[OB/OL]. http://www.baike.com/wiki/%E5%85%B1%E8%BD%AD%E6%A2%AF%E5%BA%A6%E6%B3%95.

衡被打破,新的共轭关系发生,形成新的共轭效应。管理的结果,实际上就是通过对多元共轭因素的管理,实现管理升级,这是一个螺旋形发展的过程。

生态学上的共轭:

新生态学的一个重要概念是"生态平衡",这是威廉·福格特在 1949 年首创的。当时他并没有规定这个词的具体含义,只是把人类对自然环境过度开发所引起的消极后果笼统地概括为破坏了"几千年来形成的生态平衡"。这一提法表达了人们关于自然环境的基本观念,即维护人类生存的基本运动规律是生态平衡。后来这个概念不仅成为生态学的重要词汇,还成为哲学自然观的重要范畴。

生态学所揭示的上述种种概念及其原理在罗尔斯顿的生态哲学思想中,已被广泛应用,无论是在论证生态伦理存在的合理性方面,还是在建构自然价值论的过程中,生态学所具有的以下与罗尔斯顿生态哲学思想相融合的品格,为其提供了科学依据。

其一,相互依赖性。生态学作为一门科学所发现的相关性是通过确切的科学工具而获致的。初看起来,自然界的生物都在做个体生存的努力,似乎并无必然的相关性。然而,生物链揭示了人与最低等的生命形态之间存在完美的线性链;群落概念表明,包括植物、动物和微生物等多物种种群,都是生态系统中有生命的组成部分,各种群之间具有极其复杂的食物网与能量转换关系;食物链表明,自然界的食物链有成千上万个,它们构成一张相当复杂的纵横交错的"食物网络",所有的生物都是网络之结,它们之间相互影响、相互制约、相互依赖;生态系统进一步表明,在某一特定的地域或水域的空间范围内,所有的生物与非生物的环境要素通过物质循环和能量流动相互作用、相互依存。

生态学以无懈可击的证据表明,任何物种都需要它者的帮助,否则没有任何物种可以有机会独立生存下来。约翰·缪尔曾说过:"当我们试图单独挑出某一物种时,它与系统内其他物种联系着。"相互依赖性是生态学的一个基本原则。巴里·康芒纳(Barry Commoner)认为,生态学是研究种群之间彼此建立起复杂而严格的关系以及联结每种生命物体与物理、化学环境的过程的科学,它所确立的第一条法则就是"每一种事物都与别的事物相关",这其实只是拘于生态系统的一个简单的事实:"每个事物都是与别的事物相联系的,这个体系是因其活动的自我补偿的特性而赖以稳定的;这些相同的特性,如果超过了负荷,就可能导致急剧的崩溃;生物网络的复杂性和它自身的周转率决定着它所能承受的负荷大小以及时间的长短,否则就要崩溃;生态网是一个扩大器,在一个地方出现的小小混乱就可能发生巨大的、波及很远的、延缓很久的影响。"在他看来,所有环境危机其实就是生物与环境之间的这种相互依赖的破坏,"环境危机就是一个标志:在生命和它的周围事物之间精心雕琢起来的完美的适应开始发生损伤了,由于一种生物与另一种生物之间的联系,以及所有生物与其周围事物之间的联系开始中断,因此维持着整体的相互之间的作用和影响也开始动摇了,而且,在某些地方已经停止了"。生态学还表明,人与自然也是相互依赖的。人的出现是自然进化的结果,人的生存是由自然来维系的。

生态学所表述的这种相互依赖性也正是共轭思想的主要依据。"我们得到的图像是一个共同体,其各部分之间以共生关系结合在一起。"由此可见,人类在现代文明中发现的所有变化都仅仅只是那种相互依赖模式中的变化,而不是相互依赖本身这个事实或其中内容的变化。从这个角度分析,共轭理论的相互关系,具有伦理含意是顺理成章的。

其二,整体性。"从一开始,生态学关注的就是共同体、生态系统和整体。由于这种整体主义倾向,这一学科被证明是环境伦理学生长的沃土。"纳什的这一观点是合乎事实的。早在生态学的早期时代,代表对待自然的阿卡狄亚式态度传统的牧师、自然博物学者吉尔伯特·怀特(Gillbert White,1720—1793)就以整体性眼光考量着周围世界,他的《塞尔波恩的自然史》就是把自然当作一个相互联系的整体,而不是一系列独立的部分来研究的,由此引发了一场关于自然的整体性的讨论,并一直成为生态学的主流传统。在整体论思想中,整个自然都被看作一个唯一的不可分割的统一体,正如作为它的一部分的那种更广阔的田园主义一样,这种思想在整个现代时期时起时落,但却惊人地坚持下来了。在"把田园道德论发展为近代生态哲学的最主要的人"亨利·大卫·梭罗眼中,自然是一个交织在一起的聚合体,一个实在的共同体。他们要探求的就是这样一个共同体:在这里没有任何东西不是与整体相联系的,每个部分都可以看成整个系统的缩影。

生态系统的整体性也是共轭价值论的立论基础,"工具价值和内在价值也都是客观地存在于生态系统整体中"。① 共轭思想的哲学基础就是整体观,在共轭的视野中,没有孤立的存在,没有片面的在场,生态就是"关系",伦理也是"关系"。这种关系是整体中的相互依赖的统一、和谐、相互影响。生态学的描

---

① 罗尔斯顿.哲学走向荒野[M].吉林人民出版社,2000:189.

述所发现创造的生命支撑、冲突与互补的辩证统一、稳定、多样化、团结等观念,并不是作为外在的、人为的东西置放到我们对自然界的理解中去的,而是实际的生物界确实就是这样。因此,共轭理论认为:"任何科学研究,不管进行多少次,都永远无法证明应当的东西同最理想的生物群落是一致的。而生物学的论述在肯定应有意义上的生态系统的价值时,它所产生的却正是对自然界的这种评价。在这种情况下,便从'是'过渡到'善',再过渡到'应该';于是我们离开科学而转向与伦理学有关的评价。"

3.1.2　共轭的特点[164~166]

尽管共轭运用的领域很广泛,但作为一种独特的现象,共轭具有以下特点:

对称。共轭因素都是成对出现的,并且具有"模"相等或相似、方向相反的特征。

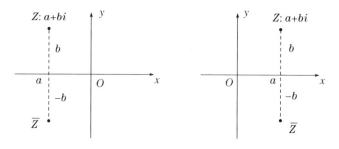

如果引入矢量的概念,一个绝对等价的共轭元素的作用和,其"外向"力恰好抵消,同向力累加。如共轭虚数的和是实部的两倍。当共轭元素之间只有外向力,没有同向力时(这在数上,就是实部为零的共轭复数),这时的合力就是零。

在管理学中,我们可以对共轭进行定义:共轭系统之间的虚部(外向力)一方面是造成内耗的动力源,另一方面是管理的制衡,保证各子系统之间相互作用的结果使整个系统沿着固定的方向前进。换句话说,在管理体系中,制衡总是以消耗系统的能量为代价的。这正好符合耗散系统定律:"有序,总是有代价的。"①

传递。共轭的另一个特征是传递。共轭在化学分子团的聚合中正是这一

---

① 张继林.共轭动力系统分析及其在高等教育专业结构管理中的应用[D].天津大学,2008.

特征的体现。也正因此,我们才有了丰富多彩的世界,形形色色的生物。例如:

$$H-C=C-C=C-H$$

我们可以看出其中所蕴含的连续传递性。在共轭体系中,每一个共轭分子都表现出特有的性能。在非共轭分子中,每个双键分别具有特殊的表达性质,它们各自独立地表现其所具有的化学性能,一般我们根据双键的性质来推断其所具有的性能。共轭分子中每两个双键形成一个新的性能、新的体系。我们必须认识到共轭的传递性、连续性是一种普遍存在。

规律。只有在共轭复数中,我们才能找到完全对称的共轭。而在实际的管理实践中,很难找到完全对称的共轭。这是因为共轭要素多种多样,具有不可观测性,而且在传递的过程中,还存在信息的不对称。所以,我们认为共轭是一种相对的状态。

特伦斯·霍克斯认为:"事实的真正本质不在于事物本身,而在于我们在事物之间构造,然后又在它们之间感觉到的那种关系。"[1][2]共轭是分析大学学术权力和行政权力关系的一个新的理论和方法。我们所理解的共轭就是大学学术权力和行政权力关系的一种结构,或者说是大学内部学术权力和行政权力共轭要素的排列组合方式。相同的共轭要素,因其排列组合的方式不同、影响不同,就可能导致大学的内部共轭具有不同的具体表征、特征与功能,并影响大学的发展。对于一个复杂的大学系统来说,如果对学术权力和行政权力的关系没有合理的认识,没有整体优化的设计,将会影响大学的运作和发展。运用共轭来分析大学中的权力,是探求大学系统合理结构的一种途径和方法,其关键是找出大学权力构成上的重要的影响因素,使大学系统的共轭因素及其相互关联在分布上达到帕累托最优结合和最优输出,以促进大学的发展。大学学术权力与行政权力共轭的状态,应该是一个互动协调、相互适应、目标明确、高效互补的有机整体。只有处于这样的状态,大学才能实现持续、健康的发展。大学学术权力和行政权力的共轭在于追求权力运行的整体性、适应性、互补性和高效性,并力求具备自组织能力[3]。

---

① 霍克斯.结构主义与符导学[M].上海译文出版社,1987:8.
② 朱德友.高校教师激励机制研究[D].武汉大学,2006.
③ 朱德友.高校教师激励机制研究[D].武汉大学,2006.

3.1.3 共轭的内涵——一种新的管理定义

3.1.3.1 共轭的内涵

在哲学社会科学研究领域,系统研究共轭理论的成果尚不多见。哲学社会科学研究领域关注的现象,如高等教育、经济增长等,具有非线性、不可逆性、偶发性等特征。人类社会的日常生活当中共轭现象无处不在,共轭形态林林总总。人类社会发展过程中的问题,有很多又可以用共轭的视角来认识,用共轭的方法来解决。共轭远远超过了现有学科的认识与应用,具有自然科学与哲学社会科学意义之上的一般概念特征。下面我们从如下几个方面来认识"共轭"。

1. 科学语境中的共轭

"轭"原指驾车时套在牛马颈部的人字形器具(参见图3-1),同时具有束缚和控制的含义。通过"轭"将拉车的牛马和车组合成一个系统,牛马通过"轭"必须协调一致才能使整个牛马车按照人们的意愿工作。按照马克思主义的观点,"轭"其实就是一种联系。这种联系在"形态""特征"和"性能"等方面千差万别,如同马克思主义的联系一样,"轭"同样具有客观性、普遍性和多样性等特征。

图3-1 轭

为了使"轭"的引申义与其本义及已有其他应用学科领域的含义有更直观的对应,更好地阐释"共轭"及其相关概念在哲学社会科学研究领域中的含义,这里暂时先主要考察"轭"这种联系为系统内部在"层级"上对等的成对要素之间的关系。即由"轭"联系着的要素是所考察的系统内部的要素,它们对系统的作用处在同一个"层级"上,而且是成对出现的。至于系统外部、内部与外部之间、不同层级之间的成对要素,以及多于两个要素之间的共轭关系,由于时间和篇幅的限制,留待以后做进一步推广研究。那么本书的"轭"就是指对系统发展既不可或缺,又相互博弈的,具有同等重要性的内部成对要素之间的一种联系。"轭"本身具有客观性、普遍性和多样性等特征,但在研究成对要素之间关系的时候,可以将"轭"抽象并固化为"人"字形,"轭"是一种"硬"联系。

共轭(状态)。"共轭"的本意是通过马背上的"轭",使两匹马同步行走,共拉马车。共轭就是按照一定的规律相匹配的一对要素,包含这对要素和"轭"。为了研究的需要,这对要素就叫"共轭要素"。从存在的角度来讲,"共轭"就是包含了"共轭要素"和"轭"的一种组合状态,即"共轭状态"。共轭状态强调,共轭要素既相互制约又相互促进,使得整个系统结构相对稳定、整体功能协调、对环境适应性强。共轭是系统整体性和相关性的内在表现,是系统自组织的原动力之一。基于"共轭"的含义,本书尝试简要给出"共轭系统""共轭驱动""共轭效应"等相关概念的界定。

共轭系统。共轭系统有广义和狭义之分。狭义的共轭系统是指由共轭要素和轭组成的集合,共轭要素通过轭相互关联。因为系统和要素具有相对性,所以,广义的共轭系统是指包含共轭要素的集合,即广义的共轭系统中除了共轭要素、轭等要素以外,还有其他相关联的要素,是一个"扩大了"的集合。这个时候狭义的共轭系统仅可以被看作是广义共轭系统的一个子系统。在实际生活当中,人们研究与实践的共轭系统往往是广义的。下面列举一个直观的共轭系统示例,见图3-2。

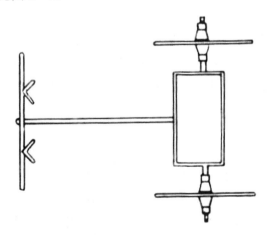

图3-2 共轭系统:马车

马车就是一个共轭系统,要使得整个马车(系统)朝着预定目标前进(发展),两匹马(成对要素)必须通过"轭"形成"共轭",两匹马(共轭要素)协调对称地相互影响、相互制约,使得整个马车(系统)要素联系紧密、结构相对稳定、整体功能协调、对路况(环境)适应性强。

共轭驱动。驱动就是用动力推动。共轭驱动就是共轭要素通过轭推动整个系统结构相对稳定、要素联系紧密、整体功能协调、对环境适应性强,并向着预设目标发展的过程。

共轭驱动的动力来自共轭要素的自组织原动力,是共轭要素自组织原动力相互作用的结果。共轭要素的自组织原动力分为相互"制约(竞争)"和相互"促进(妥协)"两种密不可分的动力。相互制约来自要素本身生存与发展的本能需求;相互促进的原动力来自共轭要素的相互依存性,即任一共轭要素的生存与发展必须以其对应的共轭要素的生存与发展为基础,其中一方消亡,共轭另一方将不复存在。

共轭效应。共轭效应是指共轭要素共轭驱动系统发展所产生的效果。共轭效应使系统中共轭要素都能"各取所需""各司其职",在达成共轭要素自身的最满意发展目标的同时减少内耗,促进整个系统更趋稳定有序。共轭强调系统的稳定性和效率性。在共轭系统中,共轭要素共轭驱动的目标是使整个系统产生内耗减少、系统更趋稳定有序的共轭效应,最终趋向共轭状态。

2. 哲学语境中的共轭

哲学思维的特点在于同时具有抽象性、批判性和反思性,可以预见和设计新的观点、新的方法和新的理解力。哲学可以哺育和保护现存价值,是文化的巡逻兵。同时,哲学与其他精神领域相比更能建立和维护与新的存在完全符合的价值。

本体论意义上的共轭。本体论译自英文"ontology",又译存在论、存有论,它是形而上学的一个基本分支。本体论旨在探讨存在本身,即一切现实事物的基本特征,是哲学的终极关怀。历史上有哲学家在对本体论的追求中,要求得到绝对之真、至上之善和最高之美,这是将本质与现象分离、主观与客观割裂、相对与绝对对立的做法,是一种不能达成的空想。就目前人类的能力而言,本体论不应当是目标而是追求。当代哲学对本体论的理解是,本体论是一种追本溯源的意向性追求,是对人和世界及其相互关系的终极探寻理想。本体论的现实意义,不是在于能否达成其所追求的终极理想,而是在于将其作为理性目标,在追寻这一理性目标的过程中来不断否定现实存在,将现实变成更加理想的现实。对本体论的追求让人类在理想与现实、终极指向性与历史确定性之间永远保持着必要的张力，并不断突破微妙的平衡，从而使得人类永远保持着求真、向善与审美的意识，永远保持着自我批评和自我超越。

本体论意义上的共轭，是指对共轭的基于现实又高于现实的"理性"追求，是就共轭理论体系表达而言的，这是共轭理论所要期待揭示的内容，主要是朝着不依赖于主体而客观存在的"理性"目标，探索与认识主体相区别的共轭的属性、规律或状态，包括共轭的空间构成、历史演进以及功能进化，最终解构共轭并洞察共轭本质，并指向共轭问题的解决。

认识论意义上的共轭。认识论又被称作知识论。认识论的主要研究内容集中在如下几个方面：第一，认识的本质到底是什么？认识的结构怎样？认识与客观实在存在着怎样的关联？……认识论作为哲学的组成部分之一，是指研究人类认识的本质以及人类认识发展过程的哲学理论。在哲学发展史上人们曾用不同的术语来表述认识论。如 epistemology（费里尔，J. F. Ferrier）、gnoselogy（康德，Immanuel Kant）、erkenntnis theorie（莱因霍尔德，Reinhold）。在以英语呈现的研究成果中，认识论被表述为"theory of knowledge"，这是德语"erkenntnis theorie"一词的通俗表述。

在中国传统哲学中，认识与实践的关系表述为"知"与"行"的关系。从孔子到孙中山，都十分重视知行问题的探讨，提出过许多深刻的思想。中国古代先哲在研究"知"和"行"的关系时，或强调"知"先"行"后，认为"行"就是"知"，"知"就是"行"，展开了人的主观能动性对于"行"的意义的分析，提出了带有唯心色彩的以"知"为基础的知行统一论；或强调"行"对于"知"的重要性，认为"知"是"行"的开始，"行"是由"知"所成，提出以"行"为基础的知行统一论。这些思想成果对于理解实践与认识的关系具有重要的参考价值。

认识与实践的关系、行和知的关系问题，是哲学认识论的一个基本问题。人类从未停止过认识。对认识本身的研究和探索，更是同哲学的产生相联系。认识论之最为重要的任务是揭示认识的本质，挖掘认识所发生与发展的一般规律，争取让人们的认识更加客观与真实。因此，认识论必然以哲学基本问题为基点，并将思维和存在、物质和精神贯穿于全部认识论的内容之中，据此得出不同的认识论结论。作为一种对象性的活动——认识，就其具体形态而言，被主体所反映出来的对象是无尽的、多样的。宏观上，可以将认识对象划分为三大类：外部世界、主体自我、主客体相沟通的实践活动。与之相应就形成了三种认识：对象意识、自我意识和实践意识。完整的认识活动是对象意识、自我意识和实践意识三者的统一体。

认识论意义上的共轭是揭示共轭的本质,是本体论意义上的共轭在认识上的反映。认识论意义上的共轭体现了共轭的发生与发展的一般规律,形成知识构成的反思。

方法论意义上的共轭。所谓方法论是指人们采用什么样的方式方法来观察和处理问题,即人们认识世界、改造世界的一般方法。面对客观事物,解决"是什么"的问题;面对通过什么方式、途径、技术,解决"怎么办"的问题。方法论意义上的共轭其实质是什么?就是尝试用共轭的视角与方法来解决实际问题。从问题研究的角度来看,方法论是将观点,借助语言中介,形成文本表述出来,其问题研究的一般图景勾勒如下:

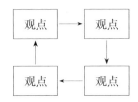

图 3 - 3 问题研究的一般图景

方法论意义上的共轭,就是能够运用共轭理论来洞察我们所关心的问题,用共轭方法来解决我们面临的问题。

3. 实践层面中的共轭

对共轭的理解是以"实践"为基础的辩证思考。"理论的对立本身的解决,只有通过实践的途径,只有借助人的实践的力量,才是可能的;因此对立的解决不仅仅是认识的任务,而是一个现实的、生活上的任务,而正是因为哲学把这一任务仅仅看作理论任务,所以哲学未能解决它。"

共轭在数学、物理、化学、地理等自然科学学科领域中比较常见,主要是借用"轭"来表征这些学科领域中的一些研究对象的对称性、稳定性等特征的。在哲学社会科学领域,大多数成果也是这种应用的移植。这些在理论基础部分已做详细介绍,这里就不再赘述。

现实生活中,一个有序系统要素之间存在着什么联系,具备什么特征,如何相互作用等问题上,已经有了诸多视角。而"共轭"提供了一个崭新的视角,它既有"协调""耦合""均衡"等视角的某些特性,又具有其独有的特殊性质。"共轭"强调成对要素之间的对称性,作用于系统的方向一致性,以及整个系统的稳定性。可以看出,在"轭"的两端是对系统发展既不可或缺又相互博弈的具有同等重要性的内部成对要素。这对要素如果能够既相互制约又相互促进,使得整个系统朝着结构相对稳定、整体功能协调、对环境适应性强并符合系统发展目标的方向发展,那么我们就称之为"共轭"。

3.1.2.2　共轭的管理学界定

共轭在不同的学科得到普遍应用,但对共轭概念的认识很难给出一个简明、具体的具有一般意义的定义。笔者将共轭的概念引申到高等教育管理领域,尝试对共轭及其相互作用的特征等进行分析,以形成某种一般性描述[167~171]。

"轭"原指驾车时搁在牛马颈上的曲木①②③,通过"轭"将拉车的牛马和车组合成一个系统。牛马只通过轭协调一致,才能使整个牛马车按照人们的意愿运行。从哲学来讲,"轭"其实就是一种联系,而且这种联系是有条件的。"共轭"是按照一定规律联系着的一对事物,而且这对事物通过一定的规律协调对称地相互影响、相互制约,使得整个系统结构相对稳定、要素联系紧密、整体功能协调、对环境适应性强④。

我们理解的"轭",是指其比例、结构、组成、功能包括配置上的比例得当、规范合理,符合客观发展规律,并运用这一科学结构去处理大学管理中所遇到的实际问题;其次,"共"是指创造一种"和谐"的氛围,使各个共轭要素能配置得当、各司其职;最后,要注意达到"共轭",使之有机结合和互动,才能实现大学的和谐发展。

共轭是有序之本,共轭机理是事物运动发展的终极原因。从管理学角度看,共轭是一个系统、动态的过程。我们可以从以下几个方面运用共轭原理来分析和认识管理实践:

共轭:一种系统、优化的管理

共轭强调事物内部各要素之间的比例、结构、组成、功能,其关键在于各对

---

① 汉典[DB/OL]. http://www.zdic.net/zd/zi/ZdicE8ZdicBDZdicAD.htm.

② 林仲湘. 现代汉语详解字典[Z]. 北京:外语教学与研究出版社,2010:157.(一种驾车的器具,为人字形的弯木,套在牛、马等牲口的脖子上,用来连接套绳)

③ 辞海编辑委员会. 辞海(第六版缩印本)[Z]. 上海:上海辞书出版社,2010:0440.(驾车时套在牛马颈部的人字形器具;束缚或控制)

④ 傅毓维,尹航,刘拓,杨贵彬. 风险投资与高新技术产业共轭双驱动机理分析[J]. 科技管理研究,2007(2):129–132.

称要素的相互协同与整合,实现"共轭"。要达到这一点,各要素必须相互协调、相互激励、相互合作,以减少内耗,实现组织的有序、和谐的发展目标,见图3-4。

相互协调
相互激励 ⇨ 减少内耗 ⇨ 实现组织有序与和谐目标
相互合作

图3-4 共轭机理运作图

因此,共轭是一种系统性的优化的管理方式。注重共轭要素之间的活动协调,必须充分考虑各要素(如资源、行动者、信息等)的整合与优化重组,在和谐运行中共享资源,以充分发挥大学组织系统的整体功能,最大限度地实现组织的价值目标。

共轭:一种人性化的管理

将共轭引入管理学领域,就是强调主体的作用,因此,必须把对主体的研究放在很特殊的位置。在管理实践中,要求在关心人、尊重人、理解人的基础上,充分调动组织成员的主观能动性,最优化地达成组织目标和满足人的合理需要。同时,人性化管理要求处理好管理中的主体与客体之间的关系,作为管理的主体,都有参与管理的权利,同时作为管理的客体,都要接受上级管理的指导与监督,同时强调管理中主体与客体是相对的,是一种双向的互动。

共轭:一种发展式的管理

共轭强调从整体的、全局的和战略的高度来规划组织的变革与发展,强调平衡协调好组织内的各种关系与矛盾,优化配置与整合各种组织资源,把互利合作共赢作为组织发展的宗旨,并将其贯穿于组织管理的全过程。共轭是一个过程。而组织的发展是一个持续的过程。要实现组织发展的长远目标,在制订发展规划、选择发展战略、确定发展道路和实施发展举措时,必须既考虑眼前的发展要求,又考虑未来的发展需要,既要注重现实利益,又要重视长远利益。

通过对上述含义的分析,可以看出,共轭的内涵包括以下几方面:

① 共轭是一种品质,是组织或系统内秉的。

② 共轭是一种程度,是主体、客体、要素之间表现得恰到好处。

③ 共轭是一种结构,共轭要素各司其职、比例得当。

④　共轭是一种匹配，是对称要素共同作用的结果。

⑤　共轭是一种过程，是一种动态中的平衡。

总之，共轭在管理学上的应用，充分体现了共轭概念的科学性、辩证性、历时性与共时性，其原理不仅对普遍的管理运作有指导意义，而且将为大学的管理从战略与策略上引出更新的思路。

3.1.4　共轭的哲学指向

哲学是人类认识世界、改造世界的重要工具，是建设社会主义物质文明、政治文明、精神文明的重要理论武器，在认识世界、传承文明、创新理论、咨政育人、服务社会的伟大实践中具有不可替代的重要作用。共轭，探讨了生态哲学与现实生活相互结合的具体途径。通过对共轭的管理学解读及其在管理、在实践中的运作机理的分析，可以揭示出共轭的哲学意蕴，即共轭具有工具、价值、存在三层哲学意义。也就是说，共轭作为工具，服务于社会实践；共轭作为价值追求，树立了目标和任务；共轭作为存在，开启了新的管理视野。

共轭的三层哲学意义之间的关系好比是"哲学之树"，分为——根、茎、叶：共轭存在是树根，是我们认识的起点；共轭的价值追求是树干，是支持实践生长的条件；共轭的工具性是枝叶，是我们分析的途径。共轭这棵"意义树"得以生长繁衍不息的土壤就是社会实践。

我们认识共轭，是有先后顺序的，依次为：树叶—枝干—树根。这种认识上的顺序其实也具有哲学上的意蕴：前一类意义往往遮蔽后一类的意义，甚至在同一类意义中，较为深层的意义也常常被它的表层意义所掩盖[172]。这种遮蔽性造成了在对各个层面意义的读解上具有这样的一种特征，即读解在表面上互不相干，甚至相互矛盾，但实质上却是一个个"意义树"上生长出来的东西，具有不可分割的密切联系①。

共轭的上述哲学意义，也体现了共轭内部所蕴含的辩证关系：

第一，必然性与偶然性的辩证统一；

第二，无序与有序的辩证统一。

笔者将这种辩证关系归纳如下，见表3-1：

---

①　王海琴. 近代西方科学之数学特征研究[D]. 复旦大学，2007.

表 3 - 1　学术权力与行政权力共轭的哲学意义

必然性与偶然性的辩证统一	无序与有序的辩证统一
在共轭思维的场景中,整体协同与对称破缺体现了复杂系统的稳定存在与系统中出现了新的结构状态。新的结构状态意味着系统的不稳定,促使系统越来越远离平衡态,意味着系统出现了新的发展的生长点,如果条件适宜,系统将向新的最终结构状态演化。这时,在某个称作共轭键的位置上,将会出现分叉现象。在分叉点上,系统究竟会出现什么样的结构模式,出现什么样的状态变化方向,具有很大的偶然性,这是多重选择的一个结果。选择是必要的,选择什么样的结构状态则是偶然的。在这里,共轭体现了必然性与偶然性的辩证统一。	有序一般是指客观事物或系统构成要素之间有规则的联系。无序则指事物或系统构成要素之间没有规则的联系。在自然界中,晶体空间的有规则排列、行星的绕日运动、DNA 的自复制过程等都是有序现象,但同时在宇宙中无序也无处不在,无序存在于能量中(表现为热),无序存在于亚原子结构中,无序存在于宇宙的偶然起源中,无序存在于恒星的烈焰熊熊的核心中。无所不在的无序不只是与有序对抗,也和后者奇妙地合作以创造组织。有序与无序不可分离,没有绝对的有序,也没有绝对的无序,有序是从无序中走出来的,无序能使有序的层次提升,耗散结构就是一种通过涨落从无序走出来的有序。这是一种新的有序,一种经过提升了的有序。有序和无序总是同时出现的,这可能是生命出现的规则,也可能是宇宙创立的规则。人们从人生尘世的无序中发现了更深层次的秩序,又从有序现象的起源、发展与演变过程中感悟出偶然性在起作用,这就是共轭驱动,体现了万事万物是无序与有序的辩证统一。

　　总之,共轭的哲学意义以及共轭内部所蕴含的辩证关系,彼此之间密切联系、互补相关、相辅相成,共同应用于对现实世界的复杂性的考察和认识。这些意义及其相互关系不仅是客观世界共轭现象在思维层面上的表征,也是共轭理论在哲学、方法论层面上的表述。共轭思维是分析和处理事物的特殊方法。由于通过共轭思维方式所得出的结论更接近于真实的世界图景,共轭理论有了广泛的应用,并形成一种跨学科的方法。这对我国大学管理思维的转换与创新必将具有现实意义与指导作用。

3.1.5　共轭的价值追求

　　通过上述的分析,共轭的价值理念模式应该是一个有结构的多元组成,效率、秩序、公正(正义)、发展等都是。我们认为发展是共轭的最高价值理念,或者说它是共轭的价值理念模式的核心和灵魂,而公正是标准价值;效率是共轭的重要价值理念形态之一,而秩序则是共轭的基础性价值理念形态。应当说我们并没有打算以共轭为视角设计一种永远不变的价值理念模式,我们深信对这一问题的探讨将随着社会实践的发展和研究的深化而进一步展开。

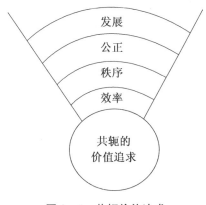

图 3-5 共轭价值追求

第一，共轭价值边界的不断扩展

任何科学思想、观念、价值都是一种文化传统的产物，在说明价值的时候，要将其置于特定的历史画面之中，共轭的价值追求也是在历史长河的不同阶段逐渐扩展其边界的。探究一种学说，如果忽视了其历史的背景、价值的边界，那么就丧失了其发展的内在的依据。

我们所发现的秩序、和谐、稳定等这些价值不只是我们加于自然的，也是从自然中提炼出来的。价值是反映关系实质的哲学概念。上图我们简要描述了共轭中价值在不同层面的简图。在扇形的简图中，不同理念的价值处于不同位置，所体现的价值的边界也是不同的，最高层次的价值是发展，其边界最为宽广。有一点需要注意，就是不同层面之间的界限并不是封闭的，处于不同层面的价值在很大的程度上需要下层层面价值的支持和维护，较高层级的价值不断得以充实。这种内在价值是客观的，不能还原为人的主观偏好，因而维护和促进内在价值的完整和稳定，是我们所固有的一种客观义务。

此外，价值是系统进化的。就像生物进化一样，价值实际上也是经由"物竞天择、适者生存"而形成的，价值就是由这种"天择"过程中"生存"下来的整合而成的。价值通过进化，不断试错，去除错误，积累经验，学习模仿，传播延续，结成习惯，凝为文化。在漫长的进化岁月中，价值总是在个体之间不停地转移，生命之流在漫长的进化过程中，借此而流向生命金字塔的顶峰，在这个过程中，价值逐渐形成固化。价值的进化是累积发展的。

价值边界的不断扩展，成为价值与现实生活相接的具体的途径。要确立这样一种信念,就必须对社会生活予以重新考察,用一种共轭的眼光去评价,其所隐含或显现的各种价值,建立起新型的进化的价值关系。

第二,共轭所承载的价值

之所以用"承载"一词,是因为"承载"这一微妙的词语,使我们能够同时思考客观性和主观性的价值问题。在五彩缤纷的价值领域中,共轭是价值存在的单元——一个具有包容力的重要单元。在共轭的视野中,价值体现为工具价值、内在价值,并且具有了一种超越工具价值和内在价值的系统价值。每一种价值都是整体价值的一部分,不能把它割裂出来,孤立地加以评价。"在一个功能性的整体中……内在价值恰似波动中的粒子,而工具价值犹如由粒子组成的波动。"从上述的图中,可以清晰地展现,越处于顶端,其价值就越加丰富,所涵盖的领域边界也更为宽广。价值是呈扇形进一步扩大的。

自在价值总是转变为共有价值,价值弥漫在整个共轭系统之中,个体根本不可能被视为价值的集聚地。系统价值并不完全浓缩在一个层次上,它弥漫在整个系统之中。它不仅仅是部分价值的总和,也是一个充满某种创造性的过程。这个过程的产物,就是被编织进了工具利用关系之中的内在价值,每一种内在价值都只是整体价值的一部分,不能把它割裂出来。各种互不冲突的价值得到最大限度的实现,最大限度地促进价值的稳定性。多种价值构成的总体就是共轭的理想状态或者称之为价值追求。在其中样式与存在、过程与实在、事实与价值密不可分地交织在一起,"内在价值和工具价值彼此交换,他们是整体中的部分,部分中的整体,各种价值都镶嵌在共轭之中"。

共轭的价值追求体现了一种新的哲学范式,突破了传统与价值截然两分的观念,从价值导出具体的社会实践,将理论与实践紧密结合。由此出发才可能从一种更广阔而深远的学理层面,把握共轭的思想和深刻的内涵,运用共轭的观点,将价值理论融入实践,展开一幅新的研究图景。

共轭是一种数学的表达,更是一种理念、一种智慧,源远流长,历久而弥新;共轭是一种结构,一种力量,不断推动组织与社会的发展;共轭是一种过程,一个奋斗目标,它隐含了共轭要素的和合美景;共轭是一种崭新的管理理念与方法。我们认为,对共轭的研究,既是一种综合性、交叉性相结合的管理研究,又是一项探索性的研究。运用共轭原理和方法,可以使我们从更宽广的视野、更深入的层次,分析大学学术权力与行政权力之间的关系。

3.2　大学学术权力与行政权力共轭的研究视角

　　哲学社会科学研究对象的复杂性，要求我们要从思维方式上、研究视角与方法上勤于开拓崭新的视野，勇于接受必要的转变，采取综合的、兼容并包的视角来重新解读我们自认为"熟悉"与"熟知"的世界。

　　每一种理论在思维上所能把握的情况都可以从深度和广度两个维度来划分。认识的深度决定我们对事物本源、规律的认识和了解。海德格尔（Martin Heidegger）说："理解是人存在的一种方式"，"我们的任务是把在切近的日常生活中的这种共同此在的方式从现象上收入眼帘并从存在论上加以适当的解释"。我们的科学进展和社会进步也都是基于这一点展开的。教育经济学作为一个各学科共同对话的领域，反映了系统的庞大与复杂，庞大而复杂的系统必然会有多极主体的角力。共轭强调从整体的、全局的和战略的高度来规划整个系统的变化与发展，强调系统内各种要素之间关系的平衡与协调，通过整合、优化与配置各种系统资源，把互利、合作、共赢作为系统发展的宗旨，并将其贯穿于系统发展的全过程。共轭与系统的发展过程是统一的，贯穿于系统发展的整个过程。共轭要求，为实现系统发展的长远目标，在制订发展规划、选择发展战略、确定发展道路和实施发展举措时，必须既考虑眼前的发展要求，又考虑未来的发展需要，既要注重现时利益，又要重视长远利益。

3.2.1　共轭是研究视角的创新

　　从认识论的视角来看，共轭从更新的视野，揭示了事物的本质及其运动规律，影响着研究思维方式的转变。知识经济时代，共轭视角让我们在分析区域经济增长的问题时，将高等教育投入和人才集聚投入自然地联系在了一起。并不是区域高等教育投入越多就对本区域经济增长的贡献越大，因为人才具有流动性特征。人才的流动性迫使区域在进行各种投入的决策时不得不考虑其高等教育投入的效应。如果没有必要的人才集聚投入，区域在吸引人才方面将很被动，有可能使得高等教育投入对本区域的经济增长的贡献很小。所以当区域总投入和其他投入既定的前提条件下，高等教育投入与人才集聚投入自然形成了一对共轭要素。高等教育投入与人才集聚投入此消彼长，相互制约、相互促进。共轭自然形成了对区域经济增长驱动研究的比较适切的视角之一。

　　通过教育经济学具体研究视角的创新，我们的教育经济学研究活动自觉面对复杂的巨型系统,实现研究方法的多样性与统一性整合。共轭视角是一种包纳多样性与统一性的共轭,是有序和无序的统一、必然和偶然的结合。共轭不是能够用简单的方式来加以确定并取代简单性的。当然,我们在研究与实践中引入共轭视角并不是为教育经济学研究找寻出一个万用的法宝和金科玉律,须知共轭也只是人类认识长河中的一个涟漪而已,如果认为它是一个认识的尽头,这个观念本身就是非共轭的。经济增长活动中与高等教育投入对应的共轭要素的挖掘,这对共轭要素之间的关系,以及这对共轭要素如何驱动经济增长,只是这一研究领域的一种别样的方法,它无法否定已有研究方法的科学性与成功之处,我们的头脑一定要保持警醒。

3.2.2 共轭是系统观点的延展

共轭系统是一个开放融合的系统、动态平衡的系统,具有反馈性的结构并存在着自组织现象。共轭系统在不断地与外界环境进行物质、能量和信息交换中求得生存与发展。共轭系统的开放性是系统稳定有序发展的必要条件,这种开放是有方向、尺度和控制参量的。即在一定的阈值范围内,通过控制共轭要素的方向、尺度和参量,发挥系统的自组织功能,稳定有序的共轭系统就会显现。人们理想中的共轭状态是指系统内共轭要素共轭驱动系统发展所达成的一种状态。当系统发展过程中的某一时刻处于共轭状态时,其模型可参见图3-6。

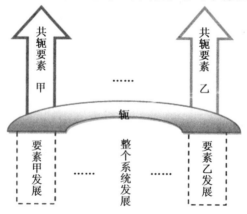

图3-6 系统共轭状态示意图①

---

① 备注:共轭要素甲、乙向上的箭头表示共轭要素对系统作用力的大小与方向。系统理想的共轭状态是在假设系统总能量和其他要素"固化"的前提条件下,共轭要素作用于系统的力大小相等,方向与系统发展方向一致。

然而实际情况是,共轭要素对系统的作用力大小不等、与系统发展方向不符是常态,只是程度不同而已。不符的程度越高则内耗越大、系统越不稳定。但在一定的阈值范围内,共轭要素通过自组织力使得共轭系统发挥共轭效应,共轭驱动系统发展。区域经济系统是一个要素众多、层次复杂、目标功能多样的系统,其中相互作用的要素、变量是极其复杂的。随着社会的发展和经济增长方式的转变,人才成为影响经济增长最为重要的要素之一。区域在促进经济增长过程中必然会考虑人才的培养与集聚,即如何增加人才要素的数量以促进区域的经济增长。我们在关注高等教育与人才集聚两种投入对区域经济增长的驱动机理的时候,必须摒弃传统的"冲突"观念,以一种发展的眼光、双赢的思维来指导实际行动。在实践过程中,高等教育与人才集聚两种投入要素之间需要引入共轭机制,洞察高等教育与人才集聚两种投入之间的共轭互动,以实现高等教育与人才集聚两种投入对区域经济增长的共轭驱动。这一过程是高等教育发展、人才集聚效果和区域经济增长的合作与共赢。

3.2.3 共轭是主体价值的渗透

在一个复杂系统里,主体同样很复杂,他们有着不同方面和不同层次的诉求。相对于母系统,作为一种交往实践,共轭当然是一个由"主体—客体中介—主体"所构成的子系统。这里的主体就是两个共轭要素,在本书中可以认为是高等教育与人才工作相关的主体;客体中介则为"轭",就是人才(人才本身兼具主体性特征)。相对于子系统而言,母系统的主体则表现为对整个经济社会发展有诉求的相关主体,他们可以是不同的个体,也可以是不同的组织。既然共轭和"主体"关联,则主体价值因素的渗透就是个不争的事实,对主体价值的渗透就没有理由不给予足够的重视。对共轭主体价值渗透的研究,旨在通过对这一边际地带的探讨,共同深化共轭的研究,并阐明共轭标准具有一定的主体价值性。从价值的本质来看,价值是人之为人的终极依据,是主体超越客体规定性的绝对指向,"共轭的价值"指的是共轭的功用,对于人类的意义,即有用性。

(一) 结构渗透

所谓结构渗透,指的是通过不同的要素、变量对共轭的渗透、影响。其影响的结果即为共轭状态,是本研究所要关注的重点。共轭具有客观实在性,不同时期、不同环境,都会有不同的共轭状态。但对共轭状态的判定离不开研究者主体的价值取向。从终极意义上说,我们所研究的共轭是在一定情境下,我们所能理解的共轭,这也许仅仅是共轭这一科学内容中的一个部分或者一个层次。由于人的有限理性,我们并不能囊括所有的共轭信息,并看到"客观"的共轭状态。这样,在认识和改造世界的过程中就不可避免地出现相关主体的价值渗透。相关主体在研究与实践过程中,只选择那些他有能力进行探索、他认为有意义的部分,其选择的准则当然回避不了他的价值取向。

与自然科学相比,哲学社会科学研究带有更多的主体价值渗透,更难建立起一个普遍的、统一的参照系。哲学社会科学的研究者在社会的大舞台上既是演员又是观众,他在他观看的戏剧中扮演着某一角色,他的研究成果也会造成这出无固定脚本的剧目发生戏剧性的变化。在这种自我参与的情况下,观察和研究都不可能是客观的,它将在决定被观测对象行为的因素中加入一个无法替代也无法排除的新因素。借用量子力学的术语,这可以说是宏观领域的测不准原理,也就是说社会现象由于哲学社会科学研究主体价值因素不可避免、不可忽略不计地参与和渗透,是不可能准确预言的。对于思维现象,特别是思维领域中的非理性现象,有不同性格特征的研究者会倾向不同的方面,而其研究活动又是其价值因素的重要表征。信奉宗教的研究者与不信宗教的研究者同样研究宗教现象,前者会更多地把自己的情感体验、信仰、习惯倾诉在研究对象中;而后者可能并不这么情绪化,相反或许要理性得多。总之,研究对象的选择中渗透着研究主体的价值因素,再客观、公正、理性的研究主体也概莫能外,而这种渗透本身也是共轭的必然要求,赋予它的并不完全是负面影响。马克思说过:"忧心忡忡的穷人甚至对最美丽的景色都没有什么感觉;贩卖矿物的商人只看到矿物的商业价值,而看不到矿物的美和特性,他没有矿物学的感觉。"

(二)过程渗透

在整个共轭的研究过程中,价值因素如影相随,时时刻刻发挥其功能和作用。在共轭中价值因素首先体现在科学探索的动机和目的方面。所有的科学的方法都是假设—证明的,这里主要包含经验的归纳证明和理性的演绎证明。任何科学研究通过一次次的证明、一次次的论证,最终都要通过经验和理性加以审查,才能决定其存在的"合法性"。这就需要大量的证据加以证明。这也就是发展的含义——"具有更恰当的证明、更充分的证据、更有力的论证所支持的命题时,我们便毫不犹豫地取代旧有的命题。"①

---

① 李醒民.关于科学与价值的几个问题[J].中国社会科学,1990(5):43 - 60.

在一定的情境下,理论体系的建构形式在很大程度上由方法的选定所决定。也就是说方法的选择与理论体系的构建存在着密切的联系。但是二者之间的联系并不是单一和毫无歧义的。事实上,理论体系的建构是相对独立于方法选择的,而且,确定了的理论体系的建构蓝图,是可以通过多种方法论来实现的。在蓝图的确定过程中会不可避免地渗透科学研究者的价值因素。更为复杂的是,理论一般不能由证据直接推出,因而在证据和理论之间存在裂缝,此时必须用研究主体价值因素来缩小证据和未确定的理论之间的裂缝间隙,更何况我们的语言是有理论偏向的,观察是渗透理论的,这就不免使我们看待世界的方式和估价描述的理论本身充斥着价值评价。爱因斯坦(Albert Einstein)用"内在完备"作为理论评价的价值标准,指的是理论基础——逻辑的简单性。表述这一价值标准存在着很大的困难,因为这是在不能比较的性质之间做出权衡的问题。库恩(Thomas Sammual Kuhn)用精确性、一致性、广泛性、简单性和有效性作为理论评价是否充分的标准规则。实际上,无论是爱因斯坦的"内在完备",还是库恩的标准规则,反映的都是研究主体不同的价值意识、间接目标及其相应的不同的价值标准,表现了主体价值评论的主观性与不确定性。这些都是主体价值的充分体现。

由此看来,主体价值的渗透作用是共轭研究中不容忽视的一个重要方面。忽视这个方面,将背离共轭的实际情况,使我们的研究见"物"不见"人"。因此,本节不仅指出价值因素的渗透是一个无可争辩、也无法回避的事实,而且较为详尽地阐述了这种渗透机制。但是这里并不持很偏激的立场。我们强调价值因素对共轭的影响与作用,但并不把这种影响与作用夸大化。共轭本质上是一种要求客观的、理性的活动。如果站在更高的、更开放的观察点,我们的思路将更为开阔。

大学学术权力与行政权力的共轭机理,需要从不同的视角进行研究。从共轭机理的基础来讲,要研究大学学术权力与行政权力共轭的价值;从空间构成来讲,要研究大学学术权力与行政权力共轭的场域;从大学学术权力与行政权力共轭的实现途径来看,要研究这两种共轭的实践。

大学作为"探究真理"的特殊场域,学术性、自由性、知识性是大学不同于其他组织的特征。人才培养、科学研究、社会服务、文化传承创新是现代大学的职能与使命,为了实现其使命和职能,大学通过行动者(行政人员、教师、学生等)进行种种活动。

根据上述大学的特点,学术权力与行政权力的共轭过程中包含了大学制度、行动者、大学目标、资源配置等几个基本要素,其活动范围则体现在人才培养、科学研究、社会服务及文化传承与创新等方面。我们将在第4、5章中分别从价值的视角和场域的视角来分析大学学术权力与行政权力的共轭问题。在不同的视角中包含不同的核心要素。需要进一步解释的是,我们从不同的研究视角分析,各理论部分是相互联系的,核心要素之间也并非孤立。不同视角下分析模型的形成是一个以点带面的立体互动网络。我们所要分析的重要内容可以用表3-2来表示。

表 3-2 学术权力与行政权力共轭的研究视角

共轭的研究视角	内容
价值之视角	秩　序 自　由
场域之视角	行动者 资　源

不同的分析视角是根据大学内部学术权力和行政权力蕴含的线索建构起来的。这两条线索一暗一明,一潜一显。其一是大学权力结构内部的价值线索,其二是大学权力的运作线索。对这两条线索的分析,其目的是希望通过对影响大学学术权力与行政权力的因素进行较为详细的剖析,清晰地呈现大学学术权力与行政权力共轭的主要维度和具体方式,从而揭示出学术权力与行政权力共轭的运作规律。这些分析视角为我们全面认识学术权力与行政权力的共轭关系提供了新的可能。

第一,不同的分析视角有助于我们从价值和实践的层面解释大学学术权力与行政权力之间的关系,从而揭示出二者权力共轭的实质。

第二,通过主要内容(自由—秩序,行动者—资源)的分析,可以清晰地描述大学学术权力与行政权力的共轭机理。

第三,通过不同视角的分析可以从"潜"到"显",科学系统地描述大学学术权力与行政权力共轭的价值、要素、结果等,使我们能够从整体上把握二者的共轭关系。

总之,大学学术权力与行政权力的共轭是双方相互依赖、相互联系的关系,是动态平衡的过程,既包括行动者之间、群体与群体之间的互动,也包括组织与组织之间的互动。

当然,任何一种分析的视角都不是完美的,尽管笔者是从多个角度来分析大学学术权力与行政权力共轭的整个过程,并且试图解释二者的共轭机理,但也可能会忽视一些重要的问题。比如,不同视角下的共轭的要素,都不是孤立的,是相互关联的。作为一种追求系统的分析,很可能会忽视对特性的关注。中国每所大学的共轭状态是不同的,我们的研究只能体现在共性方面。

为了避免使研究停留在理论层面,我们将运用宏观与微观相结合、定性研究与定量研究相结合的方法,推进研究深化。

4 价值之视角——在秩序与自由之间

4.1 价值的内涵

经济学中的价值概念,是分析经济现象的一个基本工具,指的是凝结在商品中无差别的人类劳动。价值概念从经济学推广到哲学领域,是指客体以自身的属性对主体需要的满足。价值表示的是主体和客体之间满足特定需求的一种效益关系。价值具有主观性和客观性。主观性指的是满足了主体的需要,而客观性指有用性和效用性。就伦理学而言,价值又是指对人格尊严的尊重与推崇。

"价值"一词在不同的领域、不同的层次、不同的语境中被广泛使用。[173-180] 如罗素认为,"关于'价值'问题完全是在知识的范围之外。那就是说,当我们断言这个或那个具有'价值'时,我们是在表达我们自己的感情,而不是在表达一个即使我们个人的感情各不相同却仍然是可靠的事实"。①

"价值是人为了满足其需求和利益的需要的东西,是一定社会或阶段的人们以及个人所需要的、作为满足其需求和利益的手段的那些物、现象及其特性,也包括规范、目的或理想的种种观点和动机。"②

美国学者培里归纳出价值具有三层含义:第一,抽象名词,可以用"善""可取"和"美德"等术语来恰当地表示的东西;第二,"价值"作为名词,用来指是有价值或是有意义、是好的东西,"各种价值"就意味着"有价值的各种东西""好的各种东西"或"各种善";第三,"价值"作为动词,用作"评价"。③④

本书所涉及的价值,主要体现在法学意义上。

---

① 罗素.宗教与科学[M].商务印书馆,1982:123.
② 图加林诺夫.马克思主义中的价值论[M].中国人民大学出版社,1989:10-11.
③ 培里.价值和评价[M].中国人民大学出版社,1989:58.
④ 姚东.协商民主对于政府决策的价值研究[D].苏州大学,2008.

从法学的角度来理解价值,主要是指(制度或概念)对人类社会的满足和需要①。因为作为主体的个人、社会团体、阶层、阶级、社会和国家等与作为客体的法律之间在相互作用的过程中,不仅会由于法对人们的行为或社会关系的调整而形成一定的社会控制关系,而且会由于主体及其内在尺度的作用,使客体趋向于主体、接近于主体,为主体的需要及其发展服务,形成一定的价值关系。这种价值关系的总和就是法的价值。自然法学派非常热衷于法律价值的研究,无论是古希腊的柏拉图、亚里士多德,古罗马的乌尔比安、西塞罗,还是近代以来的洛克、卢梭,以及当代的罗尔斯、德沃金等都曾对法律价值进行了深入的研究。

其实,价值作为包含主体与客体双重因素的概念,既有主观的成分,又有客观的成分。价值是作为主体的人对客体的主观评价,但这种评价又不是纯粹主观的,法律固有的永恒的价值追求,诸如自由、正义、平等、效率等,在任何历史时期都应当是法律追求的目标。"法的价值就是法对社会的积极的意义。法律价值的意义体现在法律制度的性能及法律对社会的满足程度。"②正如武步云先生所言,"如果我们把价值的一般概念规定为:主体与客体之间的需要与满足相统一的效应关系,那么,法律的价值也应是这样的:一种法律是否有价值,既不能以主体的意志、愿望和需求为标准,又不能以法律的功能、作用、有用性为标准,而必须是二者的有机合一所形成的第三种东西"③。

法的价值经过千百年的凝练和铸造,最终固化为公平、秩序、自由、效率和正义等几种基本价值形式。秩序首先需要维护的是社会价值。秩序是一种制度的约束性、一种关系的稳定性、特定行为的规则性及人身财产的安全性。自由体现着法的价值的最高层次,是人性的最高需求,它意味着人们做法律所允许的一切事情的权利。孟德斯鸠曾指出:自由是做法律许可的一切事情的权利,如果一个公民能够做法律所禁止的事情,他就不再有自由了,因为其他的人同样会有这个权利。效率,通常可以归结为这样一个基本意义:从一个给定的投入量中获得最大的产出,即以最少的资源消耗取得同样多的效果,或以同样的资源消耗取得最大的效果。效率本来是经济学领域的概念,但引申到其他领域,便也具有多重意义了④。

---

① 周永坤.法理学——全球视野[M].法律出版社,2000:216.
② 孙国华.法理学教程[M].中国人民大学出版社,1994:94.
③ 武步云.马克思主义法哲学引论[M].陕西人民出版社,1992:449.
④ 杜一超.行政程序的正义价值及其实现[D].中国政法大学,2009.

4.2 大学行政权力与学术权力的价值性：工具性价值与目的性价值

从一般形态上的大学来讲,大学之中最重要的两种权力是行政权力与学术权力。大学之中的诸种关系所表现的即一种权力关系。行政权力着眼于秩序,而学术权力所着眼的是自由与解放等人的需求,学术权力更多考虑的是如何实现实质性自由与人的发展,通过实质自由去捍卫法权自由。[181] 但决定大学发展轨迹的,既不是行政权力,也不是学术权力,而是大学之中行政权力与学术权力之间的张力关系:这种必要的张力是由学术权力和行政权力所构筑的连续统一体(大学的学术权力—行政权力谱系)上的一个节点。这个节点就是共轭的一种状态。实践中的大学的位置就存在于一系列连续统一的谱系上。大学首要的是要确定学术权力与行政权力的取向,在"自由"与"秩序"之下的大学才是有"自知之明"的大学,这样的大学才是"称职""负责"的大学——这种"责—权—义"是大学治理过程中所必须明确的,只有"责—权—义"清晰,才可能实现大学的发展。

现代大学管理越来越突出的科层化倾向表明,大学的行政力量日益膨胀。大学中的诸种关系所表现的是一种权力关系。"教育总是与权力相联系的,实际上,教育的理论(像任何哲学一样)是最终要与权力问题相连的意识形态","教育部分的是权力、语言和实践的技术,它产生和证实道德和政治规则的形式,建构人类对自我和世界的特殊见解。这样的见解从来不是洁白无瑕的,它们总是被隐含在伦理和权力的话语和关系中"。① 大学中的行政权力决定着大学实践是一种作为秩序的教育实践。大学的行政权力所着眼的是秩序,它更多的是考虑教育如何以其所具备的权力去传承、维护与创造秩序。

大学的学术权力的存在,表明教育本身是具有学术性并为自由而奋斗的实践活动。由学术权力所主导的大学实践,其出发点是一种作为自由的教育实践,所追求的是人的自由,是一种解放教育学。大学的学术权力所遵循的不仅仅是法权下的权利,亦是一种自然权利。大学的学术权力主导的大学实践力图发展人的自由与幸福能力,它更多的是考虑教育如何实现个人的肯定性

---

① 蔡春.在权力与权利之间[D].华南师范大学,2004.

自由与实质自由,并通过肯定性自由去维护否定性自由,通过实质自由去捍卫法权自由,从而真正实现两种自由的统一。①

在"大学的学术权力—行政权力坐标系"之间的大学实践,并不是对大学之中权力关系的简单图解;大学的这两种主要权力实际上是描述大学权力共轭的两个维度,任何大学实践都是这两种维度相互作用下的实践。因而,大学实践实际上是这样一个谱系:一端是由学术权力(自由)所构成的,并以此为出发点的教育实践;另一端是以行政权力(秩序)所构成的,并以此为出发点的教育实践;而中间则是自由与秩序的种种共轭的状态而呈现的教育事实;同时,大学总是在努力促进新的和谐中起着积极作用(图4-1)。

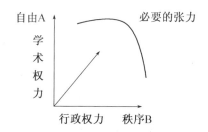

图4-1　大学的学术权力—行政权力坐标系

大学的行政权力决定了大学的守成性,大学的学术权力决定了大学的改良性;大学的行政权力决定了大学的适应性,大学的学术权力决定了大学的超越性;大学的行政权力决定了大学的控制性,大学的学术权力决定了大学的交往性……大学中的权力关系决定了大学的实践总是在这个连续统一体之间,并在特定的社会历史时期寻求一种相对平衡,这种状态就是共轭状态。大学实践即大学在行政权力与学术权力的共同作用下、在与社会历史情境的相互作用中的社会展开,具体的表现就是,大学在行政权力与学术权力之间的适时、适度偏移。其共轭的状态就是一种"最佳逼近"的状态,大学必须做出某种价值选择,其基本价值选择应是自由与秩序;但教育也并不是像肖尔(Shaull)所描绘的"要么……要么……","教育要么充当使年轻一代融入现行制度的必然结果并使他们与之不相背离的手段,要么就变成自由的实践,也即人皆已批判性地和创造性地对待现实并发现如何参与改造世界的途径[182]。如果社会条件助长不用头脑者的存在,那么其结果不会是对生活的眷恋,而是对死亡的热

① 蔡春.在权力与权利之间[D].华南师范大学,2004.

爱。教育即革命"。①

大学实践不能囿于这种狭隘的"非此即彼"的"不是而是"式的二元对立逻辑,而应该站在更高的层次上来审视大学的权力。[183]解构主义思潮创始人德里达(Derrida)提出了一种"亦此亦彼"的"增补逻辑",②即大学必须同时做这两个方面的工作。因为这两个方面就是大学行政权力与学术权力的典型表现,大学所追求就是实现这两种工作的统一与平衡,达到共轭。这种解构主义,不是一种方法或分析,是一种策略。

正如罗素(Russell)所言:"权力,在教育上,在某种程度上是不可避免的,凡是施教的人必须找到一条按照自由精神来行使权力的道路。"③权力对于社会是必要的,其界限就在于自由秩序的维护,至于自由秩序内部的发生、发展与运作,则是权利的领地。我们的目的也正在此,通过描述大学的行政权力与学术权力的共轭机理,展示大学的具体实践;通过在行政权力与学术权力之间的共轭定位,来引导大学的权利自觉,从而培养富有真正的自由精神的社会历史活动的主体,为自由的个人与秩序的社会之间的和谐做出自己的贡献。

4.2.1 秩序:大学行使行政权力的工具性价值

一般公众所认可的最好的大学,往往是最能体现自由的大学。但是,我们不仅仅要考虑大学的学术自由,还应该认识到,这种自由要靠大学的成熟和安全感,而这种成熟和安全感来自——秩序。[184-185]

可以说,秩序是宇宙的秘密,是开放系统的特性,亦是人类社会生活的根本诉求。秩序通过消除某种纵向不确定性与横向不确定性从而满足了具有自我意识的人的"确定性追求(冲动)",秩序符合了人的安全原则与效率原则。如果说宇宙秩序的运作机制是某种"强力",那么人类社会秩序的运作机制便是"强力"之一,即"权力",制度是其基本表现。生活秩序的维系与创制基本上也是通过制度来实现的,教育便是这样一种社会制度。"为了生存并产生影响,大学的组织和职能必须适应周围人们的需要。它必须像社会秩序本身一样充满活力和富于弹性。大学作为知识的生产者、批发商和零售商,是摆脱不了服务职能的。"④

---

① 保罗·弗莱雷. 被压迫者教育学[M]. 顾建新,译. 华东师范大学出版社,2001:5.
② 德里达. 声音与现象:胡塞尔现象学中的符号问题导论[M]. 杜小真,译. 商务印书馆,1999.
③ 罗素. 社会改造原理[M]. 张师竹,译. 上海人民出版社,2001:54.
④ 约翰·S. 布鲁贝克. 高等教育哲学[M]. 浙江教育出版社,2002:18.

大学之中的行政权力到底在维护、创建秩序方面起到什么样的作用？首先得承认，秩序是天然的，是以某种方式自然地存在于事物之中的，即秩序不是论证出来的，秩序是"人之行动而非人之设计"的结果。大学作为社会秩序的一环，是源于生活世界的；教育与人类社会是一起诞生并一直同在的，其本身的合法性来自实践中的有效性。因而，教育的制度化、系统化是与人类社会的复杂性程度相关的，但它仍然是自然式教育系统的延伸与衍化。这也就是说，制度化教育既是一种自发秩序，亦是一种设计秩序。它对达成更大范围的社会秩序起着重要作用。

大学之中的权力是为大学活动而存在的，必然存在着人为和为人的目的与价值。大学中的权力赋予的首要价值在于规范大学活动，为大学活动提供必要的秩序，而权力的更高价值在于保障大学的自由，促进教学价值和意义的实现。大学之中需要秩序、需要自由，于是，大学就有了行政权力与学术权力。实际上，秩序与自由作为大学权力的价值存在，两者之间既是冲突的，也是互相联系、互相依存的，有着内在的一致性，并逐渐趋于一种理想的状态——共轭。

大学行使行政权力，在于规范大学的实践活动，即通过规范教师的教学行为和学生的学习活动实现大学实践的稳定、有序。这是工具性价值。大学活动是在一定行政权力的运作下的社会性活动。行政权力不仅表现在为大学学术（包括教学、科研）实践行为划定边界和提供秩序保障，同时还表现为构筑大学的公共精神与个人的社会品性。

首先，大学行政权力为大学学术活动划定边界和提供秩序保障。确定人们行为的边界是任何一种权力最基本的功能。行政权力通过授权、设计、制定和实施一定的规则，为教学、科研等大学实践活动划定界限。在大学实践活动中，权力给人们展现的是一种具体的行为规则，也是一种活动的空间，同时也是一种特殊的约束和责任。实际上，行政权力划定了一条清晰的边界。这条边界就是秩序，是行为准则。

行政权力正是通过为大学实践活动划定应有的边界，从而保障了秩序。其他价值的实现，必须以合理和现实的秩序为前提，因为大学实践活动中如果没有值得遵守和尊重的规则，没有一定的规范和秩序，也就没有大学实践活动的正常开展。秩序对大学制度来说具有功能上的优先性。

其次，行政权力构筑大学的公共精神与社会品性。[186-187]大学之中的关系是一种特殊的关系，各类权力、各类人相互联系，相互依赖。海德格尔曾说，人的世界是一个公共的世界,人在世界中必须与他人共同存在。① 即"所有人类的活动都取决于这样一个事实,即人是共同生活在一起的"。② 这意味着人通过积极的行动而与他人共同生活在一个公共的世界中,人们也必须在公共的生活环境下组成的公共生活秩序里生活。行政权力代表着大学的规范性和引导性,它通过一系列规则体系保障人们权利的实现和义务的实施,使这种公共生活的形式和空间得以存在,从而保障教师和学生共同生活的展开。作为一种规范性、强制性力量,行政权力的存在是必要的,也是必然的,是大学作为"公共生活"的需要。所以,行政权力的存在是大学社会性、公共性的内在要求,是秩序价值的外在表现。

行政权力不仅是形成和维系公共生活的方式,也是构筑个人社会品性的方式。在行政权力规制之下的大学公共生活中,教师和学生不仅在权力预设范围内自由地发展自身的主体性,更重要的是在公共生活中构筑交往理性,这使他们能共享彼此的价值观。行政权力通过其引导和提倡的价值,帮助学生形成共同生活的能力。

4.2.2 自由:大学行使学术权力的目的性价值

权力不单是为了大学实践的规范和秩序而存在,从根本上说,追求大学的规范和秩序不是大学制度的目的性价值,只是工具性价值。权力的更高价值在于保障大学的自由,促进教学、科研等学术活动的价值和意义的实现。失去了学术自由,大学就失去了精髓。

大学是由生产知识的群体构成的学术性组织,"高深学问"的探究是大学组织的核心任务。自由是大学存在和发展的逻辑起点,也是保持大学基业长青的内在根源。[188-193]

第一个把"自由"的概念引入中国的,是曾任北大校长的严复。他翻译了穆勒的《论自由》,并给中国带来了自由的经典定义:"人生而自由,他可以做任何他愿意做的事情,但是必须以不妨碍他人的自由为界限。"③④

蔡元培在 1917 年出任北大校长,提出"囊括大典,网罗众家,思想自由,兼

---

① 海德格尔. 存在与时间[M]. 陈嘉映,等,译. 三联书店,1987:146.
② 汉娜·阿特伦. 人的条件[M]. 竺乾威,等,译. 上海人民出版社,1999:18.
③ 刘军宁. 北大传统与近代中国:自由主义的先声[M]. 中国人事出版社,1998:序1.
④ 自由主义传统在中国的发轫与复兴,天涯博客,有见识的人都在[DB/OL]. http://blog. tianya. cn/blogger/post_read. asp? blogid=1818563&postid=15176137.

容并包"的方针,使北大正式成为在中国引进和发扬自由主义的基地。正是在这个方针的指导下,北大出现了中国学术史上自稷下学宫以后从来没有过的百家争鸣的局面,脱离政治权力而独立的品格,以后在 1919 年形成了震动全国的五四运动。①

蒋梦麟也把"大度包容"作为办校的方针,继续为北大、也为中国培养自由主义的元气。20 世纪 50 年代并入北大的燕京大学,其校训就是"因真理得自由以服务"。②③

自由是大学的传统。一代又一代的教育家"为自由而战"。④ 在《自由平等真解》里,梁启超先生批驳了两种曲解自由的倾向:一是假自由平等的名义作恶,二是因自由平等被滥用便弃绝二者。他认为,争取自由平等的权利乃"天经地义"。在《论思想自由》中,胡适以汪蒋通电为契机,要求当局切实保障思想自由,允许不同政见的正当存在。陈寅恪先生是近代中国自由主义史学的开山鼻祖,他认为,一个学者的学术建树将会被后人所超越,而唯有那种为追求真理,不惜以死相殉的"独立之精神,自由之思想",是永远不会枯朽的。"独立精神"和"自由意志"是必须"以生死力争的"。⑤ 在《大学的学术自由》中,黄任坚先生从自由主义的思想角度,详细分析了大学与学术自由的关系及其内涵。大学的学术自由包括三种:

其一,研究学术的自由。大学对于教员的研究探讨,除因此而与其指定之教授时间发生冲突外,不得加以任何的限制。

其二,在大学教授的自由。大学对于教员在课室讲述其教授的学科,除为初级学生,在教授的范围与性质上有限制外,不得加以任何的干涉;唯教员在课室亦不得讨论其教授学科范围外之各种争辩的问题,更不得利用其地位,讨论绝不相关的问题,以遂其宣传鼓动之目的。

其三,在校外言论行动的自由。大学须承认教员在校外即对于

① 自由主义传统在中国的发轫与复兴,天涯博客,有见识的人都在[DB/OL]. http://blog. tianya. cn/blogger/post_read. asp? blogid=1818563&postid=15176137.

② 李慎之. 自由主义传统在中国的发轫与复兴[DB/OL]. http://blog. sina. com. cn/s/blog_558f19a70100037y. html. 2012 - 06 - 19

③ 自由主义传统在中国的发轫与复兴,天涯博客,有见识的人都在[DB/OL]. http://blog. tianya. cn/blogger/post_read. asp? blogid=1818563&postid=15176137.

④ 陈独秀 1938 年在武昌演讲《为自由而战》。

⑤ 刘军宁. 北大传统与近代中国:自由主义的先声[M]. 中国人事出版社,1998:76.

其教授学科范围外之各种问题,有发表言论的权利,其自由和责任应与一般的人民一样享有负担。如教员在校外所发表的言论,与其在大学的地位发生了冲突,应提出该教员所属之大学教授会,由该会组织相当的委员会审查处置之。总之,学校对于教员所发表的言论,不负责任;而教员在必要时,应特别表明其所发表者,系一种个人的意见。

这无疑是对蔡元培的教育独立论在大学学术自由上的回应。作者在文章的结尾处也再次明确重申了蔡元培先生的自由主义教育理念:"大学以思想自由为原则……大学教员所发表之思想,不但不受任何宗教或政党的拘束,亦不受任何著名学者的牵掣。"①

通过以上的历史回溯,我们可以得出以下结论:

第一,自由是大学活动的本质要求。自由对于大学实践而言,具有本体性意义,是大学活动在逻辑上和实践上之所以能够成立或发生的必要条件。大学活动是自主性活动,在知识创新中,在科学研究中,没有自由难以发现真理;对于教学的安排,没有自由,难以实现真正的理解,教学自由是教学艺术和教学风格得以形成的根源;对于学生的学习,没有自由,难以实现创新的时空和激情。

第二,自由是探索真理的基础。这里的基础意味着:自由是学术活动开展的基础,是学术交流的前提,是学术成果实现的条件。无论是学术活动的开展,还是学术成果的实现,都需要自由的环境。

第三,自由是创新的真正摇篮。大学生活是一种开放性和创造性的生活。只有拥有自由,才能为学术的创造性活动提供丰厚的基质。自由的生活才是创造的生活,创造的生活就是自由的生活。研究自由是知识创新的前提和基础,而知识创新则是大学永葆青春和活力的动力源泉。在创新已经成为教育"主旋律"的今天,认清自由对知识创新的价值和意义,是非常必要的。

从建立现代大学制度的角度来看,自由反映了现代大学制度的基本特征。在制度层面上,大学是一种自组织。② 自组织的基本要求之一就要自主管理。这就需要法治化予以保证,民主管理予以体现。系统按照相互默契的某种规则,各尽其责而又协调地、自动地形成有序结构。这反映了建立现代大学制度

---

① 刘军宁.北大传统与近代中国:自由主义的先声[M].中国人事出版社,1998:551-553.
② 黄永军.现代大学制度的本质是自组织[J].国家教育行政学院学报,2005(5):56-59.

的要求,体现了大学作为具有内在自主性和运作规律性的活的机体的本质。作为一个追求自身生存与发展的社会组织,大学在发展过程中需要对自身发展状况做出客观评判,需要对自身发展的不断反思与评价,以期不断总结自身发展的经验与教训,不断修正自身发展的目标与方向。从组织文化的视角看,现代大学作为一种文化系统,其发展的"内在理路"是"竭力使自己从纯粹的手段上升为自在的目的"。大学作为一个边界相对确定的学术组织,有其自身的目的和相对的存在价值,它有着任何"自组织"所必具的自调性、自律性特征,是具有内在的规定性和相对独立目标的本体。①

当然,自由与秩序在价值序列上是有差异的。秩序是大学行使行政权力的首要价值和工具性价值,自由是大学行使学术权力的更高价值和目的性价值。秩序是首要价值,这表现在,大学制度首先必须能维持正常的教学、科研等学术活动,这是第一位的。对大学制度而言,"秩序"具有价值上的优先性,因为如果没有基本的规范保障和必要秩序,大学活动就不可能顺利开展,也就谈不上大学的自由。但这并不意味着大学制度仅仅是为了规范而规范,为了秩序而秩序。对于大学制度而言,秩序只是工具性价值,它的存在是为着实现大学的更高价值。毫无疑问,自由才是大学制度所追求的更高价值。对大学活动而言,学术活动和学术制度存在的最终目的是在保障一定规范和秩序的基础上,最大限度地实现自由。因而,自由对大学制度而言是目的性价值。

4.3 大学学术权力与行政权力共轭的终极价值——可持续发展

可持续发展既是中国社会发展面临的重要命题和挑战,同时也是大学应有的社会责任和使命目标。大学要在浮躁的社会环境中表现出应有的"定力",就必须拥有自己的核心价值,坚守自己的理念,这个核心价值和理念只能是"可持续发展"。

"可持续发展"是一个具有普世价值的理念。实际上,每一所大学的目标都是从普遍真理中凝练出来的,都具有普世价值,关键是如何让这样一个具有普适意义的理念真真正正在办学实践中加以贯彻实施。[194-197]

---

① 吉标. 规范与自由——教学制度价值研究[D]. 山东师范大学,2008.

教育是可持续发展的支柱。池田大作认为,教育要通过自身的努力促进社会的发展和全人类的幸福,这是教育应有的道德使命。生命的价值是池田大作在教育活动中所关注的核心内容,而与生命价值密切相关的就是可持续发展。① 因为它们满足了人们的永恒需要。大学居于可持续发展的核心,在全社会可持续发展的进程中扮演着指引性和导向性的角色。大学的存在时间超过了任何形式的政府,任何传统、法律的变革和科学思想,在人类的种种创造中,没有任何东西比大学更经受得住漫长的吞没一切的时间历程的考验。②③

大学的根本性公共利益在于"发展",而"发展"在根本上取决于"自由"的个人及基于自生秩序之上的制度创新,因而,这又落到了本书的主题,即秩序与自由的共轭。前文所论述的大学学术权力与行政权力,所实现的便是这两种根本性的公共利益。秩序与自由是人类永恒的追求,既然自由是变革的原则,秩序就是永恒的原则;文明生活要求二者兼而有之。自由既是一种价值诉求,也是一种事实需要,自由—秩序序列中的"自由",与"秩序"一样,是一种社会事实追求,秩序所避免的正是那种过分理想化的自由追求,所防止的正是那种无限的个人主义。秩序是自由的归宿,自由是秩序的起点。孟德斯鸠有一个著名的论断:自由乃秩序之母,而非其女儿。在自由与秩序之间,亨廷顿(Huntington)选择的是秩序,他认为,"首要的问题不是自由,而是建立一个合法的公共秩序。人当然可以有秩序而不自由,但不能有自由而无秩序。必须先存在权威,而后才谈得上限制权威。在那些处于现代化之中的国家里,恰恰缺少了权威,那里的政府不得不听任离心离德的知识分子、刚愎自用的军官和闹事的学生的摆布"。④ 从这个意义上说,自由之于秩序又具有优先性。人类秩序型构的原则,应该是哈耶克式的扩展秩序,应以自由为基本出发点。秩序自由主义的基本含义是明晰的,既要秩序也要自由,但秩序的目的是为了自由,基于自由的秩序更有利于自由。

秩序与自由,是互相依存的两种价值。没有秩序,就没有自由;丧失了自由,秩序的存在也就失去了必要的依据。自由与秩序不是不能相容的两个事实,是同一事实的两方面;不是事实的本身相反,是为人所观察的方面不同。

---

① 黄富峰. 池田大作教育伦理思想研究[M]. 中国社会科学出版社,2010:133.

② 约翰・S. 布鲁贝克. 高等教育哲学[M]. 浙江教育出版社,2002:30.

③ 陈媛,张芊数. 字化时代追问人文教育的地位[J]. 现代大学教育,2003.

④ 塞缪尔・亨廷顿. 变化社会中的政治秩序[M]. 华夏出版社,1988:27.

离于自由，无所谓秩序；离于秩序，亦无所谓自由。故自由与秩序并不冲突。我们所要求的自由，是秩序中的自由；我们所顾全的秩序，是自由间的秩序。只有从秩序中得来的才是自由，只有在自由上建设的才是秩序。个人与社会、自由与秩序，原是不可分的东西(李大钊)。① 同时，自由与秩序共同指向于更高层次的价值和终极性价值——发展。

蒋梦麟曾论述过大学的发展："教育有种种问题，究其极，则有一中心问题存焉。此中心问题惟何？曰做人之道而已。做人之道惟何？曰增进人类之价值而已。欲增进人类之价值，当知何者为人类之价值。教育即当因个人之特性而发展之，且进而至其极。我能思，则极我之能而发展我之思力至其极。我身体能发育，则极我之能而发展我之体力至其极。我能好美术，则极我之能而培养我之美感至其极。我能爱人，则极我之能而发展我之爱情至其极。各个人秉赋之分量有不同，而欲因其分量之多少而至其极则同。此孔子所谓至善，亚里士多德所谓 Summum Bonum(译为至善)。个人之价值，即存于尔、我、他天赋秉性之中。新教育之效力，即在尊重个人之价值。所谓自由……皆所以尊重个人之价值也。"② 在他看来，大学就是要满足人的价值，促进人的发展。

考察大学发展史，就可以发现，大学在发展历史上，存在着一种普遍的"钟摆"现象：两种互补性的教育价值取向上的两难处境，以及在理论上和实践中的左右摇摆，构成了世界教育发展的一个普遍特点。依笔者理解，导致大学发展史中的"钟摆现象"的最根本的原因，在于两种价值追求即秩序与自由之间的张力。这两种价值在大学生活中的表现形式就是行政权力与学术权力的行使。自由与秩序作为理念型概念(即是卡西尔所称"极限概念")，构成了大学实践的"两极"(这是二元对立思维的重要贡献)；具体的大学实践也就是点的连续——大学的行政权力与学术权力这对两极概念所构成的共轭状态构成谱系上的一点。因为大学的行政权力与学术权力是决定大学实践的关键性权力，具体的教育实践主要是大学的行政权力与学术权力共同作用而决定的，即大学的行政权力与学术权力的共轭状态决定着大学的整体形态。也是说，从大学发展史的角度来看，导致大学摇摆的主要因素是大学的行政权力与学术权力之间的张力关系。为了把这种摇摆限定在"功能性摇摆"而不致演变成"破坏性摇摆"，实现大学功能的最大化，就必须认真地考察大学实践中行政权

---

① 刘军宁.北大传统与近代中国:自由主义的先声[M].中国人事出版社,1998:514-515.
② 刘军宁.北大传统与近代中国:自由主义的先声[M].中国人事出版社,1998:534-535.

力与学术权力所处的共轭状态，并以教育内部的权力场域为背景，结合教育价值选择的偏移原则，确定大学的行政权力与学术权力具体的共轭位置（图4－2）。

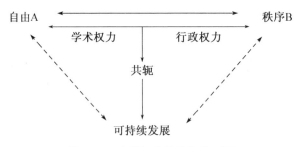

图4－2　大学权力的共轭关系图

但是我们的落脚点，是"发展"。大学实践所进行的工作就是"发展"，它所努力寻求的，正是在秩序的社会与个人的自由之间的那种张力平衡。这种平衡保证了真正的自由，因为"人类的发展并不是在自由状态中进行的。那种为了生存而不得不死守着小群体的成员，根本就不是自由的。自由乃是一种文明的产物：它把人从小群体的羁绊中解放了出来——因为我们知道，这种小群体所具有的即时性反复无常的要求，根本就无法使个人获得自由，而且即使是小群体的头领也不得不对之臣服听从。经渐变而来的文明之规训使自由成为可能，它同时也是自由之规训。自由乃是经由那种同时也是自由之规训的文明之规训的进化而成为可能的"。①

4.3.1　以伦理关怀指导可持续发展

发展既是一个实证问题，也是一个伦理问题。[198-200]大学的可持续发展需要伦理原则的补充。发展蕴含着一条道德的主线，也就是伦理的关怀，关怀着人及其尊严。有学者将发展与人类的价值观问题联系起来，将发展界定为"价值观的基本问题和新文明的创造"。②

大学的可持续发展之所以需要伦理关怀：一是伦理关怀有助于产生引发社会关注的"道德律令"，引导人们对更基本的目标的评价和增进；二是伦理原则能促使我们更好地注意生活之间的关联，并在道德承诺的牵引下采取明智

---

① F. A. 哈耶克. 法律、立法与自由[M]. 邓正来，等，译. 中国大百科全书出版社，2002：59.
② 周文文. 伦理　理性　自由——阿马蒂亚·森的发展理论[M]. 学林出版社，2006：54.

的政策来阻止可避免的困境。① 伦理学主张善恶的分别在于是否有利于实现人类的自然本质。伦理关注人,同样关注人应当追求哪些目标,这些目标最符合也最能实现人类的自然本质。伦理关怀的重要意义在于提供一种"幸福科学",指引人们走向真正的幸福。②

传统的自然法有一个最基本的原则——各尽其用。这是最普世的自然之善。而判断有用还是没用或者有用到什么程度的最实际的标准就是事物的自然本质。我们很难从价值的视角去说所有的大学都是好的,因为每一所大学从整体上来讲都会满足不同人的发展需求。我们判断一所特定大学的好坏,标准就是这所大学是不是做到体现大学的本质,做了应该做的事情。

4.3.2 以秩序维护可持续发展

"秩序是人类幸福的前提条件。"人类必须维持基本的秩序。"……秩序不能凭空出现,人们必须认识到什么是社会秩序,认识到秩序的优点。人们还必须明确建立和维护社会秩序所必需的行为规范,也就是尊重他人……这就是正义的实质内容。正义是秩序的支柱,秩序是人类幸福的前提……"③前面我们论述了大学的秩序是通过行政权力的运作来实现的。大学行政权力为大学学术活动划定边界和提供秩序保障。行政权力的存在是大学社会性、公共性的内在要求,是秩序价值的外在表现。秩序只有通过行政权力的运作才能得到丰富与深化,也才能给大学实践的自我定位提供理论参考与论证。

大学要实现可持续的发展,其前提条件就是要有良好的秩序环境。行政权力代表着大学的规范性和引导性,它通过一系列规则保障人们权利的实现和义务的履行,使这种公共生活的形式和空间得以存在,从而保障教师和学生共同生活的展开。作为一种规范性、强制性力量,行政权力的存在是必要的,也是必然的,是大学"可持续发展"的需要。

---

① 周文文.伦理 理性 自由——阿马蒂亚·森的发展理论[M].学林出版社,2006:55.
② 穆瑞·罗斯巴德.自由的伦理[M].吕炳斌,等,译.复旦大学出版社,2008:51.
③ 穆瑞·罗斯巴德.自由的伦理[M].吕炳斌,等,译.复旦大学出版社,2008:52-54.

4.3.3 以自由看待可持续发展①

发展,是人类生存永恒的主题,同时又构成了当代社会和平与发展的两大主题之一。许多思想家都对发展做了比较好的定义。经济与人道主义运动奠基人路易·约瑟夫·勒布雷特把发展描述为:"一个特定人群及构成它的所有近邻人群单位,以可能的最快节奏,以可能的最低代价,并考虑到存在于(或应当存在于)这些人群与近邻人群之间的团结纽带,从较少人道向较多人道阶段的一序列过渡。"②

著名发展经济学家托达罗(Todaro)对发展做了如下论述:"发展既是一种物质现实,又是一种精神状态,通过社会的、经济的和制度过程的某些综合,社会取得了美好生活的手段。"③

杨信礼教授认为,以往对发展的界定只是揭示了发展的部分内涵,并未展现其主体性的意义,他把发展定义为:"发展是有机体内生的,结构和功能日趋复杂和完善化的、不断产生新质的前进和上升的运动与变化。"④

从哲学维度看,发展是事物内在本性、潜能的展开和实现过程,是事物不断趋向圆满或完善的过程。从内涵上讲,发展既是一种事实,又是一种价值,是一种包含着事实基础的价值判定。发展首先反映的是主体和客体世界之间以实践和认识为基础的价值关系,发展是以人的需要的满足和目的的实现为趋向的。其次,发展是一个不断变化的过程。最后,发展离不开人的改造客观物质世界的实践活动,是人的本质力量的展现过程。因此,我们可以把发展定义为人类及其社会追求价值目标并付诸实践的创造性活动。从自由的角度来看待发展就是把发展看作扩大人们享受的真实自由的一种过程。扩展自由是发展的首要目的和主要手段。

自由是发展的首要目的。作为发展的首要目的,自由在发展中起"建构性作用"。建构性作用体现了实质自由提升人们生活质量的重要性。实质自由包括免受困苦,以及能够识字算数,享受政治参与,等等的目的。就建构性而

---

① 这里我们部分采用了阿马蒂亚·森的发展理论。《以自由看待发展》是1998年诺贝尔经济学奖获得者阿马蒂亚·森综合他在经济学基础理论、经验研究以及道德—政治哲学领域多年来的卓越成果的一部里程碑式的著作。他改变狭隘发展观的旧范式,阐述人的实质自由是发展的最终目的和重要手段,建立了全新的理论框架。

② 王辉.西方发展理论对我国发展模式的影响[J].邓小平理论研究,2005(4):5-8.

③ 同上。

④ 杨信礼.发展哲学引论[M].陕西人民出版社,2001.

言,发展旨在扩展上面提到的以及其他的基本自由。首先,各种类型的自由都具有自身的独立价值,都是发展不可或缺的内容。发展不能仅仅理解为经济增长,经济增长是一个内涵较窄、偏重于数量的概念,而发展的内涵较宽,它涉及经济、政治、文化和社会变革等广泛领域,是一个既包含数量又涉及质量的概念,绝非单一的经济增长所能涵盖,甚至在某些时候出现有增长无发展的情况。阿马蒂亚·森强调,发展的目标必须远远超越财富的积累和国民生产总值以及其他与收入、福利有关的变量的增长,这并非忽视经济增长的重要性,而是社会发展这一历史进程在"内容和范围上都大大超出了那些变量"。发展本身就是一个内涵丰富的事物。一个经济上富有的人,如果其在政治参与、安全、机会与资源占有等诸多为他有理由所珍视的东西被限制乃至被剥夺,那么从扩展人类自由的角度来看待发展,我们就必须无可回避地正视这种剥夺。其次,把自由看作发展的首要目的可以避免一种常见的错误,认为某些自由存在的理由是因为它们的工具性价值。有人经常提出这样的问题:政治参与和表达异见的自由,或者接受基本教育的机会,是否"有助于发展"?按照以自由看待发展的基本观点来看,问题的这种提法本身就包含错误,因为他不理解政治参与、持有异见属于发展自身的建构性要素。自由在促进人类自由上的工具性、实效性并不能降低它在评价性方面作为发展目的的重要性。"根据对发展的恰当解释,对基本政治自由和公民权利的剥夺之所以是值得关心的问题,并不是因为它们能对发展的其他方面做贡献(例如在促进国民生产值增长和工业化方面),而是因为这些自由本身丰富了发展的过程。"①

另外,在许多地方还存在着这样一种观点,认为"人的发展"(经常用来指教育、医疗保健和人类生活其他条件的扩展过程)仅仅是只有富国才用得起的某种"奢侈品",一个国家只有经济上富裕后,才应该争取基本教育和医疗保健的迅速扩展。如果从自由看待发展的角度看,发展是扩大人们享受的真实自由的一种过程。人们能够享受更多的实质自由是发展的最大目的,扩大人们享受的实质自由与发展应该是两个相互作用的同步进行的过程。如果从自由之间的经验关系来看,"人的发展"更应该作为任何一个国家发展的首要任务。一个比较典型的例子是日本,日本比较早地实行了大规模的教育普及,随后医疗保健设施的大规模扩展,这是日本在"二战"后迅速崛起的重要原因。再比如,识字和算数的能力帮助大众提高参与经济扩展过程的能力。随着经济全

① 阿马蒂亚·森.以自由看待发展[M].任赜,于真,译.中国人民大学出版社,2002:3-5.

球化的趋势逐渐加强,"质量控制"和"按产品规格生产"在制造业变得非常重要。但是文盲很难胜任和保住这些工作,因此会影响劳动力在经济发展中的作用。

自由是发展的重要手段。自由是发展的重要手段是指自由在发展中的工具性作用。自由的工具性作用,是关于各种权利、社会和权益(entitlements)是如何为扩展人类的一般自由,从而为经济发展做出贡献的。自由的工具性作用并不是因为自由是发展的目的而存在。"自由作为工具的实质性来自以下的事实,即各种类型的自由相互关联,而且一种自由可以大大促进另一种自由。"①

阿马蒂亚·森具体分析了各种工具性自由:政治自由、经济条件、社会机会、透明性保证和防护性保障。这些自由相互关联,同时作为一个整体提高人们享有实质自由的可行能力。

1. 政治自由

政治自由:指的是人们拥有的确定应该由什么人执政而且按什么原则来执政的机会,也包括监督并批评当局,拥有政治表达与出版言论不受检查的自由,能够选择不同政党的自由等的可能性。这些自由包括人们在民主政体下所拥有的最广义的政治权益(entitlement),甚至包括诸如政治对话、保持异见和批评当局的机会,以及投票权和参与挑选立法人员和行政人员的权利。阿马蒂亚·森认为,基本政治和自由权利的一般重要性,表达在三个不同的方面:(1) 它们在人们生活中的直接重要性与基本可行能力(包括政治和社会参与)相关;(2) 在提出对政治关注的要求(根据经济需要方面的要求)并为这种要求辩护时,人们需要政府聆听这些要求;基本政治和自由权利在这方面起工具性作用;(3) 在形成"需要"(包括在社会意义上理解的"经济需要")这个概念上,它们起建设性作用。当我们从政治自由的直接重要性转到其工具性作用时,我们必须考察对政府和在职官员及其群体发挥作用的政治激励因素。如果统治者不得不面对批评,并寻求人们在选择时的支持,统治者就会有积极性去听取人民的需要。

2. 经济条件

经济条件:指的是个人分别享有的为了消费、生产、交换的目的而运用其经济资源的机会。一个人所具有的经济权益,将取决于所拥有的或可以运用

---

① 阿马蒂亚·森.以自由看待发展[M].任赜,于真,译.中国人民大学出版社,2002:3-5.

的资源,以及交换条件,诸如相对价格和市场运作。就经济发展过程增加一个国家的收入和财富而言,它们会反映到人们经济权益的相应提升上。显而易见,以国民收入和国民财富为一方,个人(或家庭)的经济权益为另一方,在这两方面的关系中,除了总量以外,分配的问题也是重要的。新增收入如何分配,将会明显产生影响。人们拥有各种经济资源如劳力、知识、土地、工具,市场机制提供各种经济资源自由组合的最好机会。发展的过程,基本上是自由市场取代传统社会(或其他形式)对人、对资源、对经济活动的束缚、限制、干预。阿马蒂亚·森强调要以公共行动来创造条件,使市场得以良好地发挥作用,市场机制要取得成功的关键是提供的机会可以被合理地分享。这就需要有适当的学校教育、医疗保健、土地改革等公共政策可资利用。

3. 社会机会

社会机会指的是社会教育、医疗保健及其他方面所实行的安排,它们影响个人赖以享受更好的生活的实质自由。这些条件,不仅对个人生活(例如享受更健康的生活、避免可防治的疾病和过早死亡),而且对更有效地参与经济和政治活动都是重要的。例如,不识字对一个人参与那些要求按规格生产或对质量进行严格管理的经济活动(如全球化贸易所日益要求的那样)来说,是一个绝对大的障碍。类似地不会读报,或者不能与其他参加政治活动的人书面联系,对于政治参与也是一种限制。阿马蒂亚·森认为,社会安排对确保并扩展个人自由有决定性的意义。首先,对于自由权利、宽容、交换和交易的可能性的社会保证影响个人自由。其次,对于在人类可行能力的形成和使用上极端重要的那些条件的实质性公共资助,也影响个人自由。

4. 透明性的保障

透明性的保障是满足人们对公开性的需要,在保证信息公开和明晰的条件下自由地交易。当这种信息被严重破坏时,很多人——交往的双方以及其他人——的生活可能因为缺乏公开性而受到损害。透明性保障对防止腐败、财务渎职和私下交易起着显而易见的作用。阿马蒂亚·森认为金融危机在东亚和东南亚的某些国家的形成,与商业运作缺少透明性,特别是在核查金融和商业的安排上缺乏公众参与紧密相关。"在亚洲危机的发生中,透明性自由的作用——或者毋宁说缺少透明性自由的后果——是很难被怀疑的。"

5. 防护性保障

防护性保障是为那些遭受天灾人祸或其他突发性困难(例如失业)的人,收入在贫困线以下的人,以及年老、残疾的人,提供扶持的社会安全网。防护性保障的领域包括固定的制度性安排,例如失业救济和法定的贫困者收入补助,以及临时应需而定的安排,例如饥荒救济或者为贫困者提供可增加他们收入的紧急公共就业项目。阿马蒂亚·森认为,要有制度性渠道把民众(特别是弱势群众)的痛苦反映出来,要有政治性激励机制促使政府去关怀、解决民众的痛苦。无论一个经济体系运行得多么好,总会有一些人由于物质条件起了对他们的生活不利的变化,而处于受损害的边缘或实际上落入贫苦的境地,对他们进行防护性保障,不仅可以保障他们一些基本的自由,例如,免于死亡、饥饿,以及可避免的疾病。而且对于国家的安全和稳定都有重要的工具性作用。

以上列举的五种工具性自由不仅能直接扩展人们的可行能力,帮助人们按照自己的意愿过有价值的生活,而且它们之间也互相补充,互相强化。阿马蒂亚·森强调必须注意把这些不同类型的自由结合在一起并使之更好地发挥共同作用的经验联系,这些联系对更完整地理解自由的工具性作用至关重要。五种自由在相互联系和整体化中发挥着工具性的作用。经济增长不仅有助于私人收入增加,而且能使国家有财力承担社会保险和开展积极的公共干预。因此经济增长的贡献不仅应按私人收入的增加来评判,还应按由经济增长带来的社会服务的扩展来进行评判。"经济增长的影响,在很大程度上取决于经济增长的成果是如何使用的。"

同样,通过公共教育、医疗保健等服务以及自由而富有活力的新闻媒体的发展来创造社会机会,既有利于经济发展,又有利于大幅度降低死亡率。降低死亡率有利于降低出生率,进而加强基础教育——特别是妇女的识字和学校教育——对生育率的影响。自由的不同工具性作用扩宽了我们理解发展的思路。发展是扩大人们享受的真实自由的一种过程。发展要求消除那些限制人们自由的主要因素,即贫困以及暴政、经济机会的缺乏以及系统化的社会剥夺,忽视公共设施以及压迫性政权的不宽容和过度干预。"自由的一个特征是,它具有很多不同的层面,分别与各种各样的活动以及机构和制度有关。"

对发展的分析,要求对这些不同的机构和制度各自的作用,有一个综合的理解。价值观念的形成,社会伦理的产生和进化,与市场及其他机构和制度的运行一样,也是发展过程需要注意的一部分。发展就是各种工具性自由协调作用,共同扩展人们的实质性自由。因此,在确定发展首要目的时就不能仅仅局限于某种单一自由(如经济增长),发展要着眼于一种全面自由的扩展。"发展确实是对自由的各种可能性的一种重要承诺。"

自由是随着社会的进步而逐渐扩大的。正因为承认自由的主体是从事着实践活动的现实的人,也正因为认识到自由是人们认识必然性和改造世界的一种能力,我们才可能正确理解自由与社会发展的关系。马克思在他的许多经典著作中,经常把自由和发展这两个概念联系在一起。他往往是从人的本质、人的活动、人的实践能力的提升来判断社会历史的进步与发展。在《关于费尔巴哈提纲》中,马克思对人的本质下了一个经典的定义:人的本质并不是单个人所固有的抽象物,在其现实性上,它是一切社会关系的总和。社会关系是人们在社会实践中产生的,随着社会的发展,社会实践的内容和形式都将发生变化,人的本质也会发生变化,作为人的最高价值追求,自由也将发生变化。在《经济学手稿(1857—1858)》中,马克思从人的生存方式出发,把全部人类历史划分为古代的以"人的依赖的关系"为特征的交往方式下的古代个人、"以物的依赖性为基础"的交往方式下的现代个人、未来社会的以人的独立性和自由联合为特征的"个人全面发展"。很明显,随着社会的发展,人的自由也扩大了。马克思主义认为,生产力是社会发展的最终决定力量。因此,"自由是一定社会生产力发展的产物"。

从自由的角度给人们看待发展提供了一个新的层面。阿马蒂亚·森通过对自由是发展的首要目的和重要手段的两方面分析,得出结论:发展不单纯是经济增长,它应该是对人类自由的各种可能性的一种全面承诺,是对"一个人选择有理由珍视的生活的实质自由,即可行能力"的全面扩展。

在发展观中注入伦理因素,注重社会各方面的综合整体发展,针对传统发展观存在的种种缺陷,阿马蒂亚·森提出在发展中应该把目光从国民生产总值、收入转移到实质性自由上来。自由是人的自由,把自由看作发展的目的,实质上是把人看成发展的目的。这实质上实现了从"以物为中心"的发展观到"以人为中心"的发展观的转变。森是经济学家中少有的关注经济中的伦理问题的人。他提倡经济学与伦理学应该相互融合,这样有利于双方的发展。在《伦理学与经济学》中,阿马蒂亚·森指出:"可以说,进一步加强伦理学与经济学之间的联系,无论对于经济学还是伦理学都是非常有益的。"

发展是关乎人类的核心问题。发展可以看作扩展人们享有的真实自由的一个过程。[201-203]聚焦于人类自由的发展观与狭隘的发展观形成了鲜明的对照。狭隘的发展观包括发展就是国民生产总值(Gross National Product GNP)增长,或个人收入提高,或工业化,或技术进步,或社会现代化等观点。阿马蒂亚·森把发展的目标看作等同于判定社会上所有人的福利状态的价值标准。财富、收入、技术进步、社会现代化等等固然可以是人们追求的目标,但它们最终只属于工具性的范畴,是为人的发展、人的福利服务的。[①] 阿马蒂亚·森认为,以人为中心,最高的价值标准就是自由。[②] 我们所理解的大学的可持续发展也是一样的。大学的可持续发展并不是大楼的数量,大学学术成果数量的增加……更应该关注的是大学是否实现其使命,实现人的全面发展,使人得到幸福和满足。

发展就是扩展自由。自由不仅是发展的首要目的,也是发展的主要手段。这里的自由所蕴含的不仅仅是学术自由,其更深层次的含义是思想自由。以自由看待大学可持续发展就是要:尊重人、尊重学术、尊重真理。只有这样的可持续发展才能实现大学的使命。

本书之所以一直强调大学学术权力与行政权力的共轭,就在于突出这一基本价值取向。学术权力与行政权力是大学发展中最基本的表达方式与实践方式。秩序主要靠行政权力来维护,而自由则主要通过学术权力来实现。因而,大学的行政权力所保障的是秩序,大学学术权力倾向于个人的自由与解放。秩序与自由各自又有着自己的边界和限度。在行政权力与学术权力之间的共轭状态,是一种对秩序与自由的调和,即对可持续发展的追求。

---

① 黄渭波.阿马蒂亚·森发展观的伦理学诠释[D].苏州大学,2005.
② 阿马蒂亚·森.以自由看待发展[M].任赜,于真,译.中国人民大学出版社,2002:3-5.

5 场域之视角——学术权力与行政权力的空间位置

布迪厄的社会学场域理论为本书提供了一个独特的观察视角。运用场域这一核心概念,本书形成了自己的分析框架:将中国大学学术权力与行政权力放置在一个场域之中,研究在这个物理空间与意义空间的组合与生成中,大学学术权力与行政权力所处的位置与所持的立场,以及他们如何参与场域资源竞争,履行游戏规则,生成何种习惯,其所处的位置、所拥有的资本以及所具有的习惯又是如何影响其行为策略并制约着大学场域结构、影响大学发展的。

布迪厄场域概念的用意在于:首先,场域概念充分体现了他的关系主义思维方式,根据场域来思考,就是从关系的角度来思考。其次,布迪厄的场域概念,非常强调社会生活的冲突性。作为一个包含着潜在的和活跃的力量的空间,场域也是一个充满着旨在维护或者改变场域中的力量格局的斗争场所,是一个争夺对珍贵资源的控制权的竞技场。在围绕着特定形式的资本而展开的场域斗争中,布迪厄非常强调关于正当化原则的竞争,也就是在谋求符号暴力垄断权上的竞争。再次,场域中的位置,依其资本的类型和总量,存在着支配和服从之分。行动者的策略取决于他们在场域中的位置,不同位置占据者的行动策略各不相同。比如,场域中处于支配地位的行动者倾向于采取保守性的策略来维护现有的场域中的力量格局,新进入者希望逐步接近支配地位往往采取继承策略,扩大资本的数量和质量,处于被支配地位的行动者一般采取颠覆性策略来改变场域中的力量格局。

实践概念的提出。布迪厄的学术思想自始至终都在为超越主客观的二元对立而努力。他认为,实践是联结两者之间鸿沟的纽带,会使主观与客观达到一种协调。布迪厄既要逃离主观主义者建构的社会模式的枷锁,又要防止落入各种客观规则所设下的圈套。在摆脱这种两难选择中,他提出了参与性的对象化概念,即将自己与对象的关系原则带入对象中。当他们面对同一对象时自然产生不同的行动结果。这种对客体以及主体与客体关系原则的对象化就是所谓参与性的对象化。实践正是通过这种对象化的途径得以实现。在对支配社会生活的规则等客观主义约束机制的批判中，逐渐走向主观主义浓厚的策略。他详细描述了实践的特征，归纳起来主要有三种，一是实践的紧迫性，任何实践都是以时间和空间为依托。在实践中，由于时间的不可逆性和暂存性，行动者要在有限的空间、特定的时间里做出决定，付诸行动，得到结果，这是一个紧迫的过程。行动者不仅要面对瞬间的现在，还要面对已逝的过去和即将来临的将来。在这一时间结构中，行动的速度和方向及内在节奏等都构成了实践本身的意义。二是实践的模糊性和不确定性，实践并不是有意识的，也并不是完全没有意识的。人们以合理的方式行动着，具有一种行动的逻辑。也就是说，实践不是行动者理性计算、深思熟虑的产物，而是在某些内驱力的作用下自发产生的，布迪厄称之为一种实践感，抑或是一种游戏感。与戈夫曼将社会生活视为一种戏剧理论相似，布迪厄将行动者的实践比喻为一种游戏。游戏活动中并非全然理性，即兴表演就是人的无意识选择。三是实践的策略性。布迪厄认为，人的实践虽然具有模糊性和不确定性，但又不是纯粹偶然和随机的，而是有着某种合规律性。行动者的实践是有目标的，为了达到特定的目标，必须从规则走向策略（策略是行动者实践的根源）。

惯习概念的提出。 布迪厄的惯习概念与实践概念一样，并不是纯粹的理论演绎，是他在实地研究阿尔及利亚卡比尔人的行为时产生的。他发现社会规章对于卡比尔人来说，不是遥不可及而又带有强迫性的命令。相反，这些规章存在于他们的意识之中，被人们一贯地遵从和体验。布迪厄意识到此问题的复杂性，提出了惯习的概念。惯习为结构主义注入了新鲜血液，从而进一步超越了传统的主客观二元对立，使行为与结构走向一种新的联结。布迪厄认为，惯习是一套持续的、可转换的性情倾向系统。由此可以发现惯习的两个重要特征，持久性和可转移性。惯习一旦在人体内扎根，在短时间内很难发生改变。但是惯习又可以从一个领域传递到另一个领域，如农民工在大城市中获得的生产经验在农村的生产活动中也会产生作用。惯习具有历史性和生成性。我们知道惯习是由积淀在个人身体内的一系列历史经验构成，是人们对社会结构内化的产物。但是，惯习并不是单纯的被决定，它还是一种生成性结构。人们通过一系列的内化图示来感知、理解、体验现实世界，不断地产生新的实践，以创造性的方式重塑和改变着历史。这就好比参加游戏的人，不仅需要遵守游戏规则，又要在规则中发挥自己的主观能动性，有所创造。因此，惯习一方面把客观的社会结构内在化，建构成能被人们认识和感知的结构；另一方面，行动者的能动性又产生新的社会结构。所以说，惯习是外在的内化和内在的外化的辩证关系。惯习还具有多样性。虽然惯习是在现实中运行着的历史,但并不是每个人都具有相同的惯习。不同的人由于身份地位的差距,获得的惯习也不相同。但人们之间的惯习也并非千差万别毫无规律可言,而是地位相同的人获得了相似的惯习。比如在我国,知识分子之间具有相似的惯习,他们与企业家、金融家的惯习又显然不同。然而知识分子之间的惯习也是因人而异的,其中个人的家庭背景、成长经历起了很大作用。虽然习性具有席卷一切的解释力,但是惯习的多样性告诉我们,社会结构力量对所有的个体并不能产生同等程度的影响。

场域概念的提出。布迪厄认为,场域是研究操作的起点,是他从事社会学研究的分析单位。我们知道布迪厄是从人类学迈入社会学殿堂的,他成功运用人类学的研究方法研究阿尔及利亚的原始部落,从对这一群体单位的研究扩大到场域,是因为在场域中群体占据了一定的位置。他的人类学研究方法就是以场域为依托才得以展开的。布迪厄认为,整个社会就是一个大场域,而高度分化的社会世界里具有相对自主性的社会小世界就是子场域,如经济场、政治场、科学场等,社会大场域就是由子场域构成的。由此看出,布迪厄的场域概念不是有着一定边界的领地,也不能等同于领域。他认为场域是一个相对独立的社会空间,是一串串的关系,这些关系先于个人意识而存在。其次,不同的场域有着不同的逻辑规则。行动者一旦进入某个场域,就获得了这个场域所特有的规则、符号和代码,人们形象地说这是他进入场域所必须交纳的入场费。

如科学场重视真理,经济场注重利益,司法场注重公平、正义等。在行动者刚涉足这个场域时,这些真理、利益、公平正义等特殊逻辑已经无形中施加在他的身上。场域的一个重要特征就是其自主性。社会空间中各种各样的场域都是社会分化的结果,布迪厄将这种过程视为场域的自主化过程。一个高度自主化的场域,不仅能把自己的逻辑和规则强加于场域中的成员身上,而且还可以渗透到其他场域,影响其内部结构。当然这种自主性是相对的,完全自主化的场域是不存在的。此外,场域还具有斗争性和变动性的特征。场域是一个充满斗争和争夺的空间,不同位置的占据者依据其占有资本的不同而不断展开博弈。资源的分配不均导致了竞争活动的不平等,并不是每个人都能如愿以偿地实现自己的目标。场域的斗争性说明场域不是一个静止不动的空间,场域内的竞争和冲突使个体占据的位置移动,从而改变场域的结构和边界。

上述布迪厄的三个重要的研究工具，之间相互联系，并最终指向实践。惯习和场域都是为理解阐释社会生活而创造出来的概念工具。无论是他的资本概念，还是场域和惯习概念，实际上都是建立在他的实践观基础之上的。布迪厄认为实践是一个极为复杂的过程，他提出了这样一个公式：**惯习＋资本＝场域实践**。从这个公式中我们可以直观地发现惯习、场域和实践的关系，即实践是惯习、资本和场域相互作用的产物。惯习为实践提供规则，场域为实践提供场所，资本则作为场域内斗争的武器。惯习和资本相互作用，与场域一起为实践提供了可能。反之，实践又产生新的原则作用于惯习，形塑场域的结构，并导致资本的转化或获得。所以它们之间是一个循环往复、相互作用的有机整体。

5.1 组织场域概念的界定

组织集合、组织种群与组织场域等概念的出现，使得那些以前在理论上含糊不清的组织、环境、因素，变得更加明确和可见了。[204]多年来，那种相对消极与被动的研究视角，使研究者只能看到物质性资源与环境之间的随机结合，或者只能看到那些可能对组织产生威胁的因素。但是后来，一些研究者(Dill，1985；Emery Trist，1965；Lawrence Lorsch，1967)逐渐认识到，环境是各种非物质性维度或层面的集合，这种集合的不同状态——诸如复杂性、稳定性与宜生性——可能对组织产生重要的影响。人们很少认识到组织环境本身也是组织化的，更不了解在同一环境中运行的组织却可能处于十分独特的位置上，这些组织彼此之间可能相互提供各种机会，或者可能相互产生各种威胁。

组织场域概念利用了"地方性社会秩序是当代社会系统基本构成要素"①的见解。这一概念强调建立中观层次的理论，而这种中观理论强调，受到些许限制的、专业化的领域，在建构与维持社会秩序方面具有重要作用(Fligsten，2001)。多年来不同学科领域的学者们使用场域概念解释、分析、研究不同边界的社会系统，取得了丰硕的成果，为我们的研究树立了样本。此外，场域概

---

① 斯科特.制度与组织——思想观念与物质利益[M].姚伟，王黎芳，译.中国人民大学出版社，2010：189.

念把我们所要研究的大学学术权力与行政权力与更广泛的宏观结构联系起来,使我们的研究在更高的层次上得以深入下去。我们除了应重视组织是现代社会中的重要行动者外,还要理解更大的组织网络和组织系统。正如迪马吉奥所指出的,在社会与社区变迁研究中,组织场域概念已经成为联系组织层次与社会层次的重要分析单位。①

5.1.1 组织场域概念的先驱

有很多开创性的研究者,为组织场域理论的出台开辟了道路。其中比较重要的先驱是心理学家库尔特·列温(Kurt Lewin),他把场域概念作为评估个人生活空间、个人以及对个人而言所存在的心理环境的工具。列温的场域概念的重要特征,在于主张个体周围的各种要素与力量是相互依赖的,主张个人理解与相互理解的重要性:个人的生命空间是个人认识社会环境的图式。②

另一个很有影响的先驱是皮埃尔·布迪厄,他的社会理论也使用了场域概念。布迪厄所说的场域,指的是一个社会或文化再生产领域中的各种行动者的总和、各种组织的总和以及它们之间的动态关系。他认为,根据场域来思考,就是从关系角度来思考。而且,他还应用了一种类似的博弈思想,甚至使用了规则、博弈者、风险、竞争与斗争等词汇,来分析和描述场域的重要特征。对于布迪厄来说,场域并不是一种和谐、安宁和固定不变的社会空间,而是充满冲突的场所,在其中所有博弈者为了实现和扩大自己的利益而相互争斗;某些博弈者能够在或长或短的时间内,向其他博弈者施加博弈的规则。布迪厄的场域理论,为迪马吉奥和鲍威尔的场域概念的出场奠定了重要的理论基础。

然而,在组织研究领域内,场域概念还有另一个重要的思想渊源,那就是组织生态学的组织共同体思想。诸如霍利、罗纳德·华伦(Roland L. Warren,1967)和 W. 加拉罕·阿斯特雷(W. Graham Astley,1985)等组织生态学家,他们应用这个概念来研究某一地理范围内的组织集合,这些组织因为功能关系或具有某种共同的地方性而相互依赖。与强调同类组织之间的竞争过程的种群生态学家不同,共同体生态学家们指出,组织共同体会形成互惠结构。正如阿斯特雷与方德万所阐述的:(共同体理论家们)否定组织之间会

---

① 斯科特.制度与组织——思想观念与物质利益[M].姚伟,王黎芳,译.中国人民大学出版社,2010:190.

② 斯科特.制度与组织——思想观念与物质利益[M].姚伟,王黎芳,译.中国人民大学出版社,2010:200.

为了生存而面对面地展开对自然和外在环境的争夺。这种思想，相反强调组织会通过合作来实现集体生存，也就是说组织会通过建构一种调节自然环境资源、受到规控的社会环境，来实现集体的生存①。

从今天最前沿的观点看，这种研究是很有价值的，但是也存在一定的局限性，那就是这种研究往往关注组织在功能上的相互依赖而非协同定位，其结果是这种研究忽略了处于组织共同体的空间边界之外的组织之间的重要联系与交换。

5.1.2　组织场域概念的提出

场域既是布迪厄实践社会学中的概念，也是布氏在分析实际关系、结构中的一个基本技术单位。布迪厄的理论不同于一般的领域概念或者领地概念，而是将概念丰富充实，其场域概念是生动的、饱满的、内含力量的、有潜力并且有爆发力的存在。场域是按照一定的内在逻辑，由社会成员出于不同的利益共同支撑的，是行动者参与社会活动的场所，是集中资源的场所，是策略运用的场所，是各种关系构建的空间。在这物理空间与意义空间的组合中，行动者的地位和职务起着决定性的作用。这是一种多重策略选择的空间，具有不可测性——不同行动者的作用，会产生不同的效果。这既是个体创造性的结果，也是场域约束和限制的结果②。

场域是解释组织间竞争、影响、协调、创新模式的扩散等的重要概念，它界定了这些过程所运行的边界。③ 同时场域是围绕特定的利益或者特殊的目标而逐渐形成的，是一个逐渐显现的过程。场域中的行动者彼此联系，相互发生作用，此消彼长。在相互作用的过程中，场域边界也发生着变化。

5.1.3　概念工具

在场域中理解大学学术权力与行政权力的共轭关系，我们需要借助于概念工具予以分析，首先需要澄清以下几个基本概念。[205-214]

5.1.3.1　行动者

行动者是社会科学中最普遍的概念之一。不同的学者因其不同的理论背

---

①　斯科特.制度与组织——思想观念与物质利益[M].姚伟，王黎芳，译.中国人民大学出版社，2010：200.

②　宫留记.布迪厄的社会实践理论[D].南京师范大学，2007.

③　鲍威尔.组织分析的新制度主义[M].姚伟，译.上海人民出版社，2008：289－290.

景分别提出了"经济人假设""社会人假设"等。社会学领域理性选择学派的科尔曼在其代表作《社会理论的基础》一书中,将行动者作为自己理论的基本元素。理性选择理论的基本问题是在社会行动者都有着自己的理性、自己的偏好的前提下,社会行动是如何形成的。① 在科尔曼看来,在社会行动系统内,最低限度必须有两个行动者,而且每个人都控制着能使对方获利的资源。由于双方的利益均依赖对方控制的资源,作为有目的的行动者,他们必须从事与对方发生关系的活动。② 行动者为实现自身的目标而展开行动,而行动者的目标或行动原则正是最大限度地获取效益或提高满意程度。行动者与他人之间是一种注重实利的关系;这种关系仅仅表现为行动者的利益寓于他人控制的资源和事件之中,以及他所控制的资源和事件蕴含着其他行动者的利益。在特定的社会结构中,每个行动者的行动与原则——最大限度地实现自身利益——导致了双方行动的相互依赖,或者说其行动就有系统特征。如图5-1所示。③

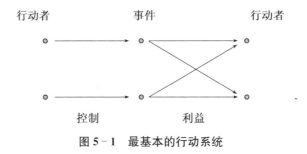

图5-1 最基本的行动系统

法国的组织决策分析学派(法兰西组织分析学派)的代表人物米歇尔·克罗齐耶和费埃德伯格在《行动者与系统》一书中也提出了行动者的概念。行动者是超越了有限理性的自由行动者。组织中的行动者通常有着多种的身份,是多个组织的成员,有着多种可供调动的资源,有着自由的行动能力。④ 尽管其会受到种种条件、环境、因素的制约,但行动者拥有自由余地,在自由的空间领域内,随时进行自主性的决策,在自由的条件环境下进行投机性的选择。与此同时,他还与其他行动者之间展现微妙的关系:存在利益上的冲突,也存在

① 詹姆斯·S.科尔曼.社会理论的基础(上)[M].邓方,译.社会科学文献出版社,2008:1.
② 陈荣杰.交换论视野中的交际行为[J].求索,2001.
③ 詹姆斯·S.科尔曼.社会理论的基础(上)[M].邓方,译.社会科学文献出版社,2008:29.
④ 克罗齐耶,费埃德伯格.行动者与系统——集体行动的政治学[M].上海人民出版社,2007:3.

协商合作……不断构建着新的权力关系,并寻求必要的秩序。① 获取权力,意味着获取一种能力,一种在不平等关系中占据获利优势的协商能力。②

布迪厄的社会实践理论认为社会行动者具有一种理解的生成能力和创造能力,而且强调行动者自身的习性(Hsabitus)③。条件制约与特定的一类社会生存条件相结合,生成习性。习性是持久的、可转换的潜在行为倾向系统,是一些有结构的结构,倾向于作为促结构化的结构发挥作用,也就是说作为实践活动和表象的生成和组织原则起作用。④ 社会实践理论中的行动者是具有策略选择的。

本章综合不同理论关于行动者的概念,将大学学术权力的运作主体及行政权力运作主体看作大学场域中的行动者,将行动者之间的互动看作大学学术权力与行政权力运作的过程,并特别强调权力的动态性以及行动者在受制约情况下的自由发挥。而大学场域下学术权力与行政权力的共轭状态,正是行动者之间的权力相互发挥作用的过程。

5.1.3.2　资本(资源)

资本概念是布迪厄学术理论体系的重要内容。在布迪厄看来,资本一方面是场域中竞争的目标,另一方面又是竞争的重要手段。他将资本划分为:经济资本、社会资本、文化资本、象征资本。在场域中,行动者正是通过资本与社会相联系,也是以资本为工具将场域分析框架扩大到整个社会。在场域内存在各种权力以及权力的竞争,而决定竞争的逻辑就是资本的逻辑。

本书在大学场域中分析学术权力与行政权力的关系——共轭,正是要分析大学场域内部的行动者对各种大学内部的资本(资源)的运用。在大学场域中资本可以划分为学术资本(资源)、行政资本(资源)。从性质上来分析,它们具有可分割性、可转让性、可保留性等特性。行动者带着各自不同的背景、资源,彼此之间展开行动,以发挥各自的影响力,达到各自的目的,在对学术资源的配置、行政资源的分配的过程中,逐步占据新的空间场域,形成新的权力关系。⑤

---

① 金桥. 基层权力运作的逻辑——上海社区实地研究[D]. 上海大学,2007.
② 克罗齐耶,费埃德伯格. 行动者与系统——集体行动的政治学[M]. 上海人民出版社,2007:4.
③ 不同的学者对 habitus 的理解不同,有翻译成习性、习惯、惯习等,我们采用了普遍的观点——习性。
④ 皮埃尔·布迪厄. 实践感[M]. 蒋梓骅,译. 译林出版社,2012:74.
⑤ 金桥. 基层权力运作的逻辑——上海社区实地研究[D]. 上海大学,2007.

5.1.3.3 均衡状态

在交换中,利益和控制的矛盾在某一时刻得到了缓解,不再有任何能够增加双方利益的交换。[1] 可以把这一时刻理解为存在于空间的一个均衡点。正是在这一点上,每一方的行动者都最大限度地满足了其群体利益。至于满足的程度如何,取决于双方在交换之前掌握的资源。我们把这种均衡状态理解为共轭。在大学的场域内,不同大学学术权力与行政权力及其运作的程度和效果是不同的,这样,在大学的发展过程中就有一系列均衡点。在其中任何一个均衡点上进行的交换都能使双方获得满足。这种过程可以产生最优结果。因为通过交换,每个行动者分别控制了对自己最有利的资源,从而实现了自己的利益。利益的多少,取决于最初他们各自掌握的资源的多少。以原有的控制及其利益分配为前提,只有在均衡点上进行的交换,才能使行动者的个人利益获得最大满足。正是在这个意义上,共轭能产生最优结果。

而判断总体是否实现了最大限度的满足,不能使用平均主义的标准。因为交换前行动者控制的资源有所不同,这种差别体现了一系列的价值观念。只有以这些价值观为依据,才能对总体满足程度做出判断。

由此可得出一个推论:在大学场域中的权力运作可以在总体上实现最大限度的满足;判断这种满足是否存在,没有统一的标准;资源在行动者之间的最初分配决定了行动者可能达到的满足程度。本书介绍的均衡状态,即引入最优状态的概念用以分析共轭机理,解释共轭实质是向最优状态的最佳逼近。

亚当·斯密曾表述过一个原则,即任何仅仅追求自身利益的个人,都为一只看不见的手所指引,走向并非是他所期望的终点。尽管亚当·斯密并未暗示这个终点就是最优状态,但他进一步指出:个人通过追求自身利益比个人仅仅通过主观愿望采取行动,更能有效地增进社会利益。[2] 新古典经济学家提出:当某些严格的条件被满足后,个人在交换中对于利益的追求,可以使所有参加交换的人都得到好处,而无须承担损失。如果不再有任何自愿的交换出现,便实现了社会最优状态。这些经济理论的基础,是个人根据自己掌握的资源最大限度地获取效益。

为了实现这种可能,必须理解在什么情况下,一个系统的状态优于过去;

---

① 詹姆斯·S.科尔曼.社会理论的基础(上)[M].邓方,译.社会科学文献出版社,2008:37-38.

② 詹姆斯·S.科尔曼.社会理论的基础(上)[M].邓方,译.社会科学文献出版社,2008:40.

还应当理解最优状态在大学场域中其含义是如何变化的。最优状态这一概念在本书中之所以重要,还因为它使共轭理论具有评价不同权力运作的能力。

5.2 大学场域中学术权力与行政权力共轭的机理

5.2.1 大学场域中学术权力与行政权力共轭的基本性质

通过前面对场域相关理论的解读,可以看出,场域既是一种结构,也是一种过程;既是对权力的制约力量,同时也是行动者行为的结果。对大学而言,场域既是大学治理的结构,也是大学治理的过程;既是对大学中权力的制约力量,同时也是大学行动者行为的结果。运用场域理论研究大学学术权力与行政权力的共轭,无论在理论上,还是实践中,都具有深邃的意蕴。

现代大学结构呈现为一种非常活跃的紧张网络,其中无论是学术权力也好,还是行政权力也好,都牵连到整个大学的结构、功能及其活动;反过来,大学的发展又时刻影响着大学中的各种权力,大学内部的各种权力处于活生生的博弈和制衡之中。现代大学内部权力结构的张力,来自大学本身的场域结构及其运作原则。为了形象地和尽可能真实地反映大学结构的动力关系及其运作状况,我们在大学的场域中引入共轭的概念,试图通过共轭机理,把大学的结构化动态性质,以共时理解的概念形式表达出来。

大学空间是由人的行动场域所组成的。大学结构并不是抽象的,大学学术权力和行政权力的共轭关系只能是由行动者在大学场域中进行着。大学场域是大学的实践在物理空间与意义空间的组合,与行动者在学术权力、行政权力及其相互关系方面紧密相联。一方面,大学学术权力与行政权力都客观存在于大学场域之中,接受种种的规定和约束;另一方面又表现为大学学术权力和行政权力共轭关系的场域形成本身依赖于行动者的整个实践过程。大学场域不论是从其客观固定性,还是其主观实践性,都是从行动者之间的力的共轭关系观点,从行动者之间相互施展权力运用策略的观点,从行动者之间的资本总量的竞争的观点去进行分析和说明的。所以,关于大学场域中的权力共轭的问题,是以新的方法论和姿态论述行动者和大学结构的关系的中心点。[①]

---

① 邓玮. 法律场域的行动逻辑[D]. 上海大学,2006.

如前所述,共轭在数学、物理、化学等诸多领域中都存在。在谈到大学场域中学术权力与行政权力共轭状态的时候,必须要同传统的大学结构相区别,而且也不能单纯地满足于论述构成场域的各种大学地位和大学空间的静态结构。共轭当然同场域中的学术权力与行政权力中各个行动者在大学中的地位相关,而行动者在大学中的各种地位又可以构成一个阶层化的大学关系网络。

共轭是行动者在实践中所具有的生成能力的活动原则,是行动者所具有的实际资本和力量在实际活动中的一种表现,也是呈现为大学空间结构的行动力量。正因为这样,行动者和行动者群体都是依据他们的行动所处的大学空间的相关位置(或地位)来界定的。每一个行动者,依据他们占据的地位,依据他们同相邻的阶级和群体的关系,依据他们同整个大学空间的大学关系网的关系而界定其本身的特征。

可以这样说,共轭是一种多维空间的描述。在大学的场域中,共轭是由学术权力与行政权力构成的多维空间;而每一所大学实际的发展情况又是依据相互调整的多维度共轭系统而界定下来的。上述相互协调的多维度系统所包含的价值,是与不同的适当变项的价值相对应的。只有从共时的观点来观察和分析,也就是说,只有从静态的观点去观察,共轭才表现为结构化的大学空间。共轭的空间位置依赖于行动者在这些空间中的位置。共轭可以从静态和动态两个角度去分别加以分析和论述。

共轭概念的最基本的因素,是成对出现的。大学学术权力和行政权力作为共轭的基本构成因素,不是固定不变的架构或形式,而是历史的和现实的、实际的和可能的(潜在的)、有形的和无形的、固定下来的和正在发生(进行中的),以及物质性的和精神性的各种因素的结合。所有这一切,决定着共轭本身是具有生命力的,而且始终处于各种力量关系中的一种张力状态。

大学作为一种场域、一种空间,一方面是一种学术力量和行政力量作用的场域;另一方面,它又是一种关系的场域,各种力量在相互的关系中存在、发生、遭遇,并且为了各自的目的,依据在力量的场域结构中所拥有的不同资源、占据的不同的地位而使用不同的手段。与此同时,这些行动者也为保持或改造、提升各自的地位、在场域中贡献他们的力量。场域的相互关系网络,在大学社会实践中,主要是学术权力的行动者和行政权力的行动者依据其自身不同的性质、不同的地位、不同的作用,靠各自的行动者所握有的资源力量及不同的权力范围,靠行动者所赋有的各种精神状态和精神力量,以及靠行动者在实践中所接受的历史条件及其未来发展趋势的因素所组成的。

共轭的结构,是参与专门资本的分配斗争中的那些行动者与行动者,或者机构与机构之间的力的关系的状况。参与到大学场域中去的这些专门资本,是在先前的斗争中积累的,并指导着今后的行动策略的方向。这种大学场域的结构在本质上就是旨在改造结构的策略,其本身始终都是在游戏之中的。由此可见,大学场域下的共轭概念所要表达的,主要是在某一个大学空间中,由特定的行动者相互关系网络所表现的各种力量和因素的综合体及其相互关系。大学场域中的共轭,基本上是一个靠大学关系网络表现出来的大学力量维持的,同时也是靠这种大学力量的不同性质而相互区别的。在这些关系的维持和展开过程中,各个力的因素又以其特殊的策略贯彻程序作为基本存在形式。在场域中所表现的行动者之间的相互关系,虽然同行动者与所处的不同大学地位密切相关,而且在某种程度上,受不同行动者所处的不同地位所造成的关系架构的影响,但是,只有不同行动者的大学地位,靠由不同地位所展现出来的不同实际力量之间的对比,场域才作为一个现实的关系网络而存在[1]。这就是说,单纯靠不同的大学地位,并不能造成实际的场域;单纯的不同地位,只能呈现不固定的和不确定的关系架构和形式。在不同地位所展现的各种力量对比实现以前,这些关系架构和形式,只能作为一种空洞的和抽象的框架而存在,并没有场域的实际意义。也正因为这样,共轭不等于某个固定的大学结构,也不等于某个现成的大学关系,同样也不等于不同的大学地位所构成的框架。共轭的灵魂是贯穿于大学关系中的力量对比及其实际的紧张状态。

当需要将共轭的性质一般化的时候,也就是把各种场域的不同特征撇开来暂时不管,只注重各种场域所表现的共同结构,共轭就具有其一般性的共同规律。共轭的这些共同规律,并不是传统大学理论静态地观察大学结构所论述的基本特征,而是贯穿于场域实际运作过程的各个段落和各个瞬间的共有运动规律,它们时时支配着共时存在的各种因素的相互关系,同时也支配着共时存在的各个行动者的大学地位及其相互关系。但是,大学场域始终都是具体的实际活动的场所,共轭始终是作为实际活动的动力和基础的力的相互关系,同时又作为同样实际活动的展开过程和结果的力的相互关系。正因为共轭关系在本质上是历史的和现实的、实际的和可能的力的关系网,所以,共轭在实际上不可能是可被分割成不同时段的力的共时结构,而是必然地穿越着

---

① 高宣扬.布迪厄的社会理论——同济·法兰西文化丛书[M].同济大学出版社,2004.

不同时空点和不同时空结构的力量关系。在这个意义上说,为了分析的需要而暂时被分割的共时的结构化的大学地位图标,其本身也是跨越时间序列的各种力量关系网的组成部分或一个面向。

大学场域和行动者的概念帮助我们更加简洁地分析学术权力与行政权力的关系,其所揭示的就是行动者通过不同场域中客观存在的资本力量(学术资源或者行政资源)的相互关系和这些场域中各个行动者间的象征性权力关系而表现出来的;行动者又是种种关系的连接点,无论是学术权力的行动者,还是学术权力的行动者都依据其所处的大学场域中的位置、条件、环境、历史等方面,进而具有物质方面有形的多种类型的资本,又具有精神方面无形的影响力。

所以,考察大学场域中学术权力与行政权力共轭的一般规律和一般结构,不是为了将这些一般规律和一般结构绝对静止化,也不是像传统大学理论那样,是为了化约出某种适用于任何场域的逻辑规则。考察大学场域中学术权力与行政权力之间的共轭关系,既要研究大学结构和行动者行动的问题,也要静态地分析它们的状态,更要从实际运作下的大学场域及其空间,考察从事象征性实践的行动者所固有的大学力量和精神力量的内容和形式,从社会场域和行动者之间相互依存的权力关系中,深入揭示不断变动中的大学场域和行动者的基本关系脉络。

5.2.2 大学场域中学术权力与行政权力的共轭的基础——相互依赖[215-217]

相互依赖是一个古老的概念。马基雅维利在《君主论》中界定了依赖的两层含义:一是依赖他人,意味着缺乏自给自足;另一种是指在获利前要求一方或者双方付出高昂的代价。有学者指出,相互依赖是高度专业化的分工而引起的连锁关系[①]。弗里德曼认为,在行动者中间,存在着三种形式的相互依赖[②]:

第一种,弗里德曼定义为结构性相互依赖。在这种情况下,每个行动者认为其他人的行动与己无关。因此,当行动者决定自身行动时,把周围的形势理解为稳定不变。如果一个系统内仅仅存在结构性相互依赖,很容易说

---

① 刘颖. 相互依赖、软权力与美国霸权[M]. 中国社会科学出版社,2010:59-60.
② 翟岩. 制度变迁中的行动模式转换[D]. 吉林大学,2006.

明什么是行动的合理性。因为社会环境并不随意变动,因此,无论处于确定状态(一定的行动总是产生相应的不变结果),还是处于风险形势(一定行动导致不变结果的可能性小于 1),都可以为理性行动建立适当模式。

第二种,弗里德曼定义为行为性相互依赖。在这种情况下,每个行动者的行动都以其他人已经采取的行动为条件。这说明,在行为性相互依赖中,行动者必须对其行动进行复杂而周密的思考。他必须看到,自己目前的行动对他的下一步行动不仅有直接影响,而且有间接影响。[①] 后一种影响是指他的行动同时影响着其他人,而其他人的行动又对他产生影响。行动者目前的行动产生的间接影响增加了前途的不确定性。在这种形势下,对行动者来说,决定哪种行动是理性行动需要足够的信息。这些信息既包括涉及未来的种种选择,也包括其他行动者可能采取的行动。在行动性相互依赖中,理性行动的定义不能脱离行动者所依赖的他人行动而孤立得出。行动性相互依赖的实例是两个或两个以上行动者进行的谈判。在谈判过程中,每个行动者确定行动方针时不仅要了解对手的利益所在,而且还必须注意他的策略。另一个例子是两个行动者在一段时间内,发展了相互存有期望和相互承担义务的关系。在这一过程中,两个人不仅相互体察对方的利益何在,而且也相互观察对方的行动策略。

第三种,弗里德曼把它定义为进化性相互依赖。在进化性相互依赖中,存在着相当长时期的行为性相互依赖。当然这种均衡并不是只有一个均衡点的平衡。生物进化论,特别是 1974 年梅纳德·史密斯提出的稳定进化战略概念,已经被借助来分析进化性相互依赖。[②]

这里,我们所理解的相互依赖,是大学学术权力和行政权力共轭的基础。首先,相互依赖性是指两个主体、两种权力、两种文化之间的一种相互作用,无论是学术权力还是行政权力,离开了哪一方都会失去意义,他们需要相互依赖、相互支撑。其次,从大学场域来看,由于外部社会的分工与专业化水平的发展,使得大学必须做出改变。大学已经从简单变为复杂,由单一性变为巨型化。现代的大学已经不可能固守在幽幽象牙塔之内,也不可能默默存活于实验室之中,它必须开放式地面对社会。大学应该植根于历史发展的真实性中,学术行动者不可能再像早期那样独立完成大学组织的目标要求,而只能扮演

---

① [美]詹姆斯·S.科尔曼.社会理论的基础(上)[M].邓方,译.社会科学文献出版社,2008:30.
② [美]詹姆斯·S.科尔曼.社会理论的基础(上)[M].邓方,译.社会科学文献出版社,2008:30.

某一种具体角色。第三,学术权力与行政权力由于其价值不同、内涵不同、来源不同,它们之间存在着大量的合作、配合与和谐相处的需要。教学工作的顺利实施、科研任务的有效完成、学生生活的合理安排,等等,都需要行政人员的服务与保障。作为大学教授,教书育人是他们最基本的职责要求,而要教好书就必须始终站在知识探究的前沿。当不同的任务之间相互依赖加强时,相互间的信息沟通、协作与保障行动需要相互调适,而这些又会导致大量的不确定因素。如果不存在相互依赖关系、不需要相互之间关系的调整,就不会存在大学学术权力和行政权力的共轭状态。[①]

5.2.3 大学场域中学术权力与行政权力的共轭表达

大学场域是我们假设的一个关键的空间隐喻,用场域来界定大学的背景结构。大学学术权力与行政权力的共轭关系就是在这个背景结构中运作的。根据布迪厄的场域定义,即场域是位置之间客观关系的网络或图式,我们认为,共轭关系就是在这个背景结构(大学场域)中发生的。我们不需要清晰地划定这种共轭关系的边界。因为学术权力与行政权力的主要争夺焦点之一就是对共轭的边界的界定。边界本身就是争夺的对象。我们运用共轭原理,就是防止机械地限定学术权力与行政权力的边界,陷入一种非此即彼的研究陷阱。

据此,大学场域中学术权力与行政权力的共轭,可以表达如下:

共轭是行动者为了控制有价值的资源而进行的。当资源成为争夺的对象并发挥社会权力关系作用的时候,它就变成了一种资本的形式。场域的争夺就是围绕着对于特定形式的资本的争夺。大学场域内部的资本有很多方面,如权力资本、学术资本、文化资本、资源资本等。共轭的特定的位置是由不平等的资源分配而不一定是位置的占据者的贡献决定的。大学场域是一个系统,在这个系统内部,每个特定的要素都是从其与别的要素的关系中获得自己的位置的。

共轭是一个高度配对的关系性型构,其中每个位置的变化都会改变其他位置的边界。在最一般的水平上,我们把大学场域描述为围绕资源的总量轴与类型轴构成的二维空间,垂直轴测量的是资源的总量,而水平轴测量的是资源的相对数量。在平常的情况下,位置的空间仍然倾向于对立场的空间起到

---

① 周玲.大学组织冲突研究——角色.权力与文化的视角[M].中国社会科学出版社,2007:251.

支配的作用,见图 5-2:

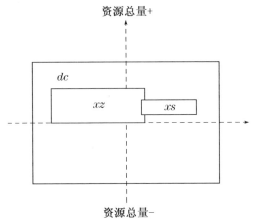

图 5-2 大学场域中学术权力与行政权力共轭关系①

图 5-2 中,方框代表直角坐标系上的位置关系,坐标上的 Y 轴测量资源总量,X 轴测量比例。dc 代表大学场域,xz 代表行政权力,xs 代表学术权力。

共轭是大学场域中学术权力与行政权力之间相互作用的产物。由图 5-2,我们可以用一种简要的公式来表达大学场域中学术权力与行政权力之间的相互作用(共轭关系):

$$[(学术权力)(行政权力)]+位置=共轭状态$$

图 5-2 只是在某个时间点上确定的相互关系——共轭。在前面的概念工具中,我们设计了行动者、资源、均衡状态。行动者和资源是大学场域中的两种基本元素,而大学学术权力与行政权力的共轭实质上就是一种均衡状态向最优状态的逼近,在场域中展现的是一种客观的结构,如 5-2 所示。在这里,也可以用函数予以说明。大学场域中,学术权力与行政权力的共轭,其边际效用递减规律的表现形式如下:假定大学的价值偏好为秩序,则其行政权力大于学术权力;而大学的价值偏好为自由,则其行政权力小于学术权力。我们假设的共轭状态就是大学学术权力与行政权力的均衡状态,这一假设是与图 5-3 表明的情况相一致的。

---

① 注释:方框代表直角坐标系上的位置关系,坐标上的 Y 轴测量资源总量,而 X 轴测量比例。
关键词:dc=大学场域
xz=行政权力
xs=学术权力

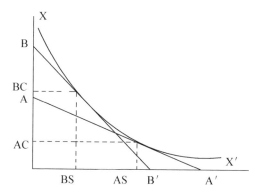

图 5 - 3 大学场域中学术权力与行政权力共轭表示

5.2.4 大学场域中学术权力与行政权力的共轭实现机制

布迪厄的社会学场域理论为本书提供了一个独特的观察视角。布迪厄的场域理论所要表达的,主要是某一个社会空间中,由特定的行动者相互关系网络所表现出的各种社会力量因素的综合体。贯穿于社会场域和行动者的动力学原则,就是行动者个人和群体之间的权力关系,而这种权力关系始终是通过不同场域中客观存在的资本力量的相互关系而表现出来的。本书运用场域、资本(布迪厄所说的资本,指的是依赖掌握某种资源而拥有的权力)形成关于大学学术权力与行政权力共轭的分析框架。

共轭是一种权力运作。大学学术权力与行政权力的行动者是共轭关系运作的主体。不同的权力属性,使其行动者具有不同的属性,拥有不同的资源,身处不同的背景特征,不同权力行动者的各自表征和不同权力资源中蕴含着结构文化因素的制约,使行动者在场域的环境中,发生共轭关系。权力基于行动者所拥有的资源,占据的场域中的地位,并依存于行动者之间的互动关系过程。而权力的扩大化有赖于不确定性领域的把握。权力在运作过程中,双方行动者都是有理性地配置资源、进行策略选择,为了实现远景目标,在某一均衡状态下,形成共轭。[218-221]

在大学场域中,学术权力与行政权力的共轭实现机制基于四个事实条件(共生—依赖—秩序—稳定)在起作用:一是学术权力与行政权力共生于大学场域之中;二是学术权力与行政权力相互依赖,既有关联性又存在差异性;三是无论学术权力还是行政权力都必须遵循场域的秩序;四是学术权力与行政权力之间的关系是共轭的、稳定的。

一是学术权力与行政权力共生于大学场域之中。事实上,如果权力游戏的不同参与者都知道,他们必须接受的是,不论斗争的结果如何,他们都要继续共同工作下去,那么在他们角色的对立中就得维持一种最低限度的和谐与善意。① 而且这种共生关系体现为共轭的对称性。共轭的对称性特征决定了大学学术权力和行政权力的关系。

二是学术权力与行政权力相互依赖。胡仁东在《大学组织内部治理的基本要素探析——基于权力场域的视角》一文中指出,大学是复杂性组织,并且具有互赖性与多样性。他认为,互赖性即指两方或多方由于在某种程度上相互依赖,从而对其他各方拥有一定控制权的情况。现代大学组织内部存在较强互赖性与多样性。在这种背景下的大学组织内部,各种权力场域相互渗透交织在一起,虽然大学组织有其共同目标,但由于各权力场域的目标又存在不同,有着一定的分界线,因而存在区隔。②

三是无论学术权力还是行政权力都必须遵循场域的秩序。秩序既是自然界中的普遍现象,同时也是人类社会的普遍追求。③ 在大学场域中,权力的运行同样要遵循秩序。大学场域并不是无序的和由不可测的各种事物构成的,而是表现出一种极大的有序性。从统一法理学的理论来看,人类对秩序的寻求,已经普遍承认为个人或社会能力的一个有价值的目标。④ 在不同的领域,这种有序化有着不同的含义和表现。

四是在大学场域中,学术权力与行政权力存在稳定的共轭关系。学术权力与行政权力共轭的核心是资源的互动,共轭的本质是行动者的交往,即大学场域中各权力之间资源、物质、信息和能量的交互关系。大学学术权力与行政权力的这种共轭关系,随着大学场域内的行动者、资源、物质、信息和能量交互关系而产生新的结构、新的空间位置。

正是基于"共生—依赖—秩序—稳定"这样的事实条件,在大学场域中学术权力和行政权力之间才有可能处于共轭状态,才能使权力集聚资源,创造能量,推动大学的发展。大学学术权力与行政权力的共轭机理见图5-4:

---

① 米歇尔克罗齐埃.科层现象[M].上海人民出版社,2002:205.
② 胡仁东.大学组织内部治理的基本要素探析——基于权力场域的视角[J].人民大学教育学刊.2011(3):41-48.
③ 关保英.行政法的价值定位[M].中国政法大学出版社,2003:51-53.
④ 关保英.行政法的价值定位[M].中国政法大学出版社,2003:55.

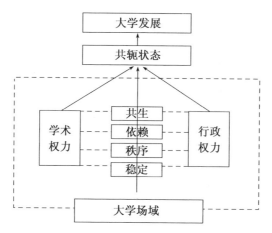

图 5-4 大学场域学术权力与行政权力共轭机理

通过对大学场域中学术权力与行政权力共轭关系的分析,我们可以得出以下结论:

1. 大学场域中学术权力与行政权力共轭是一种自组织现象,共轭过程是一种自组织过程。大学学术权力与行政权力通过相互依赖、相互补充、相互作用,能产生稳定的共轭结构。

2. 共轭反映了大学学术权力与行政权力的相互依存关系。在大学场域中,由于自愿的有限性,权力行动者必须通过特定的关系,利用全方位的资源,来弥补自身优势的不足,从而更有效地发挥自身的优势。所以,大学学术权力与行政权力的共轭是一种优势互补、相互共生的关系。

3. 共轭的实质是大学场域中各权力之间资源、物质、信息和能量的交互关系。行政权力与学术权力共轭的核心是资源的互动,共轭的本质是行动者的交往,即大学场域中各权力之间资源、物质、信息和能量的交互关系。大学学术权力与行政权力的共轭关系随着大学场域内的资源、物质、信息和能量交互关系的消失或加强而丧失或增强。学术权力与行政权力形成共轭关系而相互发生关系、相互影响。学术权力有赖于行政权力予以实现,而行政权力离不开学术权力,一方的变化发展运动必然会影响另一方的发展,彼此因激励、促进作用而产生相互影响。

4. 共轭过程将产生新增能量。在大学场域中,通过权力共轭,资源、物质、信息和能量能够得到更有效的配置而产生整合效应。

5. 共轭过程是大学发展的过程。大学学术权力与行政权力的共轭过程就是两种权力在相互激励与合作中的进化,更有利于大学高效发展。

6　大学学术权力与行政权力共轭模型构建

6.1　方法问题:扎根理论

　　探索大学学术权力与行政权力共轭的影响因素,针对关键因素找出大学学术权力与行政权力的共轭关系。但如何进行有效的研究和探索,需要获得可靠的数据。这涉及如何选择恰当的方法进行研究。[222-227]

　　本书运用的研究方法是扎根理论。扎根理论运用归纳法,得出实质理论,归属于定性研究(质化研究)方法。但这种研究方法既不同于定量研究方法下得出的空洞的、抽象的理论,也不同于定性研究方法过分强调事实性描述,而缺乏理论深度的弊端。质化研究方法①有很多种(见表6-1),扎根理论是其中的一种,而且是比较新颖的、目前被广泛使用的研究方法。

表6-1　质化研究方法

质性研究方法	代表人物	内容
扎根理论	芝加哥大学的 Barney Glaser 和哥伦比亚大学的 Anselm Strauss	运用系统化的程序,针对某一现象来发展并归纳式地引导出扎根的理论的一种质化研究方法。
叙事学	托多罗夫	叙事分析是社会研究的一种方法,而社会研究从叙事分析角度看,就是一种如同叙事者所做的经验的再呈现。
建构主义	瑞士心理学家皮亚杰	理解建构主义的一个重要概念是图式。图式是认知结构的起点和核心,或者说是人类认识事物的基础。

---

　　①　Qualitative research 通常被译作"质化研究""质的研究"或者"定性研究"。

(续表)

质性研究方法	代表人物	内容
现象学	德国犹太人哲学家 E. 胡塞尔	现象既不是客观事物的表象,亦非客观存在的经验事实或马赫主义的"感觉材料",而是一种不同于任何心理经验的"纯粹意识内的存有"。
常人方法学	美国社会学家芬克尔	常人方法学指的是由某些场合中的参与者形成和获得的关于在这个场合中如何运行的常人知识。常人(Ethno)强调意义的地方性、本土性生产,方法学(methodology)强调常人实施和开展手头工作所必需的独特知识和规则。

扎根理论(Grounded Theory,GT)作为一种质化研究或定性研究方法,其主要宗旨是从经验资料的基础上建立理论。[1][2] 我们把它理解为从资料产生理论的思想。扎根理论特别强调从资料中提升理论。认为只有通过对资料的深入分析,一定的理论框架才可能逐步形成。这是一个归纳的过程,自下而上将资料不断地进行浓缩。理论一定要可以追溯到其产生的原始资料,一定要有经验事实作为依据。扎根理论认为,只有从资料中产生的理论才具有生命力。如果理论与资料相吻合,理论便有了实际的用途,可以被用来指导人们具体的社会实践。[3]

扎根理论的方法起源于格拉斯和斯特劳斯两个人20世纪60年代在一所医院里对医务人员处理即将去世的病人的一项实地观察。[4] 这一研究方法的形成与两方面的理论有关。[5] 这两方面的理论分别来自哲学和社会学,一是美国的实用主义。另外一个来自芝加哥社会学派,该学派广泛使用实地观察和深度访谈的方法收集资料,强调从行动者的角度理解社会互动、社会过程和社会变化。[6] 扎根理论的一个基本的理论前提是:知识是积累而成的,是一个

---

[1] 扎根理论的思路和方法,陈向明[DBOL] http://blog. sina. com. cn/s/blog_486bb8d10100ov2q. html.

[2] Charmaz,K. Grounded theory:Objectivist and constructivist methods[M]//N. K. Denzin & Y. S. Lincoln(Eds.). Handbook ofqualitative research(2nd ed.). Thousand Oaks, CA:Sage, 2000. 509－536.

[3] 陈向明. 质的研究方法与社会科学研究[M]. 教育科学出版社,2000:328.

[4] [DBOL]. http://www. cpplg. cn/swsxb/showsoftdown. asp? urlid=1&softid=29.

[5] 陈向明. 质的研究方法与社会科学研究[M]. 教育科学出版社,2000:328.

[6] 扎根理论[DBOL] http://baike. baidu. com/view/1192030. htm.

不断地从事实到实质理论,然后到形式理论演进的过程。[①]

扎根理论关注对实践的"理解"和"解释":从强调"客观""中立",到"体验""移情",再到"参与"和"对话"中的"共同构建"。[②] 正是由于扎根理论产生的无前提假定性、强调理论来源于原始资料、重视对现有资料的学习,使得扎根理论方法对复杂性研究课题的根源挖掘和探究特别合适,因此本书选取扎根理论作为大学学术权力与行政权力共轭影响因素分析的主要方法。见图6-1:

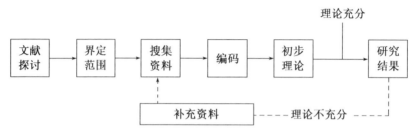

图6-1 扎根理论研究示意图

根据本书的研究思路,进行访谈。访谈的目的主要是从大学学术权力和行政权力不同的权力主体,直观地了解影响大学学术权力和行政权力共轭的相关影响因素。

6.2 大学学术权力与行政权力共轭影响因素的扎根分析

6.2.1 访谈对象、内容及访谈方法

从大学内部组织结构来说,一般分为行政(权力)组织和学术(权力)组织。

在此次的调查中,对于行政(权力)组织,我们采用直线职能式结构。这种结构包括校、院两级。院(系)是按照不同的学科标准划分的。校长代表学校行使最高行政权力,下设各职能部门,贯彻大学的办学理念,落实学校的各项政策,并协助校长开展工作。行政机关的组织结构如图6-2所示。

---

① 陈向明.质的研究方法与社会科学研究[M].教育科学出版社,2000:329.
② 埃文·塞德曼.质性研究中的访谈:教育与社会科学研究者指南[M].周海涛,译.重庆大学出版社,2009:序言8.

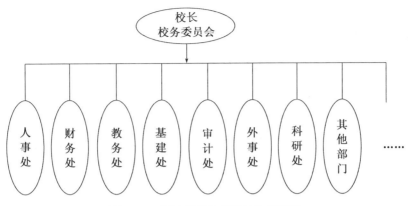

图 6 - 2 　行政机关的组织结构示意图

大学学术权力主要通过学术组织来行使。大学与其他社会组织最主要的区别在于其学术性。目前我们所知的大多数的组织都是为了其政治目的或者经济利益而存在。大学则不同。"每一个较大规模的现代社会，无论它的政治、经济或者宗教制度是什么类型的，都需要建立一个机构来传递深奥的知识，分析、批判现存的知识，并探索新的知识领域。换言之，凡是需要人们进行理智分析、鉴别、阐述或关注的地方，那里就会有大学。"① 从根本上说大学组织是为了真理的发展而存在的。② 所以，大学是一个学术机构。所以，我们的调查对象必须包括大学的学术组织、学术人员。[228]

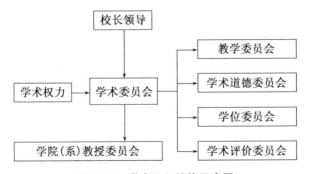

图 6 - 3 　学术组织结构示意图

在上述行政组织、学术组织中，选取行政管理人员、专家教授。根据各个组织的工作目标不完全一致以及分析问题的出发点不同，我们从不同的角度

---

① 　约翰·S.布鲁贝克.高等教育哲学[M].浙江教育出版社，2002:13.
② 　别敦荣.柏林大学的发展历程、教育理念及其启示[J].复旦教育论坛，2010(6):8-15.

进行访谈,这有助于获得全面的信息。

下面是访谈内容的设计。

根据本书的目的,编制访谈提纲。访谈内容主要围绕以下几个问题展开:

1. 您认为大学学术权力是指什么?

2. 您认为大学行政权力是指什么?

3. 您认为大学学术权力是如何发挥作用的? 发挥程度如何?

4. 您认为大学行政权力是如何发挥作用的? 发挥程度如何?

5. 您认为大学学术权力的发挥受到什么因素影响?

6. 您认为大学行政权力的发挥受到什么因素影响?

7. 您认为目前大学学术权力与行政权力之间是怎样一种状态?

8. 您认为大学学术权力与行政权力之间的关系如何才能达到理想(共轭)状态?

为了进一步明确大学学术权力和行政权力共轭的影响因素,本书采用深度访谈的方式。[229-230]访谈是一种基本的调查研究手段。在人类有记载的历史中,记述经历是人类提炼、升华其经历的重要手段。① 在社会科学中,访谈是一种半规定性类型调查,也是一种深度类型调查。半规定性类型调查的意思是,虽然采访者有一个大致的问题清单,但是接受采访者可以根据自己的兴趣进行交流,所产生的讨论方式也是可以用来引导提问顺序和提问方式的。深度类型调查的意思是,采访过程要留有充足的时间,采访氛围尽量亲切,以便与接受采访者进行细致的讨论,如接受采访者愿意,甚至可以讨论敏感的话题。访谈不仅是一种研究方法,而且是一种必须培育、维护,而后优雅地终止的社会关系。② 深度访谈的方式强调针对更为丰富的细节和事实之间的意义关联以及到达问题的深度进行探究③。在访谈前,我们把预先设计的访谈提纲提前发给被访人员,以有效地收集信息和探讨相关问题。然后,根据访谈目的,结合访谈内容,进行开放的、深度的访谈、交流。通过访谈,分析归纳大学学术权力与行政权力共轭的影响因素,为模型构建奠定基础。

本书选取 15 所高校作为研究对象。为了尽可能地从多个层面收集最多

---

① 埃文·塞德曼.质性研究中的访谈:教育与社会科学研究者指南[M].周海涛,译.重庆大学出版社,2009:9.

② 埃文·塞德曼.质性研究中的访谈:教育与社会科学研究者指南[M].周海涛,译.重庆大学出版社,2009:104.

③ 黄敏.基于协同创新的大学学科创新生态系统模型构建的研究[D].第三军医大学,2011.

的信息,我们选择 8 个方面进行访谈。共有 35 人①接受了访谈(2012 年 7~8 月间,作者利用在美国访学期间,对美国加利福尼亚州立大学等高校的学者也进行了访谈。访谈对象包括长滩大学的部分学者)。访谈人员中行政人员 24 人(24 人均为高级职称),专职学术人员 11 人。访谈对象的基本信息见表 6-2:

表 6-2 样本的人类学特征

被试特征		人数	百分数
性别	男	26	74%
	女	9	26%
年龄	35 岁及以下	2	5%
	36~45 岁	21	60%
	46~55 岁	10	29%
	55 岁及以上	2	5%
职称	助教	0	0%
	讲师	2	5%
	副教授	14	40%
	教授	19	55%

访谈过程见表 6-3。

表 6-3 访谈过程流程

访谈准备	为了使访谈达到预期效果,除在访谈说明中说明研究的目的、意义外,研究人员还需要在正式访谈前,了解并熟悉被访者的主要研究领域,使被访者乐意陈述自己个人观点。
访谈过程的控制	访谈地点定在被访者认为合适的地点,以保证被访者谈话思路连贯、流畅,预计访谈时间 30 分钟左右,在被访者同意的情况之下,全程以 MP3 进行录音。
访谈结束	向受访专家表示感谢,同时请他们简要谈谈对本书的建议与感受。
访谈笔记	与专家的面谈资料能够为研究提供宝贵材料,研究人员应及时依据录音整理谈话记录(电子版),为后期研究分析提供旁证。

---

① 这里涉及一个访谈中的问题:多少受访者才是足够的? 我们判断的标准有两个:第一个标准是充分性;另一个标准是信息饱和性。

访谈字数：2 531.41 个,标准差 207.87。

访谈时间：23.75 分钟,标准差 2.63。

6.2.2 访谈结果分析

访谈是为了直观地了解大学学术权力与行政权力共轭的影响因素,同时为后面的模型构建奠定基础。本书运用扎根理论的基本思想和方法对资料进行分析。我们在前面已经对扎根理论进行了阐述。扎根理论的运用也是不断地发展的。所有的理论都是流动变化的,都具有时间性和地域性,都涉及不同的创造者和使用者。据此,我们进行研究的具体程序如下:

第一,对资料进行逐级登录,从资料中产生概念;

第二,不断地对资料和概念进行比较,系统地询问与概念有关的生成性理论问题;

第三,发展理论性概念,建立概念与概念之间的联系;

第四,理论性抽样,系统地对资料进行编码;

第五,构建理论。①②

在运用这一方法的过程中,根据对访谈问题的回答,首先选取被访者的典型语句,并针对每个典型语句提炼出关键词,根据典型语句提取关键词。然后按照关键词的类别进行分类整理,这实际上是处理聚敛问题。通过对问题的分类、整理、聚敛,得到本书所需要的大学学术权力与行政权力共轭的影响因素及其相关资料。

6.2.2.1 开放性登录(open coding)与影响因素初步整理分析

在开放性登录中,研究者必须以一种开放的心态,尽量"悬置"个人的"倾见"和研究界的"定见"。将所有的资料按照本身所呈现的状态登录。这是一个将资料打散、发散的观念,然后以新的方式重新组合的操作化过程。③ 开放性登录的过程类似一个漏斗:开始时比较宽泛,随后范围缩小,直至达到号码饱和。④

这里,有必要对开放性登录中的相关的概念进行定义。

---

① [DBOL] http://www.cpplg.cn/swsxb/showsoftdown.asp? urlid=18,softid=29.

② 陈向明.质的研究方法与社会科学研究[M].教育科学出版社,2000:332.

③ 廖星.基于深度访谈法初步研究中医临床实施方案优化[D].中国中医科学院,2008.

④ 陈向明.质的研究方法与社会科学研究[M].教育科学出版社,2000:333.

概念(concepts),即附着于个别事情(happenings)、事件或现象的概念性标签。

范畴(category),是一组概念。研究者通过比较概念而发现它们都指涉同一现象时,就可以把这些概念聚拢成为同一组的概念,而由一个层次较高也较抽象的概念统摄。这种概念即称为范畴。

性质(properties),即一个范畴的特性和特质。

面向(dimensions),即性质在它连续系统(continuum)上的位置。

开放性译码的程序如下:

定义现象(labeling phenomena)—发掘范畴—为范畴取名字—发掘范畴的性质和面向—各种不同的开放性译码—写译码笔记。

本书经过资料整理后,形成一级编码见表6-4:

表6-4 访谈结果

	典型语句描述		概念化
1	中国特色的现代大学制度	1	现代大学制度
2	行政权力依附于政治权力	2	政治权力
3	政府适当退出、放权	3	放权
4	学术回归学术,学术委员会的作用	4	学术委员会
5	内部关系理顺,资源合理配置	5	资源合理配置
6	大学校长的作用	6	大学校长
7	大学章程的制定	7	大学章程
8	健全学术机制	8	学术机制
9	中心任务明确	9	目标
10	现代企业制度对大学制度的影响	10	大学制度
11	政府把适当的权力返还给大学,放权	11	权力下放
12	行政者权力寻租的本能	12	权力寻租
13	大学教师有能力做好学术事务	13	大学教师
14	学术资源被行政权力抢占	14	学术资源
15	终极的目标一致	15	目标一致

（续表）

	典型语句描述		概念化
16	学术权力的运用以学术自由为前提和基础，但要有规范性和程序性	16	学术自由
17	大学行政权力是指大学行政机构及其人员履行行政管理职能，实现行政目标的力量	17	行政目标
18	大学学术权力是国家赋予大学的基本权力，主体是学术机构、学术人员	18	学术人员
19	学术权力是学术主体对学术客体施加的学术、专业力量	19	学术主体
20	学术权力的发挥主要通过学术组织来实施，基本形式是学校的学术委员会、学院的教授委员会	20	学术组织
21	每个学术人员都有学术权力	21	学术主体
22	学术委员会下面可以分设若干分委员会，如教学委员会、职称评审委员会、学科建设委员会、教材建设委员会、学术道德委员会	22	学术组织
23	行政权力是国家赋予大学的公共权力，是大学为了实施行政事务管理而行使的权力。主体是以校长为首的行政机构及其行政人员	23	行政人员
24	行政权力纵向上是学校—学院—学系的行政事务管理；横向是校长—行政部门的行政事务管理	24	校长
25	学术人员自律	25	学术自律
26	官本位影响，官僚化、等级化严重	26	官本位
27	健全学术权力运行的机构和制度	27	健全学术机构
28	价值追求	28	价值追求
29	干部配备行政化	29	行政化
30	行政权力与学术权力的关系受到历史的影响	30	历史影响
31	行政权力与学术权力共同参与以实现目标	31	目标实现
32	资源互补	32	资源互补
33	分工明确	33	分工明确
34	资源的流动性	34	资源流动
35	社会制度对权力的影响	35	社会制度

6.2.2.2 主轴编码与共轭影响因素的理论归纳

主轴编码是将开放编码中整理出来的概念、范畴等，通过反复分析和比较，在聚类分析的基础上，建立范畴之间的关联，目的在于通过关系分析，整理各个概念之间的潜在脉络和主要关系。

表6-4中，分别筛选出能较好描述大学学术权力与行政权力共轭影响因素的语句，并进一步提取了每一个典型语句的关键词。为了从众多关键词中提取描述大学学术权力与行政权力共轭的核心影响因素，下面我们将关键词分成不同类别，运用关键词词频分析法，归纳出大学学术权力与行政权力共轭的关键影响因素。大学学术权力与行政权力共轭影响因素关键词的频数、频率的归纳和分析见表6-5。（表6-5反映的是不同受访者对大学学术权力与行政权力共轭影响因素描述的归纳和分析）

表6-5　主轴编码

序号	关键词	频数/次	频率/%	归纳分析
1	现代大学制度	18	51	（制度）环境
2	政治权力	26	74	（制度）环境
3	放权	12	34	（制度）环境
4	学术委员会	30	86	行动者
5	资源合理配置	16	46	资源
6	大学校长	27	77	行动者
7	大学章程	16	46	（制度）环境
8	学术机制	22	63	（制度）环境
9	目标	16	46	目标
10	大学制度	26	74	（制度）环境
11	权力下放	17	49	（制度）环境
12	权力寻租	5	14	（制度）环境
13	大学教师	31	88	行动者
14	学术资源	29	82	资源
15	目标一致	11	31	目标
16	学术自由	32	91	目标

（续表）

序号	关键词	频数/次	频率/%	归纳分析
17	行政目标	13	37	目标
18	学术人员	30	86	行动者
19	学术人	28	80	行动者
20	学术组织	30	86	行动者
21	学术主体	25	71	行动者
22	学术组织	29	83	行动者
23	行政人员	34	97	行动者
24	校长	24	69	行动者
25	学术自律	10	29	（制度）环境
26	官本位	23	66	（制度）环境
27	健全学术机构	30	86	（制度）环境
28	价值追求	12	34	目标
29	行政化	28	80	（制度）环境
30	历史影响	9	26	（制度）环境
31	目标实现	14	40	目标
32	资源互补	8	23	资源
33	分工明确	16	46	行动者
34	资源流动	11	31	资源
35	社会制度	21	60	（制度）环境

6.2.2.3 轴心编码与共轭影响因素的访谈结论

轴心编码指的是：在所有已经发现的概念类属中经过系统分析以后选择一个"核心类属"，将分析集中到那些与该核心类属有关的号码上面。[1] 核心类属具有统领性。[2] 本书研究的重点，就是找出大学学术权力与行政权力共轭的影响因素。经过梳理，得出影响大学学术权力与行政权力共轭的四类核

---

[1] 廖星.基于深度访谈法初步研究中医临床实施方案优化[D].中国中医科学院,2008.

[2] 陈向明.质的研究方法与社会科学研究[M].教育科学出版社,2000:334.

心要素:"(制度)环境""目标""行动者①"和"资源"。其中"(制度)环境"是宏观要素,"目标""行动者""资源"是微观要素。

通过质性研究,我们访谈了15所高校的35位不同学科背景的专家,尽管他们所在的学校的层次不同、背景不同,他们个人看问题的视角不同,他们的视野中对大学学术权力与行政权力共轭的理解也不同,但是,经过关键词分析后可以发现,这些关键词描述的核心内容存在一致性。无论是专家教授还是行政管理人员,都把制度、目标、行动者、资源作为影响大学学术权力与行政权力共轭的核心要素。因此我们认为,在不同的制度框架之下,目标、行动者、资源是影响大学学术权力与行政权力共轭的4个关键影响因素。据此,我们初步建立了影响大学学术权力与行政权力共轭模型,见图6-4:

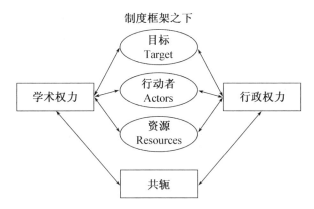

图 6-4　学术权力与行政权力共轭 TAR 模型

这里需要说明的是,我们研究的主要是大学内部学术权力和行政权力的共轭机理,我们假设,外部的制度环境在一定条件下是恒定的,因此,我们分析的重点是内部的要素。但是,我们都知道,制度对于大学学术权力与行政权力共轭的主要因素(目标、行动者、资源)都产生重要影响。有什么样的制度就会有什么样的权力运行模式,反过来,大学学术权力与行政权力的共轭状况对制度也会产生影响,共轭状态不佳,可能会导致制度的僵化,共轭状态良好,可能会促进制度的创新。

图6-4之所以没有把"制度"放在共轭结构里面,不是说制度不重要,而是考虑制度的影响更主要是外部的和宏观的(当然也不排除制度对权力运行

---

① 行动者的概念参照:克罗齐耶,费埃德伯格.行动者与系统——集体行动的政治学[M].上海人民出版社,2007.

的内部渗透),特别是在当代中国"场域"下,中国特色的现代大学制度是不能改变的,能够改变的是大学内部权力运行机制。所以,为了研究的方便,我们把制度作为恒定的因素,把分析的重点放在内部的三个最重要因素——目标、行动者、资源上。后面的图 6-6 也是基于这样的考虑。

6.2.2.4 饱和度检验

在定量研究中,我们必须要进行信度和效度的检验,以提高研究的科学性。与定量研究者不同,定性研究将信息质量的问题(也可称之为可信性和可靠性)与设计质量的问题(外部效度和内部效度)结合起来考虑。一些定性研究将实际效度的问题重新界定为可转换性和可信度。从定量研究的视角来看,测量效度是研究过程中所收集的资料信息的属性,而内部效度和外部效度是对所有资料信息进行处理分析后所得到的结论的属性。因此,内部效度和外部效度都是最终研究结果的属性,而测量效度、信度是达致最终研究结果的过程属性。定性研究对资料信息的质量与结论的质量并未做出如此清晰的区分。定性研究传统对这两个组成部分不加区分的主要原因在于,在定性研究中,资料的收集整理往往与资料的分析是密切交织在一起的,难以区分。[①] 马克斯威尔在《质的研究设计——一种互动的取向》中指出:质的研究是一个互动的过程,是一个进行中的事情,它需要研究者考虑设计各个要素之间不断变动的关系。并且归纳出两个具体的效度威胁:一是研究者偏见(bias);二是研究对现场或研究中个人的影响,即感应性(reactivity)[②]。

在本书中,我们同时对定性研究的信度与效度做出回应,我们采用"可信性"这一概念,这是一个已经在定性研究中得到公认的概念,用来指代许多设计问题和测量问题:

> 与可信性相关的基本问题很简单:研究者如何能够说服其他听众相信他的研究发现值得关注、值得考虑呢?安排什么讨论、使用什么标准、提出什么问题,才能在此议题上更具有说服力?[③]

在本书中,我们通过以下的策略对信度和效度威胁进行检验:[231-234]

---

① 塔沙克里,特德莱. 混合方法论:定性方法和定量方法的结合[M]. 唐海华,译. 重庆大学出版社,2010:5-76.
② 马克斯威尔. 质的研究设计——一种互动的取向[M]. 重庆大学出版社,2007:63.
③ 塔沙克里,特德莱. 混合方法论:定性方法和定量方法的结合[M]. 唐海华,译. 重庆大学出版社,2010:88.

第一，延长在场时间。花费足够多的时间去建立信任、了解"文化"，并检测出源自信息提供者或者研究者自身之偏见的错误信息，这对研究者来说是非常重要的。[①] 延长在场时间的目的在于，使研究者能够意识到任何既定的社会场景中都存在着多样性的情景因素以及信息提供者的多重视角，进而使我们能够更有效地确定本书课题的范围。访谈的开始时间为 2012 年 6 月，持续到 2013 年，但前期准备的时间从 2010 年开始，访谈的对象大多为从事高等教育的学者。持续的交流，为本书提供了较为完整的资料。由于长时间的互动，相互之间建立了良好的信任关系，从而让对方提供更可信的资料。

第二，使用三角测量技术。三角互证法是质化研究中保证效度的方法。这种方法可用来检验不同的资料来源或不同的资料收集方法。有学者认为，三角互证法的特点是在研究同一经验性单位时，采用两种或两种以上的研究策略。它通过比较不同来源的信息，以确定它们是否相互证实，其目的是为了评价资料的真实性。[②] 在收集材料的过程中，除了深度访谈，笔者还把自己撰写的初稿给研究对象看，让他们提出自己的看法。

第三，同行评议。这是一个过程，是"一个类似于分析进程的方式向中立的同行们展现自己的研究，旨在探讨研究进程的各个方面，以免这些问题仍只是含混地隐藏在研究者的内心之中"。这一过程对增强本书的可信性是有益的。在研究的过程中，我就所设计的深度访谈的提纲分别征求了中国矿业大学丁三青老师、张阳老师、黄美蓉老师，江苏师范大学胡仁东老师、刘林老师，徐州工程学院张宁老师、宋思运老师等的意见，他们的建议对我进行资料分析以及之后所做的结论都具有重大的帮助。

第四，自省记录。这一方法是要为可信度所有的四条标准(信用性、可转移性、可靠性、确定性)提供信息。一是在研究中对情境进行理论认识的新方法；二是已形成的并将进一步检验的假设；三是将要收集的证据类型的引证，以便使即时出现的概念和假设的基础更为牢固；四是对在行动中收集的范围内所出现的问题的陈述。[③]

---

① 塔沙克里，特德莱. 混合方法论:定性方法和定量方法的结合[M].唐海华，译.重庆大学出版社,2010:88-91.

② 什么是质的研究_流年似水[DB/OL]http://blog.sina.com.cn/s/blog_4ac353ee0100cj5q.html.

③ 除此以外还有多种检验的方法，例如:持续观察、方面案例分析、充实参考资料、成员自查、深描、可靠性审查、确定性审查、自省记录，等等。

当然,我们所检验的信度、效度是一个相对的概念,它最终还是取决于真实实践,取决于研究的结论。它只能在研究的谜底与情境的关系中进行评价,而不是一个脱离情境的方法或终结性特征(Maxwell,1992)。[1][2]

6.3　大学学术权力与行政权力共轭影响要素检验

前面我们运用扎根理论建立了大学学术权力与行政权力共轭 TAR 模型:目标—行动者—资源(Target-Actors-Resources)。必须承认,扎根理论作为一种质化研究方法有一定的局限性,这主要是难以建立公众认可的标准。衡量的标准不确定,就难以具备量的研究上意义的代表性。因此,下一步,我们将运用定性研究与定量研究相结合的方法,使研究更具有说服力。

在同一个研究项目中,使用定性研究与定量研究,可以同时在不同层次和角度对我们所研究的问题进行深入的探讨。研究可以结合下列各种两两对立:宏观与微观、人为情景和自然情景、静态和动态、文化客观与文化主体、行为和意义、自上而下验证理论和自下而上构建理论。[3] 定量研究与定性研究这两种研究方法有着各自的特点及缺陷。基于此,我们采用定量研究与定性研究相结合的方法,对大学学术权力与行政权力共轭的影响因素进行分析,见图 6-5:

图6-5　定性方法与定量方法相结合

因素分析的操作程序一般分为探索性因素分析(Exploratory Factor Analysis,EFA)与验证性因素分析(Confirmatory factor analysis,CFA)。就探索性因素分析而言,就是检验各个量表的构成效度。探索性因素分析中的"探索(exploratory)"表示使用者在因素分析程序中可能要经由多次的因素分

---

① 张俊超.大学场域的游离部落—研究型大学青年教师发展现状及应对策略研究[D].华中科技大学,2008.

② 洪明.当代英国行动研究的重要主张——埃利奥特论行动研究的过程与技术[J].外国教育研究,2003(5):6-10.

③ 陈向明.质的研究方法与社会科学研究[M].教育科学出版社,2000:473.

析程序,才能求出量表的最佳因素结构——在因素结构中,各个因素是一个有意义的构面(向度、层面),构面包含的题项所测得的潜在特征或行为构念是十分相似的。一般在量表编制时,使用者会根据文献或者相关理论,将量表所要测得的构念分为几个构面,根据各个构面的属性编制 5~10 题的测量指标,之后再经学者专家审核,建立专家效度。由于使用者在编制各个测量题时,其所归属的构面较为明确,因而在进行因素分析时可以作为因素命名的主要依据。探索性因素分析中,一般要求样本的人数最好为量表测量题项数的 5 倍以上。预试样本人数若是为量表测量题量的 5~10 倍间,则探索性因素分析结果的因素结构会较为稳定,即因素分析程序萃取的共同因素及因素构面所包含的测量题项会与原先使用者编制的构建较为接近。

6.3.1 研究目的

根据研究思路,检验影响大学学术权力与行政权力共轭的主要因素,以使构建的大学学术权力与行政权力共轭模型具有科学性。

6.3.2 大学学术权力与行政权力共轭影响因素的确定

根据对文献的研究,我们首先确立 18 个与大学学术权力与行政权力共轭相关的影响因素(见表 6-6):

表 6-6 共轭影响因素

序号	大学学术权力与行政权力共轭影响因素
1	科学合理的制度设计
2	规章制度完善
3	校务公开信息通畅
4	大学章程
5	外部政治权力的有限介入
6	大学发展目标明确具体
7	大学发展目标分阶段分层次
8	大学目标的凝聚力
9	大学办学自主权
10	校长治校

序号	大学学术权力与行政权力共轭影响因素
11	教授治学
12	大学人员各司其职
13	明确的人员分工与界限
14	定编定岗
15	资源合理配置
16	学术自由
17	教师资源
18	文化资源

6.3.3 研究过程与结果分析

采用随机抽样的方法，选取250名相关人员进行问卷调查和评价。

（1）确立相关因素

根据对文献的研究，确立相关的因素，编制《大学学术权力与行政权力共轭影响因素》预试问卷。

（2）问卷小样本预试、修改与定稿

请资深专家评价测验项目表述的准确性、清晰性，对表述不清的项目进行修改并删除那些不易理解的项目，为问卷信度和效度提供较好的支撑。然后对18名人员进行了预测试，请他们标出不准确、不理解的项目。根据预测的结果对量表进行修改和调整，最终形成《大学学术权力与行政权力共轭影响因素》正式问卷。

（3）计分方式

测验项目用 Linker 5 点评分：1＝完全不重要，2＝不重要，3＝不确定，4＝重要，5＝绝对重要。随着数字的增大，表示重要程度增强。问卷以单选形式进行，答卷者只要做出判断，在相应位置做出标示即可。要求在每个条目下只选择一个与自己情况最相符的状态描述，测试不计时。

（4）问卷发放与回收

采用自编《大学学术权力与行政权力共轭影响因素》正式问卷，对250名相关人员进行发放，回收有效问卷217份，回收率86.8%。剔出不合格量表21份，获有效样本196份。

（5）数据统计分析

采用主成分分析法（Principal Component Analysis，PCA）进行数据处理，采用 SPSS 进行数据分析。[235]主成分分析法是以线性方程式将所有变量加以合并，计算所有变量共同解释的变异量，该组线性组合成为主要成分。第一次线性组合所解释的变异量最大，分离此变异量后剩余的变异量经第二个方程式的线性组合，可以抽离出第二个主成分，其所包含的变异量属于第二个主成分的变异量。以此类推，每一个成分的变异量依次递减。以主成分分析法来进行因素分析时，变量共同性起始估计值设为 1，假设要萃取全部的共同因素，最后的共同性估计值依据萃取后的共同因素数目而定。①

通过上述研究，我们运用相关的方法对其结果进行分析。

主成分分析法是以线性方程式将所有变量加以合并，计算所有变量共同解释的变异量，该线性组合成为主要成分。

进行因素分析，因素数目考虑与挑选标准常用的准则之一就是学者 Kaiser 所提出的准则标准：选取特征值大于 1 的因素。Kaiser 准则判断应用时，因素分析的题项数目最好不超过 30。题项平均共同性最好在 0.7 以上。如果受试样本数大于 250 位，则平均共同性应在 0.6 以上。根据 Kaiser 的观点，执行因素分析程序时，KMO 指标值的判断标准如表 6－7 所示：

表 6－7　KMO 指标值的判断标准②

KMO 统计量值	判断说明	因素分析适切性
0.90 以上	极适合进行因素分析（marvelous）	极佳的（perfect）
0.80 以上	适合进行因素分析（meritorious）	良好的（meritorious）
0.70 以上	尚可进行因素分析（middling）	适中的（middling）
0.60 以上	勉强可进行因素分析（mediocre）	普通的（mediocre）
0.50 以上	不适合进行因素分析（miserable）	欠佳的（miserable）
0.50 以下	非常不适合进行因素分析（unacceptable）	无法接受的（unacceptable）

表源自吴明隆。

KMO 是 Kaiser-Meyer-Olkin 的取样适当性量数，当 KMO 值越大时（越接近 1 时），表示变量间的共同因素越多，变量间的净相关系数越低，越适合进

---

① 吴明隆.问卷统计分析实务——SPSS 操作与应用[M].重庆大学出版社,2011:199.
② 吴明隆.问卷统计分析实务——SPSS 操作与应用[M].重庆大学出版社,2011:208.

行因素分析。此处的 KMO 值为 0.818,如表 6-8 所示,指标统计量大于 0.80,呈现的性质为"良好的(meritorious)"标准,表示变量间就有共同因素存在,变量适合进行因素分析。

表 6-8　KMO 与 Bartlett 检验

Kaiser-Meyer-Olkin 取样适切性量数		0.818
Bartlett 球形检验	近似卡方分布	4 522.876
	自由度	369
	显著性	p<0.001

对问卷项目进行主成分分析法、方差最大化正交旋转分析需要对项目进行删选,2 项指标删除(大学人员各司其职、定编定岗),其余 16 个指标保留。随后从旋转后的因子矩阵中可以发现:因素一包含项目 1、2、5;因素二包含项目 3、4、6、7、8、9;因素三包含项目 10、11、12;因素四包含项目 13、14、15、16;四个因素的构念与我们原先使用者编制的构念及题项相符。根据各因素构念包含的题项变量特征,及我们根据访谈方法得到的结果,因素一的构念命名为"(制度)环境",因素二的构念命名为"目标",因素三的构念命名为"行动者",因素四的构念命名为"资源"。根据因素分析萃取了四个因素,四个因素均可以合理命名,现将因素分析的输出结果统整如表 6-9:

表 6-9　因素分析结果

题项变量及题目	结构矩阵				
	(制度)环境	目标	行动者	资源	共同性
1. 科学合理的制度设计	0.902	0.215	0.454	0.413	0.823
2. 规章制度完善	0.857	0.325	0.256	0.357	0.814
3. 外部政治权力的有限介入	0.841	0.610	0.415	0.259	0.732
4. 校务公开信息通畅	0.524	0.816	0.542	0.321	0.648
5. 大学章程	0.188	0.855	0.189	0.363	0.611
6. 大学发展目标明确具体	0.229	0.768	0.268	0.277	0.724
7. 大学发展目标分阶段分层次	0.225	0.692	0.244	0.415	0.625
8. 大学目标的凝聚力	0.417	0.549	0.351	0.285	0.817
9. 大学办学自主权	0.382	0.781	0.296	0.388	0.923

题项变量及题目	结构矩阵				
	（制度）环境	目标	行动者	资源	共同性
10. 校长治校	0.621	0.458	0.922	0.610	0.865
11. 教授治学	0.502	0.511	0.913	0.521	0.740
12. 明确的人员分工与界限	0.365	0.348	0.826	0.510	0.685
13. 资源合理配置	0.358	0.581	0.603	0.931	0.867
14. 学术自由	0.410	0.612	0.342	0.916	0.925
15. 教师资源	0.351	0.486	0.524	0.852	0.586
16. 文化资源	0.235	0.512	0.451	0.849	0.608
积累解释变异量%					74.886

6.3.4 问卷的信度和效度检验

6.3.4.1 问卷的信度检验

因素分析之后，要继续进行的是量表各个层面与总量表的信度检验。信度是指测验或者量表工具所测得结果的稳定性（stability）及一致性（consistency），量表的信度越大，其测量标准误差越小。[1] 在自编《大学学术权力与行政权力共轭影响因素》正式问卷中，结果显示，问卷的总体信度及各因子构面信度均可接受，见表 6 - 10：

表 6 - 10 问卷的信度

项目	项目数	Cronbach's alpha 系数	Split-half 系数
（制度）环境	3	0.862 1	0.891 1
目标	6	0.914 3	0.845 1
行动者	3	0.810 3	0.721 1
资源	4	0.847 1	0.654 9
总项目	16	0.854 7	0.801 6

---

① 吴明隆. 问卷统计分析实务——SPSS 操作与应用[M]. 重庆大学出版社，2011:237.

6.3.4.2 **量表效度检验**

效度(validity)是指能够测到该测验所欲测(使用者所设计的)心理或行为特质到何种程度。研究的效度包括内在效度和外在效度。效度检测结果的正确性或可靠性。[①] 我们使用 KMO 系数和 Bartlett 球形检验来加以研判。本书的检验结果显示,KMO 值为 0.818,表示适合做因素分析。而且因素分析问卷表中各项目的共同性表现良好,方差解释率为 74%,方差解释率良好,表明量表具有良好的结构效度。

综上所述,本书编制的自评量表具有较好的信效度,说明量表的原始项目编制质量较好,而原始的量表项目主要来自实际的行为事件个案访谈资料,而不是理论构想,说明了通过问卷调查获取的大学学术权力与行政权力共轭影响因素指标的合理、可靠和切合实际。

6.4 大学学术权力与行政权力共轭 TAR 模型及其分析

下面综合被访对象的意见和相关文献研究资料,我们分析每一种因素在大学学术权力与行政权力共轭过程中的作用(由于制度环境属于外部的宏观因素,在这里我们不做深入探讨)。学术权力与行政权力共轭的核心是资源的互动,共轭的本质是行动者的交往,大学章程是共轭规则需要建立的一种网络式共轭机制(制度)。

古典经济学理论中有一个著名的结构——鲁滨孙经济学。这是根据《鲁滨孙漂流记》而演化来的,其实是对一个直接面向大自然的孤立的人所展开的分析。这个看似"不现实"的模型,可以帮助我们更好地证明上述的研究,一开始就将重要的因素从复杂的关系中抽象出来,使得我们所要研究的整个图景变得清晰。[236-239]

正如我们所知晓的,鲁宾孙到了荒岛之后,为了生存下去,他必须:一是选择自己的目标;二是学会如何利用自然环境实现这些目标;三是运用自己的劳动将资源改造为更有用的,实现更高的价值……[②]这样一个简单的结构有助于我们分析我们研究所得到的大学学术权力与行政权力共轭的关系:按照鲁

---

① 吴明隆. 问卷统计分析实务——SPSS 操作与应用[M]. 重庆大学出版社,2011:194.
② 穆瑞·罗斯巴德. 自由的伦理[M]. 复旦大学出版社,2008:75-81.

宾孙经济学原理首先要有行动者、目标、资源等,这和我们通过质性研究和定量研究得到的研究要素是相吻合的,大学学术权力与行政权力共轭模型与框架见图 6-6、图 6-7:

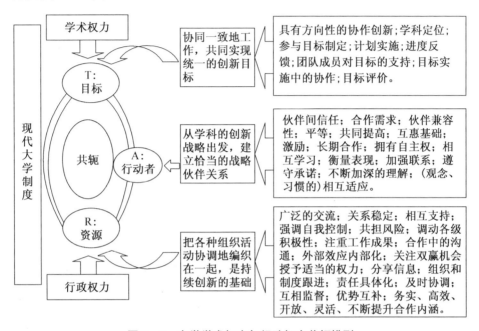

图 6-6 大学学术权力与行政权力共轭模型

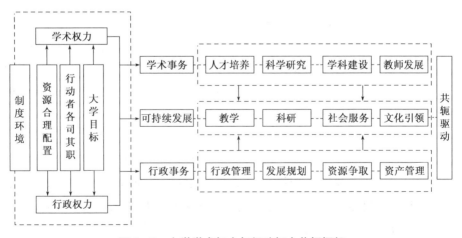

图 6-7 大学学术权力与行政权力共轭框架

在制度不变的条件下,目标、行动者、资源这三个因素对大学学术权力、行政权力都分别产生重要的影响,这种影响的程度决定了大学学术权力与行政权力共轭的状态。反过来,学术权力与行政权力也会对目标、行动者、资源这三个因素施加影响,而这种影响如果是正向的,上述三个因素的作用就发挥得好,学术权力与行政权力的共轭状态就好;反之,上述三个因素的作用就发挥得不好,学术权力与行政权力的共轭状态就差。为了更清晰地说明这种关系,下面分别予以阐述。

6.4.1 大学之目标

目标是大学学术权力与行政权力共轭要达到的某种状态或结果。大学学术权力与行政权力共轭的运作目标可以分为三对范畴:总体目标与分项目标;终极目标与阶段目标,稳定目标与随机目标。不同的运作目标下,大学学术权力与行政权力运行机制作用的程度、过程各不相同。大学学术权力与行政权力运行机制的运作目标具有规定性、复杂性、导向性和适应性等特点。规定性就是大学权力运行机制的运作目标是由法律、法规或某种制度所规定的;复杂性就是运作目标的多样和结构的复杂;导向性是指运作目标具有定位、引导功能;适应性是指运作目标随着环境、任务的变化会做出相应的调整,不会一成不变。[1]

确定一个目标,就是寻找创新和发展的生长点,保持永不满足的一种精神。这种目标的确定为大学决策提供理由。第一,有了合理的目标定位,就能使得决策更加科学;第二,有了合理的目标定位,有助于吸引优秀的人才加盟;第三,有了合理的目标定位,就可以使得大学学术权力与行政权力之间减少磨损和内耗,使行动者同舟共济。大学的目标只有得到公众的认可,目标的实现才能有坚实的物质基础,大学才能得到长期发展。

按照共轭的观点,大学内部由学术人员和行政人员构成,首先需要各个权力之间、各类行动者之间统合一致的目标系统。[2] 在这里我们把目标理解为:一是学术目标和行政目标的吻合;二是大学的整体目标和分目标(学术权力实现目标及行政权力实现目标)一致;三是大学学术权力与行政权力的行动者在目标上统合。

---

① 郑伦仁.大学学术权力运行机制研究[D].西南大学,2012.
② 马陆亭.高等学校的分层与管理[M].广东教育出版社,2004:200.

6.4.2 权力中的行动者

只有目标是不够的,目标确定后,必须要有人去执行。在大学之中,实现学术权力与行政权力的共轭,必须要有真正为此奋斗和献身的行动者。任何大学组织都是学术权力和行政权力具体行动者的行动组织,都是存在于具体的时间和环境之中的。在此,时间的维度与具体的环境背景具有重要的意义。时空维度使我们的研究具有真实性。只有建立在时空维度基础之上的研究对于现实才具有真正意义上的解释力。大学就是在特定时空维度中的行动者的组织。"没有任何一所学院和大学是纯粹的学者团体,这个团体中既有教授也有校长和院长,后者是从前者中抽调出来的。为了生存并继续发展,大学需要一个在管理不动产和取得经费并进行大笔投资方面拥有广泛的知识和经验的补充性的组织部分。正如高深学问的发展需要专门化一样,在学院或大学的日常事务方面也需要职能的专门化。事务工作和学术工作必须分开,因为每一方面都有它自己的一套专门的知识体系。"①

大学学术权力与行政权力的共轭正是一种行动者的集体行动的建造,它始终在时间与空间中展开。由于行动者的行动的建造,这种共轭的状态始终处于不断的建构与解构过程之中。其边界不是清晰固定不变的,而是模糊的,处在不断的变化之中的,行动者的地位也在不断地变换着。

大学中学术权力与行政权力的共轭意味着合作,而这种合作不仅仅是行动者本着善良的意愿而开展的联合,这种合作需要运用行动者集体的力量来解决所面临的共同的难题。由于存在着共同的目标,所以大学中的行动者具有一种向心的倾向,进而产生一种凝聚力,这为达到共同的目标提供了现实的可能性。然而,在追求达到目标的同时,大学学术权力的行动者和行政权力的行动者都有各自不同的具体的利益追求,其具体的价值目标使他们彼此分异,因而行动者彼此又具有离心的倾向,彼此存在着冲突、矛盾、相互疏离。

同时,我们也应该看到,在大学组织中的行动者通常有着多重的身份,有着多种可供调动的资源,有着自由的行动能力。行动者所具有的权力是一种能力,这种能力就是通过行动者的活动而创建的协商谈判的能力,或者说是一种调动资源、使用资源的能力。真正的大学场域中的行动者必须是由学术权力的行动者和行政权力的行动者共同组成的。"没有前者,大学就会信息不

---

① 约翰·S. 布鲁贝克. 高等教育哲学[M]. 浙江教育出版社,2002:37.

准;没有后者,大学就会变得狭隘、僵化,最后就会与公众的目标完全脱节。"①

行动者是大学共轭的关键因素,行动者之间的理解、交往、合作直接决定大学的发展,这就要求行动者:一是各方行动者达到与工作相适应的条件(包括政治、知识、能力、品德、业务素养等);二是行动者在不同的领域中——学术领域和行政领域能创造性地进行有效的工作;三是学术权力的行动者与行政权力的行动者相互补充,取长补短,把内耗降低到最低程度,达到共轭状态。

6.4.3 权力运作中的资源

对于资源,首先,要分析各方能够自由支配的资源是什么;其次,要定义这些资源的合理性、可调动性的标准是什么,换句话说,资源处在什么样的结构性制约条件中。

要回答第一个问题,就要参考行动者在大学场域中可以支配的各类资源(学术资源、物资资源、人力资源、文化资源等)。因为这些资源,决定了行动者采取的所有策略所处的时间、空间和社会背景,也就决定了在大学场域中,学术权力和行政权力共轭的位置。我们列出这样的一个清单,有利于明确问题的关键,并在分析资源要素时,引出行动者之间不平等性的概念,这种不平等性往往是由行动者的共同参与及他们在结构化的场域内各自所占据的位置而引致的。

我们在前面分析行动者时,注意到行动者通常有着多重的身份,有着多种可供调动的资源,有着自由的行动能力。这样就使得在大学场域中,多重身份的行动者可以共享学术权力的资源以及行政权力的资源,并将这些资源大量运用到特定的权力之中,以巩固它在这一权力关系中的地位。

这样一来,就导致两种后果:其一,资源配置缺乏稳定性——指资源分配规则不稳定,资源分配依据的标准不清晰。也就是说,程序存在变数,缺乏长期性的制度,人为因素较大;其二,资源配置缺乏公开性——指资源分配的规则不公开、不明确,资源分配的去向不公开,资源使用的效益不公开。这样一来,大学中缺乏较为稳定、公开的资源配置机制,同时也会导致行政权力的泛化以及资源配置过程中的人为因素过多,出现组织政治活动。②

所以,在大学内部建设时,重要的一个环节是要在征得内部认可的基础

---

① 约翰·S.布鲁贝克.高等教育哲学[M].浙江教育出版社,2002:37.
② 李卫东.大学内部重点建设——对一种大学组织行为的研究[D].华东师范大学,2010.

上，制定稳定的资源分配制度，并向大学所有成员公开，包括公开大学的预算情况，接受教职工的监督。

　　系统论认为，结构决定功能，有什么样的结构导致什么样的功能；同时，功能反作用于结构……①我们认为大学学术权力与行政权力共轭是一种特殊的结构，其关键因素在于制度环境、目标、行动者和资源，而内部因素的不同结构，则影响大学的共轭，使得大学的发展呈现不同的面貌。

---

① 　马陆亭.高等学校的分层与管理[M].广东教育出版社,2004:177.

7 大学学术权力与行政权力共轭的实证研究

7.1 权力概念的测量

7.1.1 权力概念的测量的理论[240-243]

巴克拉克认为,概念的定义需要两个充分条件:一是清晰;二是简约。依据这两个标准,他把概念定义为两种类型:一是"构造性"定义,它是概念的基础;二是"操作性"定义,这是测量的必要条件。① 艾默生把权力定义为依赖的倒数,这属于构造性定义。② 巴克拉克和劳勒把权力定义为"在特定时间内一个人所拥有的其他工作机会的数量"则是一个操作性定义。③ 在定量分析的层面上,要对应变量之间的模型设定,把这些模型设定的数据生成为一些假定,特别是对误差的生成机制(如正态分布)做一些假设,并引入相应的统计模型及其检验(参见图 7-1)。

可见,对概念的不同构造性定义会带来不同的操作性定义。迪宾(Dunin)区分了三种类型的权力测量方法:"所属"权力(power of)、"所向"权力(power to)和"所在"权力(power in)。④

"所属"权力(power of)的测量着力于描述拥有权力的群体,它把权力的大小看作一个群体的组织程度及其规模的函数。

"所向"权力(power to)测量法,把权力看作对其他人行为控制的程度,如果这

---

① Bacharach, Samuel B. , Edward J. Lawler. The Perception of Power[J]. Social Forces, 1976,55(1): 123-34.

② 夏传玲.权杖和权势:组织的权力运作机制[M].中国社会科学出版社,2009:7-38.

③ Bacharach, Samuel B. , Edward J. Lawler. The Perception of Power[J]. Social Forces, 1976, 55(1): 125.

④ 夏传玲.权杖和权势:组织的权力运作机制[M].中国社会科学出版社,2009:7-38.

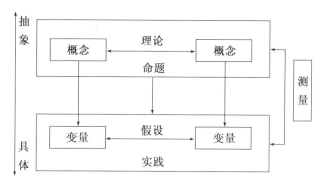

图 7 - 1　定量研究的框架示意图

种控制面临反对时,也能让控制者不断实现其目标的特征,它就是权力的表征。

"所在"权力(power in)测量法,考察权力的来源或者基础。一个社会关系中的权力具有两个特征:一是参与者的权力衍生来自社会关系的结构本身;二是这种权力独立于掌权者的个人特征。因此,所在权力是既定的、系统性的社会关系的产物。

"所在"权力(power in)测量的是权力的效应,"所属"权力(power of)测量的是权力中心的特征,"所在"权力(power in)测量法则考察权力的来源或者基础,它可以让我们考察每一种权力来源产生权力的效率。迪宾认为,在一个社会系统中,可以从功能的排他性和重要性来测量其所带来的权力大小。如果一种功能只有一个承担者,则它比分担一个功能的人所获得的权力要大。如果一个功能对系统维持的重要性越大,它的承担者所获得的权力就越大。在这样的测量框架下,理解功能对维持系统的重要性,就是理解实际权力的充分条件。①

(一) 权力指数模型

权力指数模型的基础是 Shapley 权力测量模型。Shapley 把权力看作一个成员对一个同盟取胜的关键程度,也就是对权力在一个委员会中分布的测量,并构建一个有关权力关系的复合指数。后经过雷和泰勒(Rae Taylor, 1971)、科尔曼(Coleman,1973)的修正,成为一个测量个体在一个决策群体中的重要性的测量指数②。

① 夏传玲.权杖和权势:组织的权力运作机制[M].中国社会科学出版社,2009:7-38.
② 夏传玲.权杖和权势:组织的权力运作机制[M].中国社会科学出版社,2009:7-38.

(二) 达尔的测量模型

达尔在定义权力的时候,也提出了一个测量权力的模型,即:

$$M(A/a:w,x)=P(a,x/A,w)-P(a,x/A,w)=P_1-P_2 \text{(式 7-1)}$$

其中 M 表示权力,P 表示概率,A 是权力的拥有者,a 是权力的接受者,x 表示 a 的某种行为反应,w 表示 A 用以干涉 a 手段。当 A 的干涉不能影响 a 的行为反应概率时,则表示 A 对 a 通过 w 手段的干涉后,在 a 从事 x 事情时没有权力。当 $P_1=P_2$,表示不存在权力关系;$P_1=1,P_2=0$,权力关系最大;当 $P_1=0,P_2=1$ 时,权力最小。

(三) 声望测量法

亨特(Hunter,1980)在对美国社区权力进行研究时,首创声望测量法。运用这种方法,研究者要求被访者按照影响项目采纳的能力,给一个名单上的人物排序或者添加新的人物到这个名单上,研究者根据每个人被提名的次数计算其权力大小,得票较多的人就是地方的"权力精英"。

Wolf 认为,亨特所提出的测量权力的声望法暗含着三个基本假设:一是权力在不同的问题领域的发布相同;二是被访者对权力机构的观测比较一致(相同的权力界定);三是权力分布是静态的。他认为,假设上述都成立,声望法所测得的分值,究竟是地位的测量还是权力的测量,在理论上也无法做出判断。[①]

(四) 博弈的权力测量法

假定有一个法案要在行动者 A 和 B 之间投票,A 和 B 的概率,参见表7-1:

表 7-1　博弈的权力测量

		行动者 B	
		赞成	反对
行动者 A	赞成	90%	70%
	反对	60%	20%
	赞成	P_{11}	P_{12}
	反对	P_{21}	P_{22}

来源:White,Stephen K. [②]

---

① Wolf, Eric R. Envisioning Power: Ideologies of Dominance and Crisis [M]. Berkeley: University of California Press, 1999.

② White, Stephen K. Review on Dominion and Power[M]. British Journal of Sociology, 1989, 40(1): 147.

除此以外,还可以用角色互换法、掌控范围法、限定结果法、边际效应法来测量。

(五) 组织中的权力测量法

在组织研究中,一个常见的量表是"权力感量表",权力感量表是建立在组织成员对权力运作的感受上的。另一个常见的量表被称作"政治行为量表"(表7-2)。

表7-2　政治行为量表

1	在单位里,如果由我做主的话,我就不会像现在这样干。
2	对于单位里的事情,我只能听之任之。
3	领导愿意就单位的事情倾听意见。
4	我有足够的权力做好我的事情。
5	有很多事情我无法做,尽管我知道他们是对的。
6	要是我能更独立地做好我的工作就好了。
7	我有机会就单位的重要决策提出意见。
8	我对如何做好工作几乎没有发言权。
9	如果我真的想的话,我可以改变单位的规章制度。
10	我对单位上层发生的事情一点也不了解。

(六) 替代变量法

当权力的直接测量变得比较困难时,有些学者也采用权力指标的方法进行研究,常见的如职业大类等。也有用权力的附属属性,例如无权感和授权程度。授权程度是一个李克特量表,也有一定的题量。目前,学界关于大学的学术权力和行政权力并没有形成一套统一的、科学有效的测量和评价体系,不少学者甚至认为组织的权力是无法量化分析的。我们应该本着一种科学的、建设性的态度去分析和研究。①

我们在实际地研究大学学术权力与行政权力共轭机理时,由于实际情况的复杂性,主要采用替代变量法。应用科学的数据是权力量化分析的有效手段,从而能够比较真实、客观地反映权力分布情况。

---

① 杨龙.权力指数的内涵与价值分析[J].领导科学,2009(23):16-18.

7.1.2　大学学术权力与行政权力的测量

共轭是一个原理,在这个研究中更是一个假设。我们假设学术权力和行政权力有这种共轭关系。大学的学术权力和行政权力总有一个均衡点,这样,大学的运行才能达到最佳状态,即经济学上的帕雷托最优。但达到这个均衡点是需要一定的条件的,即大学的行政权力和学术权力的运行要在一定的限度之内。

通过前面章节的理论分析和调查问卷,我们在理论上得到了一系列的命题,其中最为重要的是大学的行政权力和学术权力的运行要在一定的限度之内;一定的限度之内运行大学的行政权力和学术权力之间存在共轭关系;共轭关系是稳定的、发展的,大学的发展状态就好。显然,这一命题是高度抽象的,并且需要严格的假设条件,这就使得有些命题并不一定会和现实中的情况完全相符。因此,下面的问题就是验证我们的命题在什么样的现实条件下是起作用的,也就是说,我们要用现实的经验数据对理论命题进行检验。[①] 首先进行权力的测量。[244-249]

本章利用面板数据和相应的高级计量经济学的相关原理,分析中国目前大学内部学术权力和行政权力的相对大小,是否处于共轭状态。面板数据(Panel Data)是截面数据与时间序列数据综合起来的一种数据类型。这一数据有两个维度:时间序列和截面。按两个维度排列时,展现的是一个平面,而非一条直线,这与一个维度的数据有着明显不同。所以把 panel data[②] 译作"面板数据"。[③] 从其内涵上来解释,panel data 译为"时间序列—截面数据"更能揭示这类数据的本质上的特点。我们所观测的面板数据是按照时间序列截取多个截面,在这些截面上同时选取若干样本观测值所构成的样本数据,也就是说面板数据能够同时满足我们很多的要求,一方面,能从时间上反映数据的变化规律;另一方面能反映截面的特征,呈现出的是二维空间特征。[④] 在建模过程中,我们选取面板数据更具有解释性,更能突出表现个体的异质性;能够

---

① 靳庭良,郭建军.面板数据模型设定存在的问题及对策分析[J].数量经济技术经济研究,2004,21(10):131-135.

② 还有学者将其翻译为"平行数据"或"TS-CS 数据(Time Series-Cross Section)"。

③ 动态面板(综列、平行)数据模型(计量经济学)[DBOL]http://blog.sina.com.cn/s/blog_4b700c4c0102dvp3.html,2012-11-28.

④ 肖静.基于组织效率的大学权力结构研究[D].武汉理工大学,2009.

给出更多的信息,减少回归变量之间的多重共线性;增加自由度,从而提高参数估计的有效性;能够构造更复杂的行为模型等。[1][2][3]

7.2　数据描述和计量模型构造

7.2.1　变量设计

大学内部学术权力和行政权力的相对大小对大学绩效的排名问题一直是学术界特别是教育界讨论的热门话题。我们所研究的大学学术权力与行政权力的共轭实际上也是大学发展状况的问题。在因变量的选择上,"大学排名(得分)(Rank)"显然是一个很好的替代指标,我们的研究假设是:大学学术权力与行政权力共轭,则大学的大学发展状况好。

在前面的研究中,我们采用定性研究与定量研究相结合的方法,分析出大学学术权力与行政权力共轭的影响因素。这里,我们假设在制度不变、目标不变的情况下,行动者与资源为主要因素。在确定自变量时,鉴于数据的限制,经过多次筛选,我们认为,大学的行政权力与大学"物质资源得分"与"学生得分"是正相关的。二者正相关关系的解释主要包括两个方面:其一,行政权力往往可以看作行政业绩,体现为"有形结果"最大化。这主要是因为校舍、资本等有形结果易于衡量;其二,目前大学的行政权力有一部分是政府权力的延伸部分,大学的自主权并未完全落实。在一定程度上,学生招生数量是由行政权力所控制的。

行政权力得分＝学生得分＋物质资源得分

$$xz = xs + wz \qquad\qquad (式 7-2)$$

7-2 式中,xz 为行政权力得分,xs 为学生得分,wz 为物质资源得分。

大学的学术权力则选取了"学术成果得分""学术资源得分"作为替代变量,也就是说,如果一个大学的学术权力大,那么该校的学术得分就高。当然,

---

[1]　郭广珍.大学内部权力配置模式与激励[D].辽宁大学,2007.

[2]　朱怀镇.高校资金风险影响因素的实证研究——基于省际面板数据模型[J].事业财会,2007(6):25-27.

[3]　靳庭良,郭建军.面板数据模型设定存在的问题及对策分析[J].数量经济技术经济研究,2004,21(10):131-135.

这也体现在对学术权力的影响因素上：一是行动者，其二是资源。

学术权力得分＝学术成果得分＋学术资源得分

$$xs = xc + xy \qquad\qquad (式7-3)$$

7-3式中，xs 为学术权力得分，sc 为学术成果得分，xy 为学术资源得分。

7.2.2 数据来源

本章的数据是通过对"网大"中国大学排行榜的数据处理得出的。网大中国大学排行榜的评价标准，从一开始就坚持和国际惯例接轨，同时切合中国的国情，做到科学性、可比性和实用性相结合。从1999年开始到2002年每年都在力所能及的条件下进行改进。经过几年的努力，指标体系现基本趋于稳定，2002年的一级指标与2001和2000年相比，已经没有变化，以维持大学评价标准框架的稳定性（2002年的数据类型做了较大变动，具体而言就是在"物资资源"一项的分项中区分了"专任教师和科研机构人员人均科研经费投入得分"和"教学与辅助用房面积及生均面积得分"两项，而这两项正是我们需要估计的比较理想的替代量）。所以我们选取2002—2011年这10年间的面板数据（Panel Date）。其中2006年只有声誉和学生得分，没有具体数据，舍弃；2009年没有发布排名，2012年评价指标进行了新的更改，学术资源和学术成果都没有考虑在内，而且许多高校都没有参与到排名中，这样，我们选取2002—2011年期间共8年的数据。

7.2.3 计量模型构造

根据经典经济学理论，假设衡量一个要素的投入是否达到了帕雷托最优的方法是很简单的，也就是看它对自变量的贡献量是否比其他变量的小，在计量经济学模型中的体现就是比较两个变量系数的大小。具体而言，就是考察变量 xz_{it} 的系数 β_1 和 xs_{it} 的系数 β_2，如果 $\beta_1 < \beta_2$，就说明 xs 对大学发展的作用大于 xz，即 xs 的贡献率比 xz 的贡献率要大。而且系数要有一定的范围，因为这决定共轭的程度。

我们在考察学术权力与行政权力是否共轭的问题上，按照以下这种思路进行：假设学术权力和行政权力正相关，那么，就是考察变量，我们就可以推出，学术权力和行政权力是共轭的（现实中扩大学术权力，降低行政权力），那么，就是增加目前中国大学的产出，即能够促进大学的发展。根据以上分析，我们可以构造一个基本的面板数据模型[①]：

$$Rank_{it} = \alpha_{it} + \beta_1 xz_{it} + \beta_2 xs_{it} \qquad (式7-4)$$

式 7-4 中 $Rank_{it}$ 为大学综合排名（表征大学的发展状态），α_{it} 为误差项，xz_{it} 为行政权力，xs_{it} 为学术权力，我们通过对 β_1 和 β_2 的比较，分析大学共轭的程度对大学发展的影响。

下面，我们将运用计量模型和检验方法，分别选取"985 工程"大学、"211 工程"大学、"一般"大学具有代表性的 32 所（数据见附件）进行分析。

7.2.3.1 "985 工程"大学分析

本部分将首先讨论检验时间序列平稳性的 ADF 检验，在此基础上，进一步探讨判断时间序列间长期关系的协整检验和因果关系检验。

1. 描述性统计

我们分析时间序列时，其前提假设为"时间序列是平稳的"。一个平稳的时间序列在各个时间点上的随机性服从一定的概率分布。我们可以通过时间序列过去时点上的信息建立模型以拟合过去的信息，进而预测未来的信息。[250]

通常认为，如果一个随机过程的均值和方差在时间上都是常数，并且在任何两个时期之间的协方差仅依赖于两个过程的距离或滞后，而不依赖于计算该协方差的实际时间，那么就称该时间序列是平稳的。[②]

表 7-3 "985 工程"大学描述性统计

	综合	行政权力	学术权力
均值	4.055 632	4.880 927	4.407 621
中位数	4.043 051	4.901 936	4.426 279
最大值	4.605 17	5.298 317	5.298 317
最小值	3.367 296	4.202 75	3.029 65
标准差	0.261 025	0.203 373	0.460 932
偏度	0.043 743	−0.637 54	−0.312 86

① 对"985 工程"高校的数据取对数后，数据不改变原来的协整关系，并能使其趋势线性化，消除时间序列中存在的异方差，对变量进行自然对数变换，不改变其数据的平稳性及相关性质，计算的结果前后恰能对接上，是一致的，对"985 工程"大学用固定效应模型，"211 工程"大学用随机变系数模型，一般大学用固定变系数模型。

② 曹永琴.中国货币政策非对称效应形成机理研究[D].复旦大学,2008.

（续表）

	综合	行政权力	学术权力
峰度	2.780 073	3.769 921	2.953 393
Jarque-Bera 检验统计量	0.597 567	23.664 93	4.199 534
相伴概率	0.741 72	7.264 06	0.122 485
Sum	1 038.242	1 249.517	1 128.351
SumSq. Dev.	17.374 12	10.546 98	54.176 81

表 7-4　不同年份的描述性统计

obs	均值	中位数	标准差	最小值	最大值
	综合	综合	综合	综合	综合
2002	3.885 258	3.849 921	0.297 013	3.367 296	4.605 17
2003	3.988 946	3.960 768	0.263 775	3.496 508	4.605 17
2004	3.960 855	3.941 535	0.248 806	3.465 736	4.605 17
2005	3.966 538	3.931 826	0.244 958	3.496 508	4.605 17
2007	4.081 695	4.085 941	0.229 813	3.637 586	4.605 17
2008	4.155 355	4.142 631	0.210 548	3.784 19	4.605 17
2010	4.193 874	4.197 174	0.195 558	3.850 148	4.605 17
2011	4.212 534	4.197 174	0.192 974	3.912 023	4.605 17
obs	均值 行政	中位数 行政	标准差 行政	最小值 行政	最大值 行政
2002	4.592 269	4.549 863	0.245 226	4.202 75	5.298 317
2003	4.826 712	4.837 547	0.175 603	4.526 884	5.242 752
2004	4.842 317	4.831 727	0.171 423	4.537 854	5.298 317
2005	4.873 429	4.887 999	0.151 29	4.588 024	5.298 317
2007	4.963 326	4.988 036	0.128 866	4.716 712	5.298 317
2008	4.981 375	4.981 629	0.138 241	4.768 139	5.297 817
2010	4.968 01	4.959 682	0.123 525	4.731 803	5.297 817
2011	4.999 979	5.002 504	0.124 409	4.769 837	5.292 299

（续表）

obs	均值 学术	中位数 学术	标准差 学术	最小值 学术	最大值 学术
2002	4.148 797	4.178 507	0.478 961	3.303 217	5.091 662
2003	4.397 497	4.353 816	0.450 339	3.516 607	5.224 24
2004	4.235 477	4.167 137	0.496 784	3.02 965	5.298 317
2005	4.199 99	4.126 327	0.503 676	3.063 391	5.263 208
2007	4.531 161	4.590 476	0.420 364	3.569 533	5.298 317
2008	4.567 267	4.544 838	0.380 095	3.711 13	5.298 317
2010	4.623 247	4.643 909	0.343 221	3.925 926	5.298 317
2011	4.557 53	4.521 76	0.344 041	3.972 177	5.199 049

2. 检验结果

（1）单位根检验结果

单位根检验是指检验序列中是否存在单位根，因为存在单位根就是非平稳时间序列。单位根就是指单位根过程，可以证明，序列中存在单位根过程就不平稳，会使回归分析中存在"伪回归"。而通过计算，如表7-5所示，概率都小于0.05，拒绝原假设，证明我们所用于假设的时间序列是平稳序列。

表7-5 "985工程"大学单位根检验结果

方法	统计量	概率	截面单元	观察值
Null：Unit root（assumes common unit root process）				
Levin，Lin & Chu t *	−17.074 1	0.000 0	95	643
Null：Unit root（assumes individual unit root process）				
Im，Pesaran and Shin W-stat	−3.785 88	0.000 1	95	643
ADF-Fisher Chi-square	301.181	0.000 0	95	643
PP-Fisher Chi-square	461.458	0.000 0	95	665

对表7-5解释概率小于0.05，是平稳序列。

（2）协整检验结果

我们建立的模型需要建立在稳定数据变量基础之上，对于非平稳序列，不能使用经典的回归模型,否则会出现虚假回归等问题。上面我们已经对时间序列进行了单位根检验,接着,我们再对其进行协整检验。

表 7-6 "985 工程"大学协整检验

	t-统计量	概率
单位根	−4.557 693	0.000 0
Residual variance	0.011 447	
HAC variance	0.012 311	

表 7-6 显示,概率也小于 0.05,存在协整关系。说明我们选择的数据基础是牢固的,其统计性质是优良的。

(3) 最小二乘法结果

最小二乘法(又称最小平方法)是一种数学优化技术。它通过最小化误差的平方和寻找数据的最佳函数匹配,利用最小二乘法可以简便地求得未知的数据,并使得这些求得的数据与实际数据之间误差的平方和为最小。[①] 在这里,最小二乘法将所有截面及时序数据结合起来,做一个回归分析,不考虑随时间发生变化的样本固定效应和随截面发生变化的时间固定效应,视截距为恒定。对于本书而言,就是把"985 工程"高校样本放在一起,用最小二乘法进行估计。这样我们可以构造以下方程:

$Rank = 0.307\ 990 + 0.388\ 103 * XZ + 0.420\ 486 * XS$

$(3.382\ 134, 16.204\ 27, 39.790\ 23) R^2 = 0.954\ 303, SSE = 0.793\ 952$

(式 7-5)

表 7-7 最小二乘法结果

变量	系数	标准误差	t-统计量	概率
C	0.307 990	0.091 064	3.382 134	0.000 8
XZ	0.388 103	0.023 951	16.204 27	0.000 0
XS	0.420 486	0.010 568	39.790 23	0.000 0

[①] 计算机算法辅助高中数学若干问题分析与解答[DB OL] http://www.pep.com.cn/gzsxb/jszx/gsbzt/6th/lunwen/201111.

（续表）

R^2	0.954 303	被解释变量均值	4.055 632
校正的 R^2	0.953 941	被解释变量标准差	0.261 025
回归标准差	0.056 019	赤池准则	−2.914 596
残值平方和	0.793 952	施瓦茨准则	−2.873 050
对数似然估计值	376.068 2	汉南准则	−2.897 886
F-统计量	2 641.711	$D\text{-}W$ 统计量	1.097 695
F 检验显著性水平	0.000 000		

此处的 $D\text{-}W$ 值为 1.097 695，模型估计不理想。需要对模型做进一步分析。如果研究者仅以样本自身效应为条件进行推论，宜适用固定效应模型，如果以样本对总体效应进行推论，则采用随机效应模型。此处"985 工程"大学选择了 32 所，较能代表整体，宜采用固定效应模型。下面先进行随机效应的检验，再根据 H 检验来判断是否适合。

表 7 - 8　随机效应的检验

变量	系数	标准误差	t-统计量	概率
C	0.495 400	0.089 738	5.520 491	0.000 0
XZ	0.363 103	0.023 319	15.571 20	0.000 0
XS	0.405 650	0.012 615	32.155 19	0.000 0
Effects Specification				
			S. D.	Rho
Cross-section random			0.028 360	0.273 4
Idiosyncratic random			0.046 235	0.726 6

Weighted Statistics(加权重统计值)

R^2	0.922 746	被解释变量均值	2.025 311
校正的 R^2	0.922 135	被解释变量标准差	0.170 433
回归标准差	0.047 558	残值平方和	0.572 226
F-统计量	1 510.953	DW 统计量	1.332 242
F 检验显著性水平	0.000 000		

变量	系数	标准误差	t-统计量	概率
Unweighted Statistics（未加权重统计值）				
R^2	0.952 529	被解释变量均值		4.055 632
残值平方和	0.824 768	DW 统计量		0.924 313

（4）Hausman Test 检验结果

表 7 - 9　Hausman Test 检验结果

Test Summary	Chi-Sq. 统计值	Chi-Sq. d. f.	概率
Cross-section random	16.680 482	2	0.000 2

表 7 - 9 显示，此处概率 0.000 2＜0.05，所以拒绝原假设，即证明了不宜采用随机效应模型，宜采用固定效应模型。

假设检验 F，判断模型形式：

原假设：

$H_1 : \beta_1 = \beta_2 = \cdots = \beta_n$

$H_2 : \begin{matrix} \alpha_1 = \alpha_2 = \cdots = \alpha_n \\ \beta_1 = \beta_2 = \cdots = \beta_n \end{matrix}$

接受假设 H_2 则为不变参数模型。

拒绝假设 H_2，则检验假设 H_1。

如接受 H_1，则模型为变截距模型。

若拒绝 H_1，则模型为变参数模型。

$$F_2 = \frac{(S_3 - S_1)/[(N-1)(k+1)]}{S_1/(NT - N(k+1))} \quad F[(N-1)(k+1), N(T-k-1)]$$

$$F_1 = \frac{(S_2 - S_1)/[(N-1)k]}{S_1/[NT - N(k+1)]} \quad F[(N-1)k, N(T-k-1)]$$

通过分别计算 3 种模型形式下的数值，统计量分别为：

$N = 32, k = 2, T = 8$

$S_1 = 0.328\ 938$

$S_2 = 0.474\ 574$

$S_3 = 0.793\ 952$

$$F_1 = \frac{(S_2 - S_1)/62}{S_1/160} = 1.143$$

$$F_2 = \frac{(S_3 - S_1)/93}{S_1/160} = 1.67$$

$$F_{a2}(93,160) = 1.35$$

$$F_{a1}(62,160) = 1.397$$

$F_2 > 1.35$，拒绝 H_2，$F_1 < 1.397$，接受 H_1，所以采用变截距模型，即固定效应模型，与之前的分析相同。

个体固定效应回归模型的估计结果：

表 7-10　个体固定效应回归模型的估计

变量	系数	标准差	t-统计值	概率
C	0.843 930	0.130 730	6.455 521	0.000 0
XZ	0.367 546	0.024 302	15.123 91	0.000 0
XS	0.321 656	0.013 456	23.904 41	0.000 0
Fixed Effects (Cross)				
BD—C	0.154 310			
ZRD—C	−0.026 042			
QH—C	0.133 173			
BHK—C	−0.004 904			
BLG—C	−0.038 248			
ZND—C	−0.000 733			
BSD—C	0.024 073			
NK—C	0.022 690			
TIANJ—C	0.005 013			
DLLG—C	−0.043 175			
DB—C	−0.074 497			
HGD—C	0.024 897			
FD—C	0.076 445			
TONGJ—C	0.005 566			
SJD—C	0.050 824			
HDSF—C	−0.076 287			
NJ—C	0.114 098			

（续表）

变量	系数	标准差	t-统计值	概率
DN—C	−0.031 212			
ZJ—C	0.055 878			
ZKD—C	0.066 497			
XD—C	−0.031 481			
SD—C	−0.031 245			
WD—C	0.006 540			
HUNAN—C	−0.055 367			
ZS—C	−0.022 451			
HNLG—C	−0.061 026			
CD—C	−0.051 248			
DZKJ—C	−0.080 471			
XJD—C	−0.005 589			
SCD—C	−0.032 608			
HZKJ—C	−0.018 370			
ZHONGN—C	−0.055 049			
Fixed Effects (Period)				
2004—C	0.018973			
2005—C	−0.043 503			
2006—C	−0.025 214			
2007—C	−0.019 553			
2008—C	−0.043 960			
2009—C	0.011 453			
2010—C	0.036 877			
2011—C	0.064 926			

Effects Specification

Cross-section fixed (dummy variables)

Period fixed (dummy variables)

（续表）

R^2	0.991 167	被解释变量均值	4.055 632
校正的 R^2	0.989 523	被解释变量标准差	0.261 025
回归标准差	0.026 717	赤池准则	$-4.261 252$
残值平方和	0.153 468	施瓦茨准则	$-3.693 469$
对数似然估计值	586.440 2	汉南准则	$-4.032 892$
F-统计量	603.129 4	DW 统计量	1.189 846
F 检验显著性水平	0.000 000		

表达式应该为：

$RANK = 0.843\,930 + 0.367\,546 * xz + 0.321\,656 * xs + 0.154\,310 D_1 - 0.026\,042 D_2 + \cdots - 0.055\,049 D_{32}$

$(6.455\,521, 15.123\,91, 23.904\,41) R^2 = 0.991\,167, SSE_r = 0.153\,468$

（式 7 - 6）

其中虚拟变量 $D_1, D_2, \cdots D_{32}$ 的定义是：

$$D_i = \begin{cases} 1, 如果属于第 i 个个体, i = 1, 2, \cdots 32 \\ 0, 其他 \end{cases}$$

（5）Wald Test 检验结果

表 7 - 11　Wald Test 检验

检验统计量	数值	df	相伴概率
F-统计量	3.721 253	（1 215）	0.055 0
Chi 平方	3.721 253	1	0.053 7

Null Hypothesis Summary：

Normalized Restriction（=0）	数值	标准误差
$-1 + C(1) + C(2)$	0.211 476	0.109 627

Restrictions are linear in coefficients.

按照我们假设的：

行政权力得分＝学生得分＋物质资源得分

$$XZ = xs + wz$$

（式 7 - 7）

学术权力得分＝学术成果得分＋学术资源得分

$$XS = xc + xy \qquad \text{(式 7-8)}$$

即 XZ 与 xs 和 wz 正相关，而 XS 和 xc 和 xy 正相关。此次的 0.211 476 值，证明两个系数是严格不相等的。在实际中的数据明显后者大于前者，而且我们建立的模型是一个固定模型，不是抽样估计，因此我们可以判断，学术权力的贡献大于行政权力的贡献。而"985 工程"大学在实际中的高校排名说明了其良好的发展态势，也验证了那个著名的论断："所谓大学者，非谓有大楼之谓也，有大师之谓也。"即证明学术权力和行政权力共轭，可以促进大学的发展。此处"985 工程"大学学术权力和行政权力共轭系数为 0.211 476，越小越合理。

7.2.3.2 "211 工程"大学分析

1. 描述性统计

我们随机选取 32 所"211 工程"大学数据，首先是对数据的平稳性进行检验。

表 7-12 "211 工程"大学描述性统计

	综合	行政权力	学术权力
均值	3.531 864	4.538 519	3.440 883
中位数	3.555 348	4.597 39	3.493 468
最大值	4.262 68	5.156 754	4.622 027
最小值	2.484 907	2.551 006	1.413 423
标准差	0.274 246	0.291 455	0.505 847
偏度	−0.816 39	−2.348 36	−0.538 02
峰度	5.157 874	14.654 63	4.088 792
Jarque-Bera 检验统计量	78.105 8	1 684.155	24.995 64
相伴概率	0	0	0.000 004
Sum	904.157 3	1 161.861	880.866
SumSq. Dev.	19.178 75	21.661 18	65.249 75
观测值	256	256	256
截面单元	32	32	32

表 7-13 不同年份的描述性统计

obs	均值 综合	中位数 综合	标准差 综合	最小值 综合	最大值 综合
2002	3.218 626	3.236 946	0.362 878	2.484 907	3.988 984
2003	3.392 434	3.332 205	0.274 432	2.772 589	4.043 051
2004	3.464 831	3.465 736	0.187 962	2.995 732	3.931 826
2005	3.465 463	3.465 736	0.177 186	3.044 522	3.931 826
2007	3.593 67	3.583 519	0.183 185	3.091 042	4.077 537
2008	3.654 211	3.637 586	0.166 646	3.295 837	4.189 655
2010	3.716 122	3.688 879	0.160 702	3.496 508	4.234 107
2011	3.749 556	3.713 572	0.154 591	3.526 361	4.262 68
obs	均值 行政	中位数 行政	标准差 行政	最小值 行政	最大值 行政
2002	4.175 75	4.106 685	0.290 3	3.731 22	4.931 448
2003	4.355 518	4.433 782	0.470 269	2.551 006	5.019 859
2004	4.492 644	4.474 075	0.164 18	4.222 298	4.978 388
2005	4.538 558	4.528 826	0.167 684	4.242 765	4.980 863
2007	4.660 148	4.665 308	0.155 329	4.414 01	5.019 265
2008	4.671 054	4.666 73	0.134 793	4.443 827	5.156 754
2010	4.696 512	4.680 278	0.128 271	4.440 296	5.104 126
2011	4.717 973	4.697 293	0.120 404	4.518 522	5.122 773
obs	均值 学术	中位数 学术	标准差 学术	最小值 学术	最大值 学术
2002	3.084 111	3.199 238	0.632 278	1.413 423	4.130 033
2003	3.602 064	3.572 036	0.412 257	2.889 816	4.356 581
2004	3.242 829	3.281 168	0.505 976	1.951 608	4.199 155
2005	3.157 692	3.185 661	0.453 477	2.151 762	3.974 058
2007	3.565 135	3.582 105	0.440 763	2.660 26	4.495 355
2008	3.594 656	3.602 773	0.401 083	2.791 165	4.534 748
2010	3.648 877	3.621 671	0.421 887	2.895 912	4.622 027
2011	3.631 697	3.598 658	0.369 114	2.879 198	4.605 17

2. 检验结果

(1) 单位根检验：如表 7 - 14 所示，概率都小于 0.05，拒绝原假设，证明我们所用于假设的时间序列是平稳序列。

表 7 - 14 "211 工程"大学单位根检验结果

方法	统计量	概率	截面单元	观察值
Null：Unit root (assumes common unit root process)				
Levin, Lin & Chu t *	−26.832 2	0.000 0	93	622
Null：Unit root (assumes individual unit root process)				
Im, Pesaran and Shin W-stat	−8.470 12	0.000 0	93	622
ADF-Fisher Chi-square	375.668	0.000 0	93	622
PP-Fisher Chi-square	472.507	0.000 0	93	651

(2) 随后针对随机模型的 Hausman Test 检验结果(表 7 - 15)发现：此处概率 0.729 3＞0.05，此处的结论是宜采用随机模型。

表 7 - 15 "211 工程"大学 Hausman Test

Test Summary	Chi-Sq. 统计量	Chi-Sq. d. f.	相伴概率
Cross-section random	0.631 271	2	0.729 3

Cross-section random effects test comparisons：

变量	固定	随机	Var(Diff.)	相伴概率
XZ	0.592 642	0.587 482	0.000 049	0.459 7
XS	0.277 921	0.274 069	0.000 051	0.588 1

根据上述结论，再通过 F 检验来验证：

$$F_2 = \frac{(S_3 - S_1)/[(N-1)(k+1)]}{S_1/[NT - N(k+1)]} \quad F[(N-1)(k+1), N(T-k-1)]$$

$$F_1 = \frac{(S_2 - S_1)/[(N-1)k]}{S_1/[NT - N(k+1)]} \quad F[(N-1)k, N(T-k-1)]$$

通过分别计算 3 种模型形式下的数值，统计量分别为

$N=32, k=2, T=8 \quad S_1=0.740\ 017 \quad S_2=1.357\ 565 \quad S_3=1.860\ 169$

$$F_1 = \frac{(S_2 - S_1)/62}{S_1/160} = 2.153\ 562$$

$$F_2 = \frac{(S_3 - S_1)/93}{S_1/160} = 2.604\,188$$

$$F_{a2}(93, 160) = 1.35$$

$$F_{a1}(62, 160) = 1.397$$

$F_2 > 1.35$，拒绝 H_2，$F_1 > 1.397$，所以也拒绝 H_1，所以采用变系数的模型，方程模拟结果见表 7 - 16：

表 7 - 16 "211 工程"大学方程模拟结果

变量	系数	标准误差	t-统计量	概率
C	−0.077 474	0.088 222	−0.878 178	0.380 7
XZ	0.587 482	0.020 154	29.150 09	0.000 0
XS	0.274 069	0.012 588	21.771 81	0.000 0

Random Effects (Cross)

BKD—C	0.010 372			
BHK—C	0.009 008			
ZCD—C	−0.053 828			
ZZF—C	0.035 325			
HGC—C	−0.039 193			
SCJ—C	−0.027 302			
SD—C	−0.039 320			
NHK—C	0.002 245			
NLG—C	0.006 596			
ZKD—C	0.014 570			
HEH—C	−0.020 867			
NSF—C	−0.013 515			
AHD—C	−0.029 292			
HGD—C	0.027 394			
FD—C	0.002 663			
ZD—C	0.011 477			
HSF—C	−0.003 954			

（续表）

变量	系数	标准误差	t-统计量	概率
NHF—C	0.011 177			
JD—C	0.003 114			
XNCJ—C	−0.039 065			
YD—C	0.027 707			
XADK—C	−0.015 634			
NC—C	0.044 939			
SD—C	−0.039 320			
ZDZ—C	0.035 110			
SXSF—C	−0.012 116			
HNSF—C	−0.015 301			
HNLG—C	0.002 663			
DWJM—C	0.060 831			
BYD—C	0.015 683			
DLHS—C	0.052 041			
CA—C	−0.024 211			

Effects Specification

			S. D.	Rho
Cross-section random			0.037 008	0.183 0
Idiosyncratic random			0.078 199	0.817 0

Weighted Statistics（加权重统计值）

R^2	0.884 338	被解释变量均值	2.113 811
校正的 R^2	0.883 424	被解释变量标准差	0.228 413
回归标准差	0.077 988	残值平方和	1.538 765
F-统计量	967.204 0	DW 统计量	1.543 753
F 检验显著性水平	0.000 000		

表达式应该为：

$$RANK = -0.077\ 474 + 0.587\ 482 * xz + 0.274\ 069 * xs + 0.010\ 372 D_1$$
$$+ 0.009\ 008 D_2 + \cdots - 0.024\ 211 D_{32}$$

$(-0.878\,178,29.150\,09,21.771\,81)R^2=0.884\,338,SSE_r=1.538\,765$

其中虚拟变量 $D_1,D_2,\cdots,D_{32}$ 的定义是：

$$D_i=\begin{cases}1,\text{如果属于第 }i\text{ 个个体},i=1,2,\cdots32\\0,\text{其他}\end{cases}$$

表 7-17 Wald Test 检验

Wald Test 检验结果：

检验统计量	数值	df	相伴概率
F-统计量	0.143 187	(1 160)	0.705 6
Chi 平方	0.143 187	1	0.705 1

Null Hypothesis Summary：

Normalized Restriction (=0)	数值	标准误差
−1+C(2)+C(3)	0.241 447	0.638 073

通过前面"985 工程"大学的分析，我们得到这样的结论，其数值越小，共轭程度越好。此处"211 工程"大学的 0.241 447，与之前"985 工程"大学数值（0.211 476）相近似，但是有些区别，说明"211 工程"大学学术权力与行政权力也是共轭的，但是共轭的程度不同，这也实际说明了大学的共轭程度不同，直接影响大学的发展程度。大学不同的目标，行动者的不同运作，资源配置的不同，共同作用于大学共轭的状态，直接导致大学不同的发展命运。

7.2.3.3 "一般"大学分析

1. 描述性统计

我们随机选取 32 所"一般"大学数据，首先是对数据的平稳性进行检验。

表 7-18 "一般"大学描述性统计

	综合	行政权力	学术权力
均值	3.418 938	4.427 633	3.330 549
中位数	3.465 736	4.432 599	3.394 844
最大值	4.234 107	5.128 715	4.737 951
最小值	1.609 438	3.301 745	0.148 42
标准差	0.351 283	0.273 27	0.689 106
偏度	−1.110 32	−0.435 59	−1.324 47

（续表）

	综合	行政权力	学术权力
峰度	6.981 475	4.955 846	6.487 555
Jarque-Bera 检验统计量	221.689	48.898 99	204.585 8
相伴概率	0	0	0
Sum	875.248 3	1 133.474	852.620 7
SumSq. Dev.	31.466 89	19.042 53	121.090 9
观测值	256	256	256
截面单元	32	32	32

表 7-19 "一般"大学不同年份的描述性统计

obs	均值	中位数	标准差	最小值	最大值
	综合	综合	综合	综合	综合
2002	2.986 016	3.113 268	0.528 813	1.609 438	3.970 292
2003	3.336 624	3.331 566	0.286 209	2.833 213	4.043 051
2004	3.408 193	3.433 987	0.242 375	2.890 372	4.007 333
2005	3.364 946	3.384 247	0.249 842	2.944 439	3.988 984
2007	3.463 881	3.496 048	0.245 693	3.091 042	4.127 134
2008	3.535 17	3.555 348	0.255 581	3.135 494	4.189 655
2010	3.616 421	3.597 218	0.231 825	3.218 876	4.234 107
2011	3.640 257	3.610 918	0.206 073	3.401 197	4.204 693
obs	均值 行政	中位数 行政	标准差 行政	最小值 行政	最大值 行政
2002	4.063 803	4.020 786	0.339 634	3.301 745	4.733 739
2003	4.353 537	4.306 414	0.207 046	4.028 561	4.948 547
2004	4.377 578	4.350 721	0.206 145	4.012 411	4.954 559
2005	4.404 749	4.373 763	0.195 206	4.062 166	4.915 592
2007	4.531 996	4.498 658	0.194 045	4.235 555	4.997 888
2008	4.547 171	4.489 577	0.207 577	4.245 634	5.128 715

(续表)

obs	均值	中位数	标准差	最小值	最大值
	综合	综合	综合	综合	综合
2010	4. 555 432	4. 524 178	0. 206 217	4. 305 416	5. 122 773
2011	4. 586 8	4. 523 77	0. 194 285	4. 301 359	5. 051 137
obs	均值 学术	中位数 学术	标准差 学术	最小值 学术	最大值 学术
2002	2. 483 9	2. 839 241	1. 099 008	0. 148 42	4. 334 935
2003	3. 637 508	3. 621 26	0. 411 282	2. 622 492	4. 447 112
2004	3. 367 158	3. 334 343	0. 482 075	2. 309 561	4. 304 876
2005	3. 227 616	3. 288 29	0. 492 576	2. 028 148	4. 237 001
2007	3. 464 507	3. 508 556	0. 496 947	2. 646 175	4. 653 008
2008	3. 481 973	3. 594 565	0. 543 894	2. 476 538	4. 585 987
2010	3. 527 997	3. 592 504	0. 554 221	2. 564 949	4. 737 951
2011	3. 453 737	3. 393 336	0. 506 558	2. 714 695	4. 561 218

2. 检验结果

（1）单位根检验

如表 7 - 20 所示,概率都小于 0.05,拒绝原假设,证明我们所用于假设的时间序列是平稳序列。

表 7 - 20 "一般"大学单位根检验结果

方法	统计量	概率	截面单元	观察值
Null：Unit root (assumes common unit root process)				
Levin，Lin & Chu t *	−33. 556 7	0. 000 0	96	649
Null：Unit root (assumes individual unit root process)				
Im，Pesaran and Shin W-stat	−12. 733 5	0. 000 0	96	649
ADF-Fisher Chi-square	532. 690	0. 000 0	96	649
PP-Fisher Chi-square	703. 761	0. 000 0	96	672

（2）协整检验 Kao 检验的结果（表 7 - 21）:概率小于 0.05,存在协整关系。

表 7 - 21 "一般"大学 Kao 检验

	t-统计值	概率
单位根	−2.101 223	0.017 8
Residual variance	0.014 688	
HAC variance	0.018 379	

（3）最小二乘法估价结果，如表 7 - 22 所示：

表 7 - 22 "一般"大学最小二乘法结果

变量	系数	标准误差	t-统计量	概率
C	−0.212 884	0.123 747	−1.720 313	0.086 6
XZ	0.600 062	0.033 531	17.895 83	0.000 0
XY	0.292 735	0.013 297	22.015 27	0.000 0
R^2	0.903 830	被解释变量均值		3.418 938
校正的 R^2	0.903 070	被解释变量标准差		0.351 283
回归标准差	0.109 367	赤池准则		−1.576 570
残值平方和	3.026 156	施瓦茨准则		−1.535 025
对数似然估计值	204.800 9	汉南准则		−1.559 861
F-统计量	1 188.885	DW 统计量		1.112 283
F 检验显著性水平	0.000 000			

即：

$Rank = −0.212\,884 + 0.600\,062 * XZ + 0.292\,735 * XS$

$(−1.720\,313, 17.895\,83, 22.015\,27) R^2 = 0.903\,830, SSE = 3.026\,156$

(式 7 - 9)

针对随机模型的 Hausman Test，检验结果发现，如表 7 - 23 所示：

表 7 - 23 随机模型的 Hausman Test

Test Summary	Chi-Sq. 统计量	Chi-Sq. d.f.	概率
Cross-section random	20.002 000	2	0.000 0

Cross-section random effects test comparisons：

变量	固定	随机	Var(Diff.)	概率
XZ	0.733 149	0.673 117	0.000 341	0.001 1
XS	0.235 865	0.260 856	0.000 037	0.000 0

此处概率 0.000 0<0.05,所以拒绝原假设,即证明了不宜采用随机效应模型,宜采用固定变系数模型,通过 F 检验来验证:

假设检验 F,判断模型形式:

原假设:

$H_1: \beta_1 = \beta_2 = \cdots = \beta_n$

$H_2: \begin{array}{l} \alpha_1 = \alpha_2 = \cdots = \alpha_n \\ \beta_1 = \beta_2 = \cdots = \beta_n \end{array}$

接受假设 H_2 则为不变参数模型。

拒绝假设 H_2,则检验假设 H_1。

如接受 H_1,则模型为变截距模型。

若拒绝 H_1,则模型为变参数模型。

$$F_2 = \frac{(S_3 - S_1)/[(N-1)(k+1)]}{S_1/[NT - N(k+1)]} \quad F[(N-1)(k+1), N(T-k-1)]$$

$$F_1 = \frac{(S_2 - S_1)/[(N-1)k]}{S_1/[NT - N(k+1)]} \quad F[(N-1)k, N(T-k-1)]$$

通过分别计算 3 种模型形式下的数值,统计量分别为

$N = 32, k = 2, T = 8 \quad S_1 = 0.945\,052 \quad S_2 = 1.887\,321 \quad S_3 = 3.026\,156$

$$F_1 = \frac{(S_2 - S_1)/62}{S_1/160} = 2.57$$

$$F_2 = \frac{(S_3 - S_1)/93}{S_1/160} = 3.79$$

$$F_{a2}(93, 160) = 1.35$$

$$F_{a1}(62, 160) = 1.397$$

$F_2 > 1.35$,拒绝 H_2,$F_1 > 1.397$,也拒绝 H_1,所以采用变系数模型,分析结果为:

表 7 - 24 "一般"大学分析结果

变量	系数	标准误差	t-统计量	概率
C	−0.970 486	0.201 578	−4.814 437	0.000 0
Fixed Effects (Cross)				
ANSF—C	−1.041 448			
ANYK—C	−2.392 450			
BGY—C	−0.729 971			

（续表）

变量	系数	标准误差	t-统计量	概率
BHG—C	−0.909 523			
BLY—C	1.010 950			
BWY—C	1.565 381			
BYY—C	2.346 900			
NZY—C	−0.316 458			
SDSF—C	−2.921 553			
DBNY—C	1.490 919			
DBSF—C	0.680 149			
DH—C	1.166 577			
DBCJ—C	−2.308 508			
DBLY—C	−0.993 834			
HYD—C	2.224 934			
HZNY—C	2.115 806			
HDSF—C	1.070 313			
XJK—C	0.163 021			
JJD—C	1.977 967			
XBGY—C	0.976 246			
XBNL—C	1.633 680			
XNCJ—C	0.632 674			
XNJT—C	2.146 573			
XALG—C	−1.334 636			
XNSY—C	−3.032 751			
XBSF—C	−3.173 336			
TJYK—C	−1.436 684			
CQYK—C	−2.457 039			
TYLG—C	1.039 150			
SYYK—C	2.023 831			
SXD—C	1.472 550			

变量	系数	标准误差	t-统计量	概率
STD—C	$-2.689\,431$			

Effects Specification

Cross-section fixed（dummy variables）

R^2	0.969 967	被解释变量均值	3.418 938
校正的 R^2	0.952 135	被解释变量标准差	0.351 283
回归标准差	0.076 854	赤池准则	$-2.013\,816$
残值平方和	0.945 052	施瓦茨准则	$-0.684\,374$
对数似然估计值	353.768 4	汉南准则	$-1.479\,119$
F-统计量	54.394 04	DW 统计量	2.039 986
F 检验显著性水平	0.000 000		

表达式应该为：

$$RANK = -0.970\,486 - 1.041\,448D_1 - 2.392\,450D_2 + \cdots - 2.689\,431D_{32}$$

$$(-4.814\,437)R^2 = 0.969\,967, SSE_r = 0.945\,052 \qquad \text{（式 7-10）}$$

其中虚拟变量 $D_1, D_2, \cdots D_{32}$ 的定义是：

$$D_i = \begin{cases} 1, \text{如果属于第 } i \text{ 个个体}, i = 1, 2, \cdots 32 \\ 0, \text{其他} \end{cases}$$

表 7-25 **Wald Test 检验结果**

检验统计量	数值	df	相伴概率
F-统计量	21.612 23	(1 160)	0.000 0
Chi 平方	21.612 23	1	0.000 0

Null Hypothesis Summary：

Normalized Restriction（=0）	数值	标准误差
$-1 + C(2) + C(3)$	1.569 125	0.337 526

此处 1.569 125 比"985 工程"大学和"211 工程"大学其数据差距较大，说明"一般"大学的行政权力较大，与学术权力没有达到良好的共轭状态，其发展的态势与"985 工程"大学和"211 工程"大学差距较大。通过对大学的排行榜进行数据分析，对分别选取的"985 工程"大学、"211 工程"大学、"一般"大学具

有代表性的 32 所进行的比较,可以看出,不同层次和类型的大学,其共轭的程度是不同的。

美国教育家 Ernest L. Boyer 指出,"绝没有什么简单的好大学模式,一所大学与另一所大学所面临的任务和所处的环境肯定是大相径庭的。但是我们相信,好大学仍有足够的广泛的共同特征"。其中,最根本的是"一所高质量的大学必定有一个明确的而且是生机勃勃的办学目标,所以,它不可能是满足所有人所有要求的大杂烩,它需要在众多的要求下做出选择并确定哪些是应该优先考虑的重点"。① 不同层次的高校发展,存在战略目标的多重选择性。② 共轭的不同状态也显示出不同院校的不同使命。

7.3　结　论

(一)"985 工程"大学和"211 工程"大学中学术权力与行政权力存在共轭状态,学术权力的贡献显著大于行政权力的贡献。蔡元培先生有言:"大学以思想自由为原则。在中古时代,大学教科,受教会干涉,教员不得以违禁书籍授学生。近代思想之公例,既被公认,能完全实现之者,厥唯大学。大学教员所发表之思想,不但不受任何宗教或政党之拘束,亦不受任何著名学者之牵掣。[251-256] 苟其确有所见而言之成理,则虽在一校中,两相反对之学说,不妨同行并行,而一任学生之比较而选择,此大学之所以为大也。"③哈佛大学原校长科南特也曾经指出:"大学的荣誉不在它的校舍和人数,而在它一代代教师的质量。"在国际上,不论是官方评估还是民间排名,教师质量是大学水平和声誉的重要和基本组成部分。①

(二)"985 工程"大学有其鲜明的特点。其学术权力具有权威性,"985 工程"大学的教师或者是研究人员都是国内专业学科领域的最高权威,具有学术自主性,并能自主地追求学术声誉。其行政权力主要是实现服务功能。对于"985 工程"大学,其学术权力与行政权力共轭的目标应当是追求学术研究上的重大创新和突破,强化目标;要求向国际水平看齐和冲击,学术权力要具有

---

①　马陆亭. 高等学校的分层与管理[M]. 广东教育出版社,2004:155-156.

②　同上.

③　刘军宁. 北大传统与近代中国:自由主义的先声[M]. 中国人事出版社,1998:551-553.

①　马陆亭. 高等学校的分层与管理[M]. 广东教育出版社,2004:311.

带动作用。"985 工程"大学在教学、科研、人事等各个方面应具有实质性自主权,更好地实现学术权力与行政权力共轭,使他们成为真正意义上的依法自主办学的主体。

"211 工程"大学保持着较高水平的教学和科研质量,并在部分学科保持优势。特色是其权力共轭的目标。"211 工程"大学学术权力与行政权力共轭的目标应当是鼓励创新,积累特色,有所为有所不为,注意有重点地发展优势学科,办出特色。[①]

"一般"大学主要是以本科教学为主的。这类高校的发展的基本行为选择,是面向地区需要进行办学。这类大学在发展的过程中,行政权力大于学术权力,共轭状态不显著,影响大学学术权力的运作。但是,我们也要看到学术权力与行政权力的共轭是具有阶段性特征的,也就是在大学发展的不同阶段,学术权力与行政权力的共轭状况不同。"一般"大学在发展的初期,需要行政权力的运作,以实现学校的效率及秩序。另外,也要顾及不同地区、不同院校的不同使命。

(三)就 2002—2011 年"网大"中国大学排行榜数据而言,"985 工程"大学共轭系数为 0.211 476,"211 工程"大学共轭系数为 0.241 447,"一般"大学共轭系数为 1.569 125,从中得知,中国大学目前学术权力与行政权力共轭的一个共轭区间,数值为 0.211 476～0.241 447,如果数值超过 1,行政权力就明显大于学术权力,说明,这类大学的发展主要依靠行政权力的运作。而共轭数值越小,共轭状态越优良,学术权力与行政权力共轭结构越稳定。

大学学术权力与行政权力共轭就好比两辆马车拉着车子前行。而这两匹马,一匹为学术权力,而另一匹则是行政权力,大学就是这辆车。这辆"车"能否稳健前行,不顾此失彼,取决于这两匹马的"轭"。如果是共轭状态,两匹马齐头并进,车子必然顺利前行;反之,则会影响车子的前行方向和速度。通过上述的实证研究,我们得出,必须加大学术权力的贡献,有限地控制行政权力,只有这样,大学才能达到共轭的状态,大学也才能实现良性发展。具体来说,就是要彰显现代行政理念,确定行政权力介入学术权力的限度。

---

① 马陆亭.高等学校的分层与管理[M].广东教育出版社,2004:155-156.

7.3.1 彰显现代行政理念

第一，彰显人本行政理念

"以人为本"是现代大学管理理念的基石①。现代大学的管理理念要充分体现大学的本质和使命。大学的本质和使命在于"知识的创获，品行的陶熔，民族和社会的发展"②。与这样的本质和使命相适应，大学管理的理念包括三个方面：人本、和谐、民主。这些基本理念就是进行现代大学管理的出发点。人是目的，人是一切工作的出发点。大学的管理，其目的归根结底是为了人，首先是为了学生。学校必须以学生为本位，一切为了学生的全面而自由的发展。学校的中心任务是培养人、教育人，围绕着培养人、教育人这个前提而做好教学、科研、学科建设和管理等工作。以学生为本，要求公正、公平、公开地处理涉及学生学业的问题，诸如招生录取、转专业、评优评奖、助学贷款、特困生补助、保送研究生、推荐学生就业，等等，都要体现程序公正和公开，体现平等的尊重和关怀，让学生们充分体验大学的神圣、大学的尊严，体验教育的公正和公平③。对教师的管理同样如此。大学的管理要体现对教师的尊重、对学术的尊重，要体现对教师职业发展的关怀。学校的重要改革发展的政策要广泛征求教师的意见。

第二，彰显法治行政理念

法规齐全、可行、科学，是当今世界上大学发展必须具备的素质之一。以日本为例，教育法规形成一个多层结构的严密体系。健全的法规成为学校组织机制顺利运行的一道坚实屏障。与此形成反差的是，国内大学同样具有各类规章制度，上至教育法、高教法，下至工资核算、课时管理办法，应有尽有，一应俱全。但是，中国大学的规章制度拥有太多的解释权，因而在日常运作中，无矛盾时则遵从，有矛盾时则破戒。或者说，想遵守时就有遵守的理由，想破戒就有破戒的说法。当然真正能破戒的人恰恰是拥有行政权力的人。这正是当前行政权力运用中急需加强制约的典型现象。首先，就是要取消行政人员凌驾于规章之上的特权。其次，大学行政工作人员要具有较高的法律素质，并且具有依法行政的激情，这是基础。④再次，依法行政必须具备良好的外部环

---

① 张文显. 现代大学管理理念创新与实践[J]. 管理世界，2005(10)：1-5.
② 孟宪承. 大学教育(孟宪承文集第3卷)[M]. 华东师范大学出版社，2010：10-14.
③ 张文显. 现代大学管理理念创新与实践[J]. 管理世界，2005(10)：1-5.
④ 董云川. 论大学行政权力的泛化[J]. 高等教育研究，2000.

境,包括政治、经济、文化等方面的因素。

第三,彰显服务行政理念

管理就是为了实现组织目标,而大学中的管理就是为了实现大学的目标。大学中的管理主要有三个部分:对学术进行管理和行政上的管理及思想管理。管理主要是为学术服务的。这样一来,大学行政机关可以被视为综合性的服务机关,它是全体大学成员共同利益的代表者和大学成员个人利益的维护者。这一地位的确立,就需要行政人员确立服务观念,努力提高服务质量和水平,充分认识到行政管理作为权力来行使,无论是行政权行使的内容还是行政权行使的程序都只是一种为学术服务的权力。

第四,彰显透明行政理念

透明行政理念要求行政权力的行使必须实现信息公开。行政信息公开的首要价值取向就是体现学术自由,保障知情权,同时还具有遏制腐败、促使依法行政、实现信息资源共享、树立大学良好形象等价值取向。透明行政理念要求行政权力运作的主体、依据、程序、渠道、内容是公开的,公众可以依法参与。透明行政意味着行政权力要有所制约,制约意味着以权力约束权力,以透明保障知情,以制度限制权力,彰显显规则,遏制潜规则,最大限度地减少权力在行使过程中的随意性。美国大学治理的政策和实践处处彰显着该理念。如《伦理守则》《利益冲突政策》和《公开会议与档案政策》本质上就是《政府伦理法》《利益冲突法》和《信息自由法》等校外法律规章的延伸。我国《高等学校信息公开办法》已经于2010年3月30日第5次部长办公会议审议通过,自2010年9月1日起施行。《高等学校信息公开办法》就是以立法权制约大学的信息权、保障大众的知情权和选择权的实现。

7.3.2 确定行政权力介入学术权力的限度

第一,确定行政权力介入学术权力法定性原则(行政权力可介入的范围)

法定性原则界定了行政权力介入学术权力必须在法律的授权范围内进行。法治之下,行政法最重要的原则之一就是行政合法性原则。行政合法性原则要求行政机关首先要遵守法律,这既包含合乎实体法,也要合乎程序法。实体法上要求遵循法律体系下的不同位阶的法律,这包括宪法、法律、行政法规、地方性法规、行政规章、自治条例和单行条例等。大学行政职权必须基于法律的授予才能存在。

第二,价值位阶原则

　　大学行政权力的行使是实现管理目标的过程,同时也是实现大学的理想和法的价值的过程。实现价值应当是大学行政权力行使所追求的最高目标。从法理上来理解,法的价值有很多方面,如正义、秩序、自由、效率、利益等。由于现实大学治理的复杂性,在行政权力介入的过程中,法的各种价值之间有时会发生矛盾和冲突,甚至还会导致必须"舍一择一"的局面出现。此时如果行政主体不能做出理智的选择,那么介入度就把握不好,有可能导致大学行政管理目标无法实现,以致难以实现大学的理想和法的价值。价值位阶原则为行政主体的行为提供了一个很好的标准。价值位阶原则是指在行政权力介入学术权力的过程中,当位于不同法律位阶的价值产生冲突之时,高位阶的优于低位阶的价值。就法的基本价值而言,自由位于法的价值的最高位阶,它代表了自然人最本质的人性需要;而正义是其价值的外在表现形式;秩序则是一种约束。虽然法律价值因应场合不同而有所不同,但为了说明问题,我们仅从一般意义上做这样的位阶设定:自由>正义>秩序>效率……这样设定也是完全符合高等教育发展规律的。行政权力应该为学术权力服务,用"秩序"实现"学术自由"。[①]

　　第三,程序性原则

　　法律程序是对行为顺序、时限、步骤、方法的过程性的限定。行政权力的介入,除了给予实体性的关注之外,必须加以程序性的关注。程序是一种角色分配的体系。程序参加者在角色就位(role taking)之后,各司其职,互相之间既配合又牵制,恣意的余地自然就受到压缩。因此,程序功能自治又是通过各种角色担当者的功能自治来实现的。程序规定的内容在很大程度上是一种角色规范,是消除角色紧张、保证分工执行顺利实现的条件设定。程序在使参加者都有平等的表达机会和自由选择机会的同时,也使责任范围更明确,这种归责机制也会限制恣意。

　　程序合理性是设计(规范)合理性和进化(历史)合理性的结合。在大学章程的制定过程中,复杂的价值问题可以借助于程序加以化解,实体规范也可以通过公正的程序来形成。程序具有开放的结构和紧缩的过程:如果我们要使大学章程成为大学的"基本法",建立现代大学制度,那么,程序就必须作为其制度化的最重要的基石。处于平等地位的个人参加决策过程,就可以发挥各自的角色作用,具有充分而对等的自由发言机会,从而使决策更加集思广益,

---

更容易获得大学成员的共鸣和支持。这种程序使个人既有选择的自由,同时也为自己的行为负责。严格遵守程序要件的决定被认为是具有正统性的,同时也使决策者免去事后被追诉的风险。因此,程序既保护当事人的权利,也保护决策者的权利。这种能够统合当事人各方立场、统合制度设立者与利用者立场、统合决策者与决策对象立场的合理而公正的程序的建设,应当能够得到大学成员的理解和支持。使程序不致流于形式而能行之有效的关键在于调动程序利用者的积极性。①

---

① 郭莉. 大学章程的制定——基于公众参与的分析框架[J]. 中国管理信息化,2012(16):109 - 112.

8 大学学术权力与行政权力共轭驱动的多维策略

通过前面的理论分析与实证研究,我们得到有关大学学术权力与行政权力共轭的相关结论:大学学术权力与行政权力共轭是一种价值的追求;大学学术权力与行政权力共轭是场域中位置的确定;大学学术权力与行政权力的共轭状态影响大学的发展状态。

本书虽然是一个纯理论模型,但回应的却是现实中的问题。因此,我们自然提出这样的问题,如何站在时代的高度,在共轭的视野下,运用共轭理论,进行大学管理的理路创新?

8.1 大学学术权力与行政权力共轭驱动的理路分析

8.1.1 基点:大学管理思维的延展

世界的本质是共轭存在的。如前所述,作为一种动态的、辩证的自然观与世界观,共轭观从更深邃的意蕴、更新的视野揭示了事物的本质及其运动规律,它不仅具有哲学方法论上的意义,也影响着大学管理思维的创新。

8.1.1.1 共轭:从封闭思维到开放思维

共轭为我们提供了一个全新的视角,它突破了传统的思维和狭隘眼界,形成全方位看问题的思维。这样一种多视角的呈现,是对大学治理思维的拓展。传统的封闭思维是一种刚性思维,只需要严格按照程序,做出决策并付诸行动,就能够获得一个比较理想的结果。[257]而开放思维是一种弹性思维,它是指由于人们在运用开放思维进行决策时,要考虑周围环境的变化、不同复杂要素的影响,要求多层次多维度地看待问题,因而很难说在决策因素与决策结果之间存在一一对应关系。①

　　大学发展的无数的历史事实告诉我们,封闭只能落后,只有保持开放的心态、开放的思维,才能把握住机会,保持大学的健康、可持续发展。

　　作为一种价值追求,共轭的终极价值目标就在于大学的健康、可持续发展。大学要在浮躁的社会环境中表现出应有的"定力",就必须拥有自己的核心价值,坚守自己的理念。这个核心价值和理念只能是发展。大学的管理思维要有所转变,就要从封闭保守的思维转变为开放发展的思维。

8.1.1.2　共轭:从简单思维到复杂思维

　　简单性思维是一种基于单一的因果关系的思维,一种因对应一种果。片面强调事物的简单性,就会导致简单化的倾向与偏颇的结论。共轭是一种系统观,强调复杂性是客观事物的一种基本属性,事物之间普遍共轭则是复杂性的根源,事物的整体属性不能简单还原成部分的属性。共轭效应中诸多因素的相干耦合效应常常使系统的发展汇合成交叉多重作用的过程,也就是表现为事物发展的多项联系。[258]"复杂性的方法要求我们在思维时,永远不要使概念封闭起来,要粉碎封闭的疆界,在被分割的东西之间重建联系,努力掌握多方面性,考虑到特殊性、地点、时间,又永远不忘记起整合作用的总体。"②

　　通过前面对大学学术权力与行政权力共轭机理的研究,我们认为,大学是一个复杂的有机体,目标明确、具体、崇高,是学术精神与管理实践的统一。大学作为一个按照教育规律独立发展的有机体,内部的共轭关系通过环境(包括制度)、目标、行动者、资源要素的相互作用,产生协调和谐的运行机制,来保障大学健康的生存和持续的发展。但要真正实现大学的这一目标,必须以共轭的观点看到大学学术权力与行政权力之间的关系,将传统的简单性思维转变为复杂性思维,并运用复杂性思维处理学术权力与行政权力的运行。

8.1.1.3　共轭:从静态思维到动态思维

　　静态思维着眼于客观事物运动过程中的相对静止,它要求保持人脑思维运动和事物存在的静止状态相一致,这是一种习惯于从事物的相对静止状态去观察问题、认识事物的思维形式。动态思维则着眼于事物发展的趋势,它要求人们坚持全面的、联系的、发展的观点,这是一种运动的、调整性的、不断选

---

①　朱浩.从线性到非线性:我国大学管理思维的延伸[J].理工高教研究,2009(28):57-60.
②　埃德加·莫兰.复杂思维:自觉的科学.陈一壮,译.北京:北京大学出版社,2001:151.

择优化的思维,其根本特点是变动性和协调性。从某种意义上说,静态思维是一种定势作用下的常规思维模式;而动态思维是一种善于求新求变、具有前瞻性和超越性的思维模式,它与信息时代变化万端的信息流相适应。

共轭观要求我们必须突破静态思维,运用动态思维研究和分析大学学术权力与行政权力之间的关系。具体说,就是在思维状态上,对大学的内部治理结构要由侧重于静态的研究分析转变为更注重动态的跟踪展望,摒弃定型化、固态化的思维。要把眼光放长远,对大学学术权力与行政权力要进行动态的超前预测,不断发现新发展、新趋势、新规律,以指导大学管理的实践活动。在程序上,对大学的管理不拘泥于固有的模式和固定的程序,而是要大胆预测、大胆创新,使管理思维更具变通性、择优性、前瞻性,管理活动更具创新性和可操作性。

8.1.1.4 共轭:从冲突思维到共赢思维

目前,对于大学学术权力与行政权力关系的研究,多是从冲突对立的观点出发,而教育实践往往不是囿于这种狭隘的"非此即彼"的二元对立逻辑。所以,我们应该采用"德里达(Derrida)式"的逻辑,即"亦此亦彼"的"既是……又是……"式的"增补逻辑"。因为,尽管大学内部学术权力与行政权力存在着矛盾甚至冲突,但这种矛盾甚至冲突不是根本对立的关系,而是能够并且必须协调的关系。另外,大学中也不存在中立的教育实践,大学的教育实践必须做出某种价值选择,而这种价值选择或价值追求就是实现学术权力与行政权力的协调与平衡,使之达到共轭的状态。

共轭既是对大学发展主题的体现,也是对新的教育管理思维方式的呼唤。因此,我们在关注大学学术权力与行政权力关系的同时,必须摒弃传统的"冲突"的观念,以一种发展的眼光、双赢的战略思维指导实际行动。在实际的大学实践过程中,大学场域中的行动者之间及各个要素之间需要引入共轭机制,实现物质资源、学术资源及信息资源等的交换与交流,实现共轭。唯其如此,大学内部各方面才能形成良性互动,大学才能优化配置各种资源,并提升核心竞争力,最终促进大学的健康、可持续发展。

8.1.2 要素:共轭驱动

共轭要素是诱发共轭的原始驱动力。在前面的研究中,我们根据扎根理论分析的共轭要素主要是环境、目标、行动者和资源。环境(包括制度)是外部的共轭驱动要素,而目标、行动者、资源则是内部的共轭驱动要素。外部的环境要素直接影响内部要素,并相互作用。大学学术权力和行政权力共轭驱动是有着明显的层次性的。共轭驱动力分为远动力和次生动力。大学发展的共轭驱动是由原动力和次生动力共同构成的。

8.1.2.1 驱动力系统

促进大学发展的共轭驱动系统主要是由三个层面构成的:一是深层的原动力,二是表层的学术权力与行政权力展现,三是这些驱动作用的环境条件。

其中,原动力是指共轭要素,即目标、行动者、资源,这些要素的相互作用直接影响学术权力与行政权力在不同场域中的共轭状态。在特定的背景和条件下,这些驱动力逐渐聚集,并最终促进大学的发展。驱动力系统见图8-1所示:

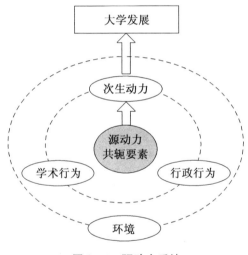

图 8-1 驱动力系统

图8-1说明,大学的发展,不是单纯的行政权力或者学术权力作用的结果,而是有着复杂的驱动力系统。对于驱动力系统而言,又有着鲜明的层次性:深层的驱动力是由共轭要素(目标、行动者、资源)决定的。只有目标明确,行动者各司其职,资源合理配置,才能形成共轭驱动力。这就是大学发展的原动力。在原动力的作用下,催生学术权力和行政权力不同的表层作用,形成不同的场域状态,而造成这些驱动力的作用则是环境和条件。

8.1.2.2 共轭驱动模型

大学学术权力与行政权力在不同的共轭要素的作用下,对大学的发展产生不同的影响。而大学的发展状态,又作用于大学学术权力和行政权力,对共轭驱动的原动力产生反作用,来驱动大学的新一轮发展(不同类型的大学,由于学术权力与行政权力的共轭状态不同,对大学的发展的作用也呈现出差异性;而不同类型大学的发展状况,又使各类大学内部学术权力与行政权力的共轭程度呈现差异性)。上述的分析表明:大学学术权力和行政权力的共轭驱动过程是一个循环上升的发展过程,每一个循环都会促使大学发展到一个新的层次,这些循环过程一步一步深化,驱动着大学不断向前发展。从现象的角度来分析,这个过程就是一个上升趋势的螺旋,在这里称之为"大学学术权力与行政权力共轭驱动螺旋"。为了更好地展示这种共轭驱动,以图8-2给予说明。

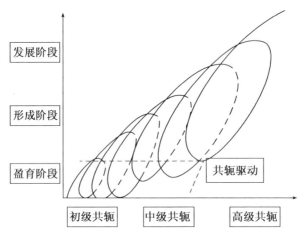

图8-2 大学学术权力与行政权力共轭驱动螺旋示意图

如图8-2所示,大学学术权力与行政权力共轭驱动,从纵向来看,大学学术权力与行政权力共轭有着明显的阶段性,表现为大学发展的不同层次;从横向来看,共轭状态趋于稳定。当然在这个过程中,也会有不同程度的结构调整。两轴之间为共轭驱动过程。

在这些驱动作用的过程中,大学的发展经历了自身成长的不同阶段。在共轭要素的作用下,大学学术权力与行政权力共轭的过程,就是大学发展的过程。这个过程是大学不断向着更高层次的演变过程。在此过程中,其发展经历了共轭孕育阶段、共轭形成阶段、共轭发展阶段。并且共轭要素在此过程的各个阶段起到不同的作用。

8.1.3　途径:学术自主、行政服务

　　"中国的大学,目前主要的问题,并不是行政人员的数量,而在它的质量和服务。应该把焦点集中在行政人员是不是真正为教授、为学生服务这个问题上。"①解决的有效办法是,学校领导、职能部门变管理为服务,建立学校服务型行政。一个组织的职能决定一个组织的性质。大学的职能是人才培养、科学研究、社会服务、文化传承创新,这就决定了大学的学术性。[259-270]大学作为独立的学术与文化组织,是知识生产和文化传播机构,具有知识性与学术性。德里克·博克对此有过精辟的分析:"大学凭常规的学术功能,通过教学项目、科学研究和技术援助等手段承担着满足社会需求的重要职责","如果采用……非学术性手段,那样做很难说有正当理由"。② 大学的教学、科研等学术活动是目的性活动。行政管理不是大学的职能,办大学不是为了行政管理,而是为了培养人才。因而,行政管理是手段性活动,是为教学、科研服务的,为教师、学生服务的。学校是一个系统,主要工作包括教育教学、学科专业建设、管理服务。教育教学、学科专业建设是学校的主体工作,主要依靠教师。管理服务十分重要,主要靠领导、职员,但管理服务是为教学、科研服务的。这是工作岗位、工作性质的需要,没有高低贵贱之分。服务是行政管理人员的本职。③

　　服务是指主体对其他主体(社会、集体、他人等)需要的满足所提供的帮助、援助、促进、贡献和助益的活动过程。服务是一种活动、一种行为,也是一种关系。要做好服务工作,首先,要尊重服务对象。教师是学校办学的主体,要信任教师,尊重教师。其次,要了解教师的需求。知道教师们在想什么,需要什么,有什么难处,从而有的放矢地做好个性化服务工作。再次,服务要到位。要了解教师工作的过程,并追踪服务过程,全过程、全方位地做好服务工作。

————————

　　① 张维迎.大学的逻辑[M].北京大学出版社,2004:105.
　　② 王务均,龚怡祖.大学学术权力与行政权力的包容机制研究[J].教育发展研究,2012(21):41-45.
　　③ 刘献君.正确认识和处理学术权力与行政权力的关系[J].中国高等教育,2012(13):31-33.

8.2 大学学术权力与行政权力共轭驱动的具体策略

大学学术权力与行政权力共轭驱动是一个多维的复杂的策略系统,这个系统是由三大要素共同作用的结果。影响共轭驱动的要素组成一个稳定的结构。因不同要素而构成的系统是一个以共轭驱动为核心的三角形结构(见图8-3)。目标、行动者、资源受共轭的驱动,又反作用于共轭。具体而言,目标决定行动者的行动,这一行动直接影响资源的配置,并导致一系列的反应,而这又作用于共轭系统,各系统的稳定最终促进大学健康、可持续地发展。

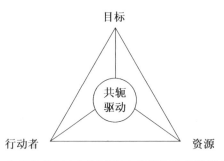

图8-3 大学学术权力与行政权力共轭驱动多维策略示意图

8.2.1 目标策略

目标策略是一所大学在自身办学理念指导下所制定的发展目标及其为实现发展目标所采取的策略。

从哲学的角度来看,大学理念是大学之所以成为大学的根本规定,是大学的价值选择和发展方向的深刻思考,是讨论大学诸多问题的前提和关键。理念的英语表达是"idea"。大学的理念是大学的本然或应然的状态,是大学精神、大学追求、大学理想等的综合反映,也是大学本质特征和发展规律的反映。在理念体系中,最重要的是核心理念。《基业长青》一书认为,核心理念包括核心价值和它的目的。所谓核心价值是指一个组织具有的长盛不衰的一些根本信条,也就是少数几条一般性的指导原则——"地平线上恒久的指引明星"。大学的核心理念就是大学的核心价值追求,是大学发展的"指引明星"。不管大学理念是怎样的,都要经过实践的不断完善,需要不断根据实际情况,融合周围的环境,不断提升和磨砺,才能使大学的理念更为成熟进步,从而在更高层次上把理念进化,在此过程中,同时也延伸理念的范围和深刻理念的内涵。大学的理念指引和决定着大学的功能、定位、价值选择和发展方向,决定着大学精神的基本内涵和特质,规约着大学文化的建设与发展。①

虽然大学的理念并不是一成不变的,但是它仍然具有非常强的稳定性。在 19 世纪中叶的时候,牛津大学的纽曼教授在《大学的理念》(*The Idea of a University*)一书中对大学的理念做了这样的表述:大学理念就是一切知识和科学、事实和原理、探索和发现、实验和思索的高级保护力量。其后,德国柏林大学的洪堡教授对大学理念做了进一步概括,使大学理念的内涵更加丰富。洪堡的大学理念可以概括为:大学是知识探索和培育人才的基地。随着大学的发展以及大学与社会联系的密切,大学的功能也变得多元化,社会服务的理念也成为大学理念的组成部分。但是不管大学理念如何变化,大学的核心价值追求没有变。正如美国前芝加哥大学校长爱德华所说的,大学"不仅是人类诸多文化的保管者,而且是理性进程的监护者"②。正是大学理念的指引,才使得大学和大学人孜孜不倦地去追求,去奉献,去维护大学的繁荣发展。

中国大学的理念经过了不断流变的历程。蔡元培秉承德国现代大学的理念,以思想自由、兼容并包为办学理念,认为,大学是"研究高深学问"的机关,是"囊括大典,网罗众家"之学府。"研究高深学问"是蔡元培大学理念的价值取向,民主、自由是大学理想的氛围,大学应以"养成硕学闳材,应国家需要为宗旨",培养具有"健全之人格"的人才。在此理念指导下,北京大学在不长的时间内,不仅执中国大学之牛耳,而且成为饮誉世界的著名大学。中国的大学在以后的发展历程中,理念不断漂移,特别是在 20 世纪 50 年代中后期以后,突出政治成为大学理念的核心价值取向。当代中国的大学,以人才培养、科学研究、社会服务、文化传承创新为功能,但人才培养是中国当代大学的核心价值追求。因此,当代中国大学的理念应突出创新人才的培养。围绕创新人才的培养以及大学的功能发挥,中国的大学学术权力与行政权力的共轭驱动,在理念上应该体现创新人才培养这一核心价值追求,充分发挥大学的各项功能,提高学术权力,体现学术自主。在此基础上,协调学术权力与行政权力的关

---

① 程光泉.哲学视野下的大学理念、大学精神、大学文化[J].北京师范大学学报(社会科学版),2010(1):121.

② 张维迎.大学的逻辑[M].北京大学出版社,2004:130.

系,使这两个权力的运作更好地服务于大学的发展。

在具有本校特色的办学理念指导下,每所大学都有自己的发展目标。目标是大学发展的核心理念的组成部分。目标策略的制定与实施,对于大学的发展来说,起到领航机制的作用。21世纪以来,世界高等教育的发展出现新的态势,其特征之一就是注重以发展目标为核心的战略规划。美国著名的高等教育管理学专家乔治·凯勒博士将大学以目标为核心的战略与规划称为"高等教育管理革命"。他指出:"战略规划是一种更为积极主动、面向未来的大学管理方式。它力图事先做好应对所预计到的困难的准备,更迅速地抓住和利用新的机遇与可能的变化"①,"用战略目标搭建精神家园","战略管理就是大学通过'顶层设计',即通过制定科学的发展战略目标,导向价值、整合资源、凝神聚气、同心同德,实现大学的发展战略目标,进而实现育人的功能"。②

大学的战略规划与目标策略应体现校情,同时又有一定的宽泛性。一般来说,体现校情,凸显学校办学特色和优势,这是每所大学在制定战略目标时都重点予以关注的,但对战略目标的"可实现度",往往关注不够。从管理的角度来说,制定宽泛的大学发展目标往往更加有效。因为大学当下所处的环境比以往任何时期更加复杂。制定这些宽泛的目标的最基本的因素,就是必须提供一个目标框架。在此框架内,不管是学术权力的行动者和资源,还是行政权力的行动者和资源,都能相互支持,协同发展。也只有在学术权力与行政权力共轭状态下相互支持所做出的决策,才可以促成大学内部各类行动者、资源的合理配置,功能互补,从而使大学在不断变化的复杂环境下持续发展。

大学的战略规划与目标策略应建立在前瞻性思维基础上。以目标管理为中心的大学战略思维的特点在于,力图充分强调目标设计中的主体观念和长远预见。前瞻性思维遵循人的全面发展和社会发展规律,侧重于对现实问题的主动引导,立足现实,面向未来,着眼发展,追求卓越。这就要求要求大学管理者必须高瞻远瞩、审时度势、未雨绸缪,保持一种动态的、柔性的战略思考③。通过对社会发展规律、高等教育管理规律、学术发展规律和人才培养规律的前瞻性研究和把握来引导现实,从而全面提升大学教育管理效能,促进大

---

① 乔治·凯勒.大学战略与规划:美国高等教育管理革命[M].别敦荣,译.中国海洋大学出版社,2005:序.

② 丁三青.基于创新人才培养的大学管理革命与管理队伍建设[J].煤炭高等教育,2007,25(1):1-8.

③

学的持续和谐发展。

大学的战略规划与目标策略应该具有整合性、灵活性和透明性。科学有效的目标策略可以使大学内部各行动者都明了大学的发展战略方向，群策群力，实现大学的发展目标。目标策略及其管理的这一领航机制比控制机制更适用于激发人们的积极性。大学目标策略及其管理的目的是实现和保持大学的发展。大学目标策略与管理是大学内部各要素有机整合的过程，其中所有相互关联的部分必须协同运作。大学目标策略及其管理也是一种整合机制，它能够在政策实施过程中将大学内部各类资源、要素整合在一起，以达到目标实现的最佳效果。

作为大学发展的领航机制，大学的战略规划与目标策略对于把握大学的前进方向、捕捉大学的发展机遇至关重要；相反，控制机制则会阻碍行动者的积极性。因此，大学的管理者应高度重视目标策略，制定科学的发展战略并予以实施，在目标实施过程中进行战略管理，协调学术权力系统与行政权力系统的行动者，整合相关的资源，使其在实现大学发展目标的过程中，实现各自功能的最大化。

8.2.2　行动者策略

在这里，我们主要讨论起着重要作用的行动者。在大学之中，起重要作用的行动者莫过于引领核心。强有力的引领核心对于大学共轭驱动起着至关重要的作用。当代中国的大学实行党委领导下的校长负责制。根据法律规定，大学自主办学，坚持依法治校、民主治校、科学治校。

（一）党委集体领导

本书讨论的是大学学术权力与行政权力的共轭问题。学术权力与行政权力的关系，是世界上所有大学都必须面对与处理好的关系，这是大学的共性问题、普遍性问题。但是，中国的大学除了学术权力与行政权力，还有政治权力，这是"中国场域"中大学管理的个性、特殊性问题。这既是中国特色的现代大学制度建设使然，也是保证中国大学发展方向的要求。尽管本书研究的是大学管理中的共性、普遍性问题，不涉及个性、特殊性问题，也不涉及个性与共性、普遍性与特殊性的关系问题，也就是不去研究中国大学的政治权力问题，也不研究政治权力与学术权力、行政权力的关系问题，但政治权力作为中国大学内部权力体系的重要组成部分，在此，还是要进行必要的阐述。这是其一。其二，政治权力是保证中国大学发展方向的权力，自然包含着保证大学学术权力与行政权力运作的方向。

《中华人民共和国高等教育法》第三十九条规定："国家举办的高等学校实行中国共产党高等学校基层委员会领导下的校长负责制。中国共产党高等学校基层委员会按照中国共产党章程和有关规定，统一领导学校工作，支持校长独立负责地行使职权。"大学党委在大学中起的领导作用，不仅表现在保证大学坚持正确的政治方向上，还表现在涉及学校改革、发展、稳定的全局性重大问题由党委集体决定。就大学内部治理结构而言，党委领导、协调、监管学术权力与行政权力的运行，一方面监管行政权力，另一方面创造良好的环境和氛围，努力提升大学中的学术权力。[①] 大学党委的领导职责见表8-1。

表 8-1　党委领导职责

1	贯彻落实党和国家教育方针，保证社会主义办学方向，领导学校的思想政治工作和德育工作；
2	领导制定学校的发展战略，讨论决定学校改革与事业发展和基本管理制度建设等重大事项；
3	讨论决定学校重要组织机构的设置；
4	讨论确定学校干部的选拔、任免、管理、培训、考核和各类重要代表人士的推荐；
5	领导学校各级党组织的思想、理论、作风和组织建设；
6	领导学校的教职工代表大会及工会、共青团、妇委会、学生会等群团组织；
7	对校内民主党派的基层组织实行政治领导，充分发挥其在学校改革与事业发展中的重要作用；
8	保证学校以培养人才为中心的各项任务的完成，维护学校政治稳定和校园安全；
9	其他需要由学校党委决定的重大事项。

根据法定的职责，大学党委必须负起领导责任，发挥决策功能，同时协调、监管学术权力和行政权力的运行。在这个过程中，学校党委的行动策略是实行集体领导，民主决策，坚持民主集中制原则，重大事项由党委常委会或全委会会议讨论决定。为此，必须制定党委全委会、常委会议事规则，规定议事范围、议题确定、决策程序、表决形式等。大学党委能否起到领导、决策的作用，就要看能否做到职责明确到位，班子坚强有力，程序民主公开。要防止党委职责不到位以及越位。

---

① 何淳宽. 中国大学学术性准正式组织研究[D]. 中国科学技术大学. 2009.

（二）校长行政负责

《高等学校章程制定暂行办法》第九条规定：校长是学校的法定代表人和行政事务的负责人。《中华人民共和国高等教育法》第四十一条规定：校长全面负责学校的教学、科学研究和其他行政管理工作。在中国的大学，党委处于领导、决策地位，校长执行党委的决策。副校长、校长助理和各职能部门根据分工协助校长管理学校工作。校长的主要职权见表 8－2。

表 8－2　校长的主要职权

1	组织拟定学校发展规划，制定具体规章制度和年度工作计划并组织实施；
2	组织拟定行政机构设置方案，推荐副校长人选，安排副校长、校长助理的工作分工，任免行政机构负责人；
3	组织实施教学活动、科学研究、学科建设、师资队伍建设、思想品德教育、社会服务和国际交流等办学事务；
4	聘任、解聘教职员工，依照学校规定对教职员工实施奖惩；
5	对学生进行学籍管理；
6	筹集办学经费，组织拟订和实施财务预算方案，保证学校资产的安全和完整；
7	组织对学院及行政部门进行目标考核和绩效评价；
8	向教职工代表大会报告年度工作；
9	遇有紧急情况，决定实施法律许可的校园安全应急措施；
10	其他需要由校长决定的重要事项和法律、法规规定的其他职权。

根据法定的职权，大学校长作为学校的法定代表人和行政事务的负责人，其行动策略是：第一，必须在党委集体领导下行使校长的职权，必须具有很强的执行力，必须协调好行政权力与政治权力、学术权力的关系，调动大学行动者的积极性，合理配置各类资源要素，使之发挥最大的绩效。第二，必须建立校务会议制度，由校长主持校务会议，处理学校行政工作中的重要事项。要制定校务会议议事规则，规定会议的议事范围、议题确定、参加人员、决策程序、表决方式等。第三，校长必须要有创新的办学理念，开拓的工作精神，务实的工作作风。第四，校长要强化对学校二级学院（系）、职能部门在执行学校政策方面的监管、考核。

（三）学术委员会学术管理

学术权力与行政权力是大学内部治理结构中的基本权力，两者的关系是大学管理中的基本关系,处理好这两者的关系使之达到共轭状态是大学发展的基本要求。由于受传统政治文化的影响,当代中国大学内部治理结构中,一个普遍的现象是,行政权力过度张扬,学术权力受到挤压,这在"一般"大学尤其严重,这从我们前面第7章对中国大学学术权力与行政权力共轭状态的实证研究中可以得到证明。行政权力挤压学术权力,使大学的行动者、资源等共轭要素不能合理配置,严重影响了大学的知识创新、科学研究,进而影响了大学在高水平上的发展。科学划分学术权力与行政权力,使之职责明晰,彼此制约而又相互支持,是当代中国现代大学制度建设的迫切要求,也是实现大学持续发展的迫切要求。

学术委员会是代表大学学术人员行使学术权力的主体,是校长领导下的大学学术事务的咨询、决策机构。学术委员会是现代大学制度的重要组成部分,是学术民主、学术自由、教授治学的重要制度保证。《中华人民共和国高等教育法》第四十二条规定:"高等学校设立学术委员会,审议学科、专业的设置,教学、科学研究计划方案,评定教学、科学研究成果等有关学术事项。"其主要职责见表8-3:

表8-3　学术委员会职责

1	审议学校专业技术职务的评聘条件,对各类专业技术岗位的学术水平进行评价;
2	审议国内外学术交流与合作中的重大学术事项;
3	讨论学士、硕士和博士学位的授予;
4	评审科研、教学、人才等基金项目,确定科研、教学、师资等奖励表彰人选;
5	对学术争议事项进行判定,对学术不端行为进行调查;
6	审议或评议学校委托的其他重要学术事项;
7	行使学校赋予的其他职权。

作为大学行动者的重要组成部分和学术权力行使的主体,大学学术委员会的行动策略是:第一,制定学术委员会章程,规定学校学术委员会的组成原则、负责人产生机制、运行规则与监督机制,保障学术组织在学校的学科建设、专业设置、学术评价、学术发展、教学科研计划方案制定、教师队伍建设等方面充分发挥咨询、审议、决策作用,维护学术活动的独立性。第二,科学划分学术权力与行政权力的职责,真正做到学术事务由学术机构管理,行政事务归行政机构管理。在既涉及学术事务又牵扯行政事务的时候,由学校主管领导统一协调,做到学术与行政相互支持,保持良好的共轭状态。第三,学术委员会委

员应该由具有较高学术声望、热心学术管理事务并具有一定管理能力的教授
担任,每个基层学术单位至少有1个校学术委员会委员席位,中青年委员应占
相当的比例。除院士、国家教学名师外,行政领导一般不兼任校学术委员会委
员或担任委员比例不宜过多,且不兼任常务委员会及专门委员会主任、副主任
职务。第四,明确学校学术评价和学位授予的基本规则和办法,尊重和保障教
师、学生在教学、研究和学习方面依法享有的学术自由、探索自由,营造宽松的
学术环境。第五,根据大学学术事务,学术委员会可以下设教学委员会、学术
道德委员会、学位委员会、学术评价委员会等专门委员会等若干委员会,负责
各专门学术事务。第六,在学术委员会运行过程中,既要防止学术权力与行政
权力的对立,又要防止学术权威对学术资源的"霸权";既要保证学术委员会委
员管理学术事务积极性的发挥,又要防止把学术委员会变成琐碎学术事务的
管理以影响学术委员会委员对学术事务管理的兴趣。第七,二级学术单位成
立教授委员会,依照学校学术委员会章程开展相应的工作。

8.2.3 资源策略

在大学的场域中,不同的行动者采取的不同的策略是资源配置格局形成
的决定性因素。教育资源配置的实质是不同行动者之间的利益博弈,而不同
行动者之间利益关系的演化则是教育资源配置格局调整的根本动力。

8.2.3.1 合理配置资源,协调不同行动者之间的利益关系

不同行动者之间具有不同的利益目标和利益诉求。正是行动者对利益的
不同追求,使得大学活动充满矛盾。也正是这种矛盾的存在、演化和解决,推
动着行动者之间的利益关系不断进行调整。大学的行动者就是大学学术活动
和行政活动的承担者、追求者、实现者和归属者。

教育资源配置格局就是教育资源配置的结构和格式,它是不同的行动者
在教育资源配置过程中利益关系的直接反映。具体到我国的大学资源配置实
践中,从高校布局结构看,中央部属高校与地方高校、东部地区高校与中西部
地区高校、中心城市高校与非中心城市高校拥有的资源有差异;从高校内部
看,各学科专业之间、各部门之间、各学术人员之间拥有的资源也有差异。高
校教育资源配置主要是处理高校内部各要素之间的资源配置。教育资源配置
格局就是这些利益主体之间的相互关系的反映。高校内部资源配置必须遵循
教育发展规律,体现资源配置的公正性,同时兼顾差异性,达到资源结构的优
化组合,发挥高校资源利用效益的最大化。高校内部资源的配置要突出学校

的办学特色与优势,通过资源的合理配置,进一步彰显特色,扩大优势,实现优者更优,强者更强。同时,要考虑学科专业的布局平衡和学院之间、部门之间资源的平衡,实现资源配置的生态化,进而实现学校管理绩效的最优化。

8.2.3.2 适当干预教育资源配置,实现不同行动者之间在博弈中的利益平衡

教育资源配置的实质是不同行动者之间的利益博弈。具体到我国大学的教育资源配置实践,主要表现为资源在教育部门和其他部门之间的配置,教育资源在不同类型、层次高校之间的配置。从大学内部来说,则是不同学科专业之间、不同部门之间、不同学术人员之间的利益博弈。大学内部各利益主体在教育资源配置中的博弈决定了教育资源配置格局的最终形成。因此,大学教育资源配置的实质是不同利益主体之间的利益博弈。由于不同利益主体的力量强弱不一,在教育资源配置的利益博弈中,必然有一部分主体由于自身的力量较弱而成为弱势群体,而一部分力量较强的主体则处于优势地位,成为强势群体。强势群体会凭借着其自身的优势地位影响教育资源配置政策的制定和调整,从而使教育资源进一步向优势领域、部门和优势群体聚集,教育资源配置的差距也会不断拉大。因此,为了防止教育两极化走向极端,学校必须进行适当的干预,对教育资源进行合理调配,实现不同行动者之间在博弈中的利益平衡。

8.2.3.3 促进利益关系的演化,不断调整教育资源的配置格局

利益是永恒的,是不以人的意志为转移的客观存在。任何利益主体总是在不断地追求和实现着自己的经济利益、政治利益和文化利益以及其他相关利益。但是,不同利益主体之间的利益关系却是在不断变化的,这是由利益主体需求的无限性与资源的稀缺性的矛盾决定的。在追求利益的过程中,不同的利益主体分化组合,不断地形成新的利益关系。也正是利益关系的演进和变化使得不同利益主体的力量对比不断发生改变,直接影响着各利益主体在大学教育资源配置博弈中的力量变化,进而使旧的教育资源配置格局不断被打破,新的教育资源配置格局逐渐形成。因此,不同利益主体之间利益关系的演化是教育资源配置格局调整的根本动力。[①]

大学是一个不断创新的组织,创新的动力来自内在的需求。从大学内部的资源配置来说,保持各利益主体利益关系的不断变化,不断调整教育资源的

---

① 许丽英.教育资源配置理论研究——缩小教育差距的政策转向[D].东北师范大学,2007.

配置格局,是大学创新与发展的动力之源。大学必须通过深化改革,不断打破既有的利益格局,不断释放发展的动力,使各利益主体在博弈中保持压力,并使这种压力变成革新的动力,大学才能展示创新的品格,才能实现可持续性发展。当然,调整利益关系和教育资源格局,必须遵循规则,必须以和谐稳定为前提。在此前提下,进行改革创新,为大学的发展不断注入活力与动力。

8.3　不同层次大学共轭驱动的理性安排

在前面第七章里,我们通过实证分析,了解了中国大学学术权力与行政权力共轭的实际状态:"985 工程"大学、"211 工程"大学和"一般"大学这三类不同大学,其学术权力与行政权力共轭的状态是不一样的。系统论认为,结构决定功能,有什么样的结构就会导致什么样的功能;同时,功能反作用于结构,系统功能的选定要靠相应的组织结构予以保证。[①] 我国"985 工程"大学、"211 工程"大学和"一般"大学因其各自的办学目标不同、大学的理念不同、服务的对象不同、所处的环境不同,因而学术权力与行政权力的共轭程度及其具体的共轭驱动策略也不同。

我们通过前面的研究得知,大学学术权力与行政权力的共轭受三个最重要的因素影响,共轭驱动的策略自然也必须要考虑这三个要素。因此,在本章第二部分,我们系统研究了大学学术权力与行政权力共轭驱动的策略:目标策略、行动者策略、资源策略。这三个策略是从一般意义上亦即对所有大学而言都必须要采取的策略。

但是,由于不同层次的大学在目标定位、行动者、资源方面存在差异性,这不仅决定了不同层次大学学术权力与行政权力共轭的程度,更决定了它们共轭策略的差异性。也就是说,这三类大学尽管都在目标、行动者、资源方面采取共轭驱动策略,但每一类型(层次)的大学在具体的策略方面是不一样的。

这里,必须进一步说明的是,不管哪种层次的大学,也不管这些大学采取的共轭驱动策略有什么差异,它们共同的职能都是人才培养、科学研究、社会服务、文化传承创新。其中,人才培养是大学的根本任务。只不过不同层次的大学在对这几项职能的表达上各有侧重,而这同样也决定了不同层次大学共

---

① 马陆亭.高等学校的分层与管理[M].广东教育出版社,2004:155-156.

轭驱动策略的差异性。比如,"985 工程"大学,更加侧重于建设世界一流大学的目标,做出在国际上具有重要影响的创新性成果和培养具有国际竞争力的人才;"211 工程"大学,侧重于特色办学(特别是行业特色型高水平大学),强调为行业或区域经济社会发展服务以及培养行业领军人才和科技精英;"一般"大学则是重在为当地经济社会发展服务,培养地方所需要的应用性人才。

这样的选择应该说是理性的选择。下面针对不同层次大学共轭驱动策略的侧重点的选择分别加以论述。

8.3.1 "985 工程"大学

通过前面的实证分析,我们计算出"985 工程"大学学术权力与行政权力共轭的数值为 0.211 476。这个数值表明,这类大学学术权力与行政权力的共轭状态最佳。我们所建立的模型是一个固定的模型,不是抽样估计。经过计算,此类大学学术权力的数值大于行政权力的数值。由此我们可以判断,这类大学学术权力的贡献大于行政权力的贡献。而"985 工程"大学在实际中的高校排名说明了其良好的发展态势,即证明学术权力和行政权力共轭,可以促进大学的发展。结合对共轭要素的分析,笔者认为,"985 工程"大学的共轭驱动策略,更侧重于以下方面:

8.3.1.1 结合本土实际,创办世界一流大学

这是目标策略。"985 工程"大学来源于我国实施的"985 工程"。1998 年 5 月 4 日,江泽民在北京大学百年校庆上的讲话中提出:要建设若干所世界一流大学和一批国际知名的高水平研究型大学。1998 年 12 月 24 日,教育部制定的《面向 21 世纪教育振兴行动计划》,明确指出"创建若干所具有世界先进水平的一流大学和一批一流学科"。"985 工程"大学总的发展战略是:集中资源,突出重点,体现特色,发挥优势,坚持跨越式发展,走有中国特色的建设世界一流大学之路。

但是,创办世界一流大学不仅需要加大投入,更需要实施科学的发展战略与策略。"985 工程"大学在学术权力与行政权力的关系上,学术权力的影响要大于行政权力的影响,因此,这些大学通过努力,在一定时期内可以建成世界一流大学。但是,世界一流大学的建成,受多种因素的影响,这些因素,除了投入、战略、管理等方面的因素,还有本国历史文化与现实国情。因此,建设世界一流大学,必须立足国情,充分利用本土资源。

哈佛前任校长查尔斯·艾略特曾经说过:"一所名副其实的大学必须是发

源于本土的种子,而不能在枝繁叶茂、发育成熟之际,从英格兰或德国移植而来。……美国的大学在成立之初就绝不是外国体制的翻版……它在美国的社会和政治环境中自然缓慢地成长起来,并体现着受过良好教育的社会各阶层所共有的目标和雄心。"①因此,我国"985 工程"大学必须结合本土资源来创办世界一流大学。在学习西方大学先进办学理念与管理经验的同时,要加强中国大学在思想、学术、文化、教育制度等方面的特色化建设;在学习借鉴西方大学制度的成文文本的同时,还应该关注这些制度文本的产生与演变过程,努力做到"知其然并知其所以然",充分考虑国情、校情、内外部环境与文化背景的差异,避免简单照搬,任意扭曲。

8.3.1.2 倡导学术至上,明确学术价值取向

这是行动者策略。行动者策略就是要处理好学术与行政两大方阵中的权力运行、人员及资源配置,构建合理的大学治理结构。关键在于倡导"学术至上",明确"学术自由""教授治学"的大学理念。其中,"教授治学"是学术权力运行有效性的集中体现。"教授治学"的载体就是学校的学术委员会和二级学术单位的教授委员会。大学在承担和履行其职责的过程中,需要建立独特的组织及其运作方式,这种运作方式的前提就是崇尚学术,对于学术权力的合理性与合法性给予充分的理解与认可。② 能够按照学术共同体内部的评价标准来评价教师的学术业绩,创造教师依靠学术声誉获得职业身份和同行认可的氛围。大学治理结构和制度安排的首要目的,是保证学术生产的顺利、有序、高效地进行,无论是层级划分还是对人、财、物的管理,都要以服务学术生产为前提和目的。应该减少行政权力对于学术事务的干预,强调管理的学术导向,根据教学、研究等学术活动的基本特征进行有效的计划、组织、协调与控制。要从根本上改变大学的激励方式,逐步取消大学及其内部管理人员的行政级别(对于这个问题,目前争议很大。笔者认为,逐步取消大学及其内部管理人员的行政级别,符合现代大学制度的内在要求,但是,在目前的中国尚难以实现,尽管如此,大学仍应该淡化行政化、官僚化色彩)。一所大学的声誉取决于这所大学的历史使命是否得以出色地完成;一位校长是否让人称道在于他任职期间是否带领大学开拓了一番辉煌的业绩;一位学者是否受人尊重在于他

---

① 周玲.大学组织冲突研究——角色、权力与文化的视角[D].华东师范大学,2006.
② 王为正.日本、香港高校内部横向权力分配模式的比较与启示[J].学术交流,2011(16):24 - 27.

在学术同行中是否具有很好的口碑,是否对知识有所贡献,是否对学生尽心尽责。[①]

8.3.1.3 国际化发展

这是资源策略。"985 工程"大学致力于世界一流大学建设,国际化发展是这些大学的重要发展战略,也是这些大学共轭驱动策略在资源配置方面的重要举措。大学本身就具有世界性的品格,当今时代,国际化是大学发展的重要驱动力,它不仅体现了大学的世界性品格,而且对于提高大学的国际声望至关重要。

世界一流大学应该是什么样的大学? 有学者认为,世界一流大学应该是:拥有一批具有国际影响的学科、专业,产生一批具有国际先进水平的学术研究成果和技术发明成果,拥有一批具有国际影响的教师;培养出一大批具有国际影响的高水平人才。[②]"985 工程"大学要实现建成世界一流大学的目标,必须大力实施国际化发展战略。在实施国际化战略过程中,推行国际化资源策略。一是开放性。这些大学不仅要对国内开放,更要对国际开放;不仅要整合国内、校内资源,更有利用国际资源,使之成为大学发展的宝贵资源。二是包容性。要接纳、吸收一切有益于大学发展的理念、管理经验、人才;要包容一切有创新精神和创新能力的人才,使之成为大学创新的重要资源。三是集中性。在资源有限的条件下,大学发展只能将资源或"集中"用于改善和提高少数专业质量,或"分散"用于提高全部专业质量。美国学者麦克居里的研究表明,从整体上看,规模大小是作用的最大因素。这说明,大学在声誉生成过程中,综合性是首要的。[③]"985 工程"大学要建成世界一流大学,不能把有限的资源分散使用,必须集中投入,优化配置,充分挖掘资源效益的最大化。

8.3.2 "211 工程"大学

"211 工程"大学来源于"211 工程"。"211 工程"是中国政府在 20 世纪 90 年代中开始策划和实行的、针对中国高等教育的一项战略性政策,即 21 世纪重点建设约 100 所重点大学(实际数量为 112 所大学)。这些大学建设的总体目标是:在教育质量、科学研究和管理等方面处于中国国内先进水平,并有一

---

① 周玲.大学组织冲突研究——角色、权力与文化的视角[D].华东师范大学,2006.
② 丁三青.关于中国高等教育强国指标体系的战略构想[J].煤炭高等教育,2009,27(1):1-3.
③ 马陆亭.高等学校的分层与管理[M].广东教育出版社,2004:160-161.

定的国际影响。其中若干所高等学校和部分重点学科点达到或接近世界先进水平。

8.3.2.1　特色发展

这是目标策略。"211 工程"大学大多数是行业特色型高水平大学、综合性重点大学和地方重点大学("985 工程"大学是从"211 工程"大学中进一步遴选出来的)。因此,依托行业、地方,服务行业、地方(区域),特色发展,使之在行业和地方经济社会发展中发挥引领、支撑作用,是这些大学发展战略与策略方案的必然选择。

特色就是品牌,特色就是优势,特色就是话语权。"211 工程"大学教学和科研水平较高,并在部分学科拥有优势。特色发展是这些大学学术权力与行政权力共轭的目标。围绕特色发展目标,"211 工程"大学应该根据自身特点,注重共轭结构的优化,鼓励创新,积累特色,拓展特色,有所为有所不为,注意有重点地发展优势学科,办出特色。① 在这个过程中,应该充分利用自己的行业或者地区优势,进一步放大优势效应,进一步彰显自己的特色。

8.3.2.2　促进学术与行政系统互动

这是行动者策略。随着社会民主化进程的加速,大学组织内部的冲突不仅不会减少,有可能还会增加。因为,越是民主的社会环境,组织内部的冲突越是会表面化。因此,传统的大学权力运作模式面临着现代治理结构的严重挑战。大学传统的权力运行,有很浓厚的"人治"色彩,即依靠少数人决策,然后由行政系统负责执行,教师只是站在配合和服从的角度听从指挥,这样的大学何谈"学术自由"? 也许通过种种量化指标和考核,可以带来表面的学术繁荣,但是,这种繁荣的背后造成了上下层关系的冷漠。

现代大学制度建设不仅要求"让制度守望一切",而且要求大学行政系统与学术系统加强理解与沟通,能和教师们建立顺畅的制度化的沟通渠道,与教师们培养起在工作团体中产生的共同价值和情感,珍惜教授们提供的思考问题的另一种角度。

共轭强调加深理解、交易互惠和成果共享,这是共轭原理论被普遍接受的原因之一。笔者认为,建立大学学术权力与行政权力的共轭驱动机制,就是要实现两种权力的相互制约和均衡发展。大学的每一次成功与进步,都是学术

---

① 马陆亭. 高等学校的分层与管理[M]. 广东教育出版社,2004:155-156.

人员和行政人员共同作用的结果,所以行政系统要重点考虑学术系统的需求,关心和考虑学术系统的利益,深入调查研究,将办学资源配置到最合理的位置,使其发挥最大的效用,以增加行政人员与学术人员的理解并减少冲突,更好地实现大学的组织目标。

因此,这些大学必须加强大学行政系统与学术系统互动机制的建设。大学组织冲突虽然表现在角色、权力和文化等多个方面,但是,行政人员与学术人员之间的冲突、民主与权威的价值观的冲突是比较集中的表现,而且,它往往与角色冲突、权力冲突和文化冲突交织在一起。因此,促进行政系统与学术系统的互动,构建和谐合作型大学是化解大学组织冲突的重要手段。要从制度上、规范上协调好行政系统与学术系统的职能与日常运作,遵循学术系统活动的内在规律,创造学术自由的氛围。

8.3.2.3　多渠道融资

多渠道融资属于资源策略。当下,大学之间的竞争越来越激烈,大学与社会的联系也越来越密切。大学不可能独立于社会而存在,大学既要引领社会、服务社会,也要取得社会的支持,包括经费上的支持。

在我国,由政府举办的大学,主要经费渠道是政府的投入。但是,投资多元化是目前世界上各国大学发展的趋势。"211 工程"大学在资源上的一个重要策略就是发挥自身优势,拓宽资金投入渠道。

在发展的舞台上,"211 工程"大学难以像"985 工程"大学那样争取国家的支持,只能充分利用自身的优势积极主动地进行多渠道的融资,便成为此类大学生存和发展的主要任务。[①] 与"985 工程"大学相比,"211 工程"大学有自身的优势,这些大学大部分具有行业背景,与各自的行业长期保持密切的联系,依托行业,服务行业,是这些大学的发展战略,也是这些大学争取经费支持的重要渠道。这类大学大多数都成立了董事会,董事会在与大学合作进行人才培养、科学研究等方面做了大量工作。在合作过程中,董事会中的行业企业单位也对大学的办学经费给予了大力支持。"211 工程"大学应充分发挥董事会的作用,在扩大校企合作、协同创新的过程中,争取行业企业的更大支持。另外,"211 工程"大学可以通过校友会进行经费筹措。

---

① 马陆亭,邱菀华,冯厚植. 高校发展战略规划中的多目标决策问题[J]. 上海高教研究,1997 (10):41 - 45.

8.3.3 "一般"大学

"一般"大学指地方政府举办的(民办大学不在本书之列)大学(这里,主要指本科学校,专科不在本书之列)。这些大学有的历史较长,有的则是新建大学。这些学校实力参差不齐,但总体办学水平不如"211工程"大学,更不如"985工程"大学(不排除某些一般大学中某些学科、专业可能很强或者很有特色)。但是,这些大学学科专业与市场联系密切,培养的人才突出应用性;这些大学与地方联系广泛,为地方服务的功能强;这些大学在办学体制上受地方政府影响大,行政化色彩浓厚;在管理上,学术权力比较弱,行政权力比较强势。因此,这些大学在学术权力与行政权力共轭驱动策略上有别于上述两类大学,这些区别既是"一般"大学的管理特色,也是这些大学校情使然。

8.3.3.1 保障人才质量

这是目标策略。质量对于所有大学来说,都是生命线。对于"一般"大学来说,更是如此。办学质量特别是保障培养质量的稳定与提高是此类大学发展的前提和基础。全面质量管理的先驱戴明一直倡导把对质量的持续追求放在首要的位置,强调高质量是个长期的行为,必须对质量的提高进行系统的规划,坚定不移地贯彻"质量第一"的原则。严格管理是提高教学质量和办学效益的主要手段,是学校生存和发展的根本保证。①

"一般"大学必须把人才培养质量放在学校发展战略的重中之重的位置,使之成为学校发展的"核心战略",并采取切实可行的策略予以实施。一是培养的人才必须达到国家的基本标准,这是底线。二是培养的人才必须体现学校自身的特色与优势。三是必须紧密结合市场,保持在质量基础上的毕业生的高就业率。四是加大对教学的投入。五是必须建立科学的质量保障体系。

8.3.3.2 地方化

这是资源策略。"一般"大学资源策略的重心,应该是紧密地与当地经济社会发展相结合,积极参与地方经济社会发展,主动为地方经济建设服务,使之成为地区发展重要的教育文化和科技基地。通过强化为地方服务的功能,争取地方对大学的更大力度的支持。这些支持体现在资源上,就是地方政府

---

① 唐世纲. 现代大学发展战略新思考——品牌营销理论的视角[D]. 广西师范大学,2005.

的政策支持、经费支持、就业市场政策、政产学研合作支持。可以这样说,"一般"大学资源策略就是处理好大学与政府的关系,充分利用政府给予的政策资源、经济资源、市场资源、平台资源。在此基础上,在大学内部,优化配置这些资源,发挥资源在大学办学过程中效益的最佳化。

8.3.3.3 提升学术权力

这是行动者策略。相比较而言,"一般"大学行政化色彩最浓厚,受地方政府行政干预也最多。在这些大学,学术权力弱化,行政权力处于强势地位,官僚化、"人治"现象十分普遍。在这些大学,有的甚至认为"教授委员会"是要"夺权",不允许成立教授委员会。这样,就引发学术人员心理上的抵制,行动上的不合作。这直接影响了这些大学办学水平的提高。

"一般"大学应该更加重视学术权力与行政权力关系的协调,逐步弱化行政色彩,提升学术人员的地位。在全校倡导"学术为本""学术立校"的理念,尊重学术,尊重学术人员。在制度建设上,尽快出台大学章程,规范学校内部治理结构和利益关系。共轭是在规范的约束之下的一种发展状态。这种规范就是明确学术权力和行政权力的空间、领域、作用范围。这种约束来源于法律的赋权。这里的法的依据主要包括《中华人民共和国教育法》《中华人民共和国高等教育法》《中华人民共和国教师法》《高等学校章程制定暂行办法》等有关法律、规章,这些法律、规章是依法治校、教师治学、民主管理以及学校内部利益调整与分配的规范性文献。除此以外,还要有大学的章程。

世界一流大学都有自己的章程。章程不仅是大学办学的权威性、基础性的总纲,而且也是大学的"基本法"。《国家中长期教育改革和发展规划纲要(2010—2020年)》明确提出,完善中国特色现代大学制度,要加强章程建设。各类高校应依法制定章程,依照章程规范管理学校。由此可见,依法制定学校章程并严格依照章程治理,既是法律对每一所高校的基本要求,也是大学设立、运行、发展合法性的前提。换言之,没有章程,大学就不符合法律的要求,就不能设立大学。大学章程作为大学精神的集中体现和大学行为的总规范,实际上是法的治理模式、法的精神和法律条规在一所大学的进一步延伸和具体化、个性化。[①] 大学章程规范的重要方面,就是规范大学内部的治理结构,

---

① 郭莉.大学章程的制定——基于公众参与的分析框架[J].中国管理信息化,2012(16):109 - 112.

就是划分学术权力与行政权力的职责,规范学术权力与行政权力的运行,约束权力越界运作。所以,大学章程在大学学术权力与行政权力共轭过程中发挥着极为重要的作用。要协调好大学学术权力与行政权力的关系,必须重视大学章程建设,并予以切实的实行。尽快成立学术委员会,让学术事务真正由学术权力来处理,减少行政权力对学术权力的干预。

9 结　论

　　在所有的历史发展中,有一种作用是不容忽视的,那就是权力。但是很少有人能够说清楚权力作用的效用幅度和具体机理。在当今这个宏大的社会变迁舞台之上,大学中的学术权力和行政权力,在发挥着各自特殊的功能。但是其内部究竟是一种怎样的状态?揭开这个谜团,加深我们对大学发展过程中的宏观教育现象或微观过程的深刻理解,是每个学者义不容辞的时代重任。本书是对此命题的一次尝试性的回应。我们不求能够洞察所有的秘密,但求能够提供一种新的视角和可供讨论的调查数据,来剖析大学学术权力和行政权力的关系,尝试解答权力背后的机理。

　　共轭是一个考察大学治理中学术权力和行政权力关系的新视角。共轭并不是某个单一的关键性因素产生的效果,而是大学在治理过程中的一种途径。影响共轭的因素有很多,这些因素之间又相互作用,使得大学学术权力与行政权力之间达到不言而喻的协调,大学的各种能量达到集中整合而不是分散牵制,并促进大学产生一种管理的机能和组织的文化,从而促进学校办学目的的延展。

9.1　研究结论

　　(一)按照不同的历史流派,对权力理论、组织理论进行系统的解读。在此基础上,结合大学自身的特点,指出学术权力是一种力的关系,是在不同大学场域中,所存在的多维度的力量。决定着学术权力的性质的,是组成特定相互关系的、处于大学各个地位上的行动者所握有的实际资源的力量总和。

　　(二)从价值视角来看,秩序主要靠行政权力来维护,而自由则主要通过学术权力来实现。因而,大学的行政权力所保障的是秩序,大学学术权力倾向于个人的自由与解放,在行政权力与学术权力之间的共轭状态,是一种对秩序与自由的调和。大学所努力寻求的,正是在秩序的社会与个人自由之间的那种张力平衡,它保证了真正的自由,因为"自由乃是经由那种同时也是自由之规训的文明之规训的进化而成为可能的"。

从场域视角来看,当代大学结构呈现为一种非常活跃的紧张网络,其中无论是学术权力,还是行政权力,都牵连到整个大学的结构、生命及其活动;反过来,大学的发展又时刻影响着大学中的各种权力,各自权力都处于活生生的力量较量和制衡之中。现代大学内部结构的张力,来自大学本身的场域结构及其运作原则。为了形象地和尽可能真实地反映大学结构各要素之间的关系及其运作状况,在大学的场域中引入"共轭"概念,试图通过"共轭",把大学的结构化动态性质,以共时理解的概念形式表达出来。共轭是大学场域中学术权力与行政权力之间相互作用的产物。我们用一种简要的公式来表达:

$$[(学术权力)(行政权力)]+位置=共轭状态$$

(三)运用扎根理论,采用定性研究与定量研究相结合的方法,通过构建数学模型,定量研究大学学术权力与行政权力之间的关系。访谈了35位专家学者,并设计调查问卷,运用研究中的"三角互证"法,构建大学行政权力与行政权力共轭模型。在这个模型中,学术权力与行政权力共轭的核心是资源的互动,共轭的本质是权力者的交往,需要建立一种网络式共轭机制。

(四)本书运用实证研究的方法和大量面板数据,验证了大学权力结构与大学组织效率的关系,即学术权力的边际贡献显著地比行政权力的贡献大。结合着"网大"中国大学排行榜,对"985工程"大学、"211工程"大学、"一般"大学进行了实证分析,分别得出了这三个层次大学学术权力与行政权力共轭的数值,从中可以清晰地看出这三类大学学术权力与行政权力的共轭状态。

(五)本书最后通过对大学学术权力与行政权力共轭驱动策略进行理路分析,指出大学学术权力与行政权力共轭驱动是一个多维的策略复杂系统,是由目标策略、行动者策略、资源策略三个方面构成的。这三个策略构成的系统是一个以共轭驱动为核心的三角形结构。这三个策略决定了大学学术权力与行政权力在共轭的驱动下,在不同行动者之间的分配,决定了行动者之间交换信息的渠道和方式,决定了它们之间相互推动并保证决策得以贯彻执行的方式,同时也决定了共轭过程和执行过程中导向、协调、监督和保障方式的选择与实施。共轭驱动最终是为了实现大学健康、可持续发展。在此基础上,分别对我国不同层次的大学提出不同的共轭驱动策略建议。

9.2 创新点

（一）研究视角的新颖性。大学学术权力与行政权力及其关系，近年来在学界逐渐成为研究的热点。但是，这些研究大多只是一般理论性阐释或政策性图解。本书引入"共轭"的理论与方法，探讨当代中国大学学术权力与行政权力的共轭机理。从"共轭"的视角探讨大学内部权力及其关系，之前尚无人涉及，因此，选题新颖，视角独特。

本书超越单一学科思维方式的局限，利用多门学科的综合优势，对大学学术权力与行政权力进行多角度的考量。首次采用法学的相关理论分析大学学术权力与行政权力的价值内涵。

（二）在对大学学术权力与行政权力及其关系从价值视角、场域视角进行考量的基础上，运用扎根理论，采用定量研究与定性研究相结合的方法，建立了影响大学学术权力与行政权力共轭 TAR 模型：目标—行动者—资源（Target-Actors-Resources），并通过大量面板数据，对模型进行检验，验证了大学权力结构对于大学组织效率的关系，并对"985 工程"大学、"211 工程"大学、"一般"大学进行了实证分析，分别得出了这三个层次大学学术权力与行政权力共轭的数值，从中可以清晰地看出这三类大学学术权力与行政权力的共轭状态。

（三）从目标、行动者、资源三个影响共轭的核心因素提出了大学学术权力与行政权力共轭驱动的策略理路，在此基础上，分别对我国不同层次的大学提出不同的共轭驱动策略建议，对我国现代大学制度建设具有重要的参考价值。

9.3 需要进一步研究的问题

对大学学术权力与行政权力及其关系的研究，目前正在成为高等教育界、管理学界研究的热点。但是与其他的研究领域相比，无论是大学权力的理论研究还是实证研究都还是一个有待深入的课题，从某种程度上甚至可以说是一个崭新的领域。本书对大学学术权力与行政权力共轭机理进行了较系统的

研究,但由于问题的复杂性、涉及学科的多样性以及大学权力运行的多变性,本书尚存在许多不完善之处,有待进一步的研究:

第一,本书的模型来源于依据扎根理论对 35 位学者的深度访谈结果,要能够对全国范围进行更大范围的访谈,获取更多的样本进行访谈,或许能使本书的解释归结到一个理论模型中来,从而可以更加完善其解释功能。

第二,大学学术权力与行政权力共轭模型中的共轭要素涉及环境(制度),但由于受到资料和自身因素的局限,还无法做出更为深入和更多的实证研究。在遗憾的同时,还有必要进行进一步的跟踪研究。

第三,有些研究需要更多的实证支持。本书对大学学术权力与行政权力共轭的实证分析依据的是"权力的测量—替代变量",这还有待于做进一步的理论分析和实证研究,以增加研究价值的普适性。

第四,结合研究成果进一步进行个案的研究,使用科学的方法,如模拟、仿真等手段深化研究,使研究结论更加完善。

参考文献

［1］约翰·S. 布鲁贝克. 高等教育哲学［M］. 王承绪,等,译. 浙江教育出版社,
2002:1.

［2］约翰·S. 布鲁贝克. 高等教育哲学［M］. 王承绪,等,译. 浙江教育出版社,
2002:3.

［3］约翰·S. 布鲁贝克. 高等教育哲学［M］. 王承绪,等,译. 浙江教育出版社,
2002:147－148.

［4］约翰·范德格拉夫,等. 学术权力——七国高等教育管理体制比较［M］.
王承绪,张维平,等,译. 浙江教育出版社,2001.

［5］Simon Marginson. Steering from a distance: Power relations in
Australian higher education［J］. Higher Education, 1997, 34: 63－80.

［6］STÉPHANIEMIGNOT GERARD. Who are the actors in the
government of French universities? The paradox victory of deliberative
leadership［J］. Higher Education, 2003, 45: 71－89.

［7］KA-HO MOK. Globalization and educational restructuring: University
merging and changing governance in China［J］. Higher Education,
2005, 50: 57－88.

［8］Mudiapasamy Devadoss, S. J. Power, Involvement, and Organizational
Effectiveness in Higher Education［J］. Higher Education, 1884, 13:
379－391.

［9］Roger King. Policy internationalization, national variety and
governance: global models and network power in higher education states
［J］. Higher Education, 2010, 60: 583－594.

［10］W. C. Benton. The influence of power·driven buyer/seller
relationships on supply chain satisfaction［J］. Journal of Operations
Management. 2005: 1－22.

［11］J. J. Paltenghi. Resources allocation processes and internal government in Swiss universities[J]. Higher Education，1976，5：397－406.

[12] Dirk C. Moosmayer. Professors as value agents：a typology of management academics' value structures[J]. High Education，2011，62：49－67.

[13] Mary Henkel. Academic identity and autonomy in a changing policy environment[J]. Higher Education，2005，49：155－176.

[14] C. Wright Mills. The Power Elite［M］. Oxford University Press，2000.

[15] Alasdair Macintyre. After Virtue：Study in Moral Theory[M]. third edition. University of Notre Dame Press，2007.

[16] C. Pillitt. The Essential Public Manager ［M］. Open University Press，2003.

[17] 张慧洁.巨型大学组织变革[D].厦门大学,2003.

[18] 马廷奇.大学组织的变革与制度创新[D].华中科技大学,2004.

[19] 赵成.治理视角下的大学制度研究[D].天津大学,2006.

[20] 张意忠.论教授治学[D].华东师范大学,2006.

[21] 赵俊芳.论大学学术权力[D].吉林大学,2006.

[22] 王立峰.高校法治研究[D].吉林大学,2006.

[23] 张正锋.权力的表达:中国近代大学教授权力制度研究[D].南京师范大学,2006.

[24] 杨连生.大学学术团队管理模式与组织效能研究[D].大连理工大学,2006.

[25] 汤萱.基于治理视角的中国公立高校权力整合机制研究[D].武汉理工大学,2007.

[26] 郭广珍.大学内部权力配置模式与激励[D].辽宁大学,2007.

[27] 李仁燕.高校内部行政法律关系论[D].中国政法大学,2007.

[28] 王志彦.中国大学学术组织机构与运行模式研究[D].辽宁师范大学,2008.

[29] 王彦斌.权力的逻辑[D].华中师范大学,2008.

[30] 肖静.基于组织效率的大学权力结构研究[D].武汉理工大学,2009.

[31] 查永军.中国大学学术管理中的学术权力与行政权力冲突研究[D].华中科技大学,2009.

［32］何淳宽.中国大学学术性准正式组织研究［D］.中国科学技术大学,2009.

［33］彭阳红.论"教授治校"［D］.华中科技大学,2010.

［34］李海萍.大学学术权力现状研究［D］.湖南师范大学,2010.

［35］李卫东.大学内部重点建设［D］.华东师范大学,2010.

［36］邓磊.中世纪大学组织权力研究［D］.西南大学,2011.

［37］田联进.中国现代高等教育制度反思与重构——基于权力关系的视角［D］.南京大学,2011.

［38］陈权.当代中国公立高校内部权力结构及运行机制研究［D］.吉林大学,2011.

［39］朱家德.权力的规制:大学章程的历史流变与当代形态［D］.华中科技大学,2011.

［40］索丰.韩国大学治理研究［D］.东北师范大学,2012.

［41］Tomas Hutzscheneuter.战略过程研究:我们已经研究的和尚需探索的［J］.管理科学,2012(2):148－163.

［42］别敦荣.学术管理、学术权力等概念释义［J］.清华大学教育研究,2000(2):44－47.

［43］金生鈜.论教育权力［J］.北京大学教育评论,2005(2):46－51.

［44］丁三青.深化高校内部管理体制改革的研究——读赖雄麟的《高等学校内部管理体制创新论》［J］.煤炭高等教育,2011(02):105.

［45］丁三青.大学组织及其权力——读胡仁东博士《我国大学组织内部机构生成机制研究》有感［J］.煤炭高等教育,2011(05):10－12.

［46］丁三青.基础理论与管理实践的融合——论大学学术组织研究中正确处理的若干关系［J］.煤炭高等教育,2010(03):1－6.

［47］张阳.大学第四功能之辨［J］.高教探索,2009(01):14－17.

［48］丁三青.关于中国高等教育强国指标体系的战略构思［J］.煤炭高等教育,2009(01):1－4.

［49］丁三青.澳大利亚高校内部管理体制及其运行机制——以斯文本科技大学为例［J］.煤炭高等教育,2008(03):74－77.

［50］丁三青.面向创新型国家建设的大学学术组织创新［J］.黑龙江高教研究,2007(07):1－5.

［51］缪协兴,丁三青.适应科技创新与人才培养需要改革大学基层学术组织［J］.中国高等教育,2007(06):16－18.

[52] 丁三青.基于创新人才培养的大学管理革命与管理队伍建设[J].煤炭高等教育,2007(01):1-8.

[53] 丁三青.深化管理体制改革,创新现代大学制度——煤炭高校第八届"校长论坛"综述[J].煤炭高等教育,2006(05):107.

[54] 丁三青.改革教学方法:创新型人才培养的战略举措[J].中国高等教育,2006(Z3):9-11.

[55] 丁三青.名师与大学精神[J].中国农业教育,2006(01):9-11.

[56] 丁三青.激情·理智·大学精神[J].江苏高教,2005(04):13-16.

[57] 丁三青.大学"社会中心论"思辨——兼论话语权与现代大学制度构建的关系[J].现代大学教育,2005(02):25-28.

[58] 丁三青.大学的企业家精神与大学精神[J].煤炭高等教育,2004(06):8-11.

[59] 丁三青.现代性与传统性:高等教育国际化的文化学思考[J].煤炭高等教育,2004(02):9-12.

[60] 周红,丁三青.高校教师管理若干问题探析[J].高等工程教育研究,2004(01):31-34.

[61] 丁三青.教育创新与高等教育国际化[J].华北水利水电学院学报:社科版,2003(01):75-79.

[62] 周红,丁三青.WTO视野下我国高校国际化范式的思考[J].煤炭高等教育,2003(01):43-45.

[63] 丁三青.21世纪初台湾高等教育改革述评[J].比较教育研究,2003(07):52-55.

[64] 别敦荣.中美大学学术管理[M].华中科技大学出版社,2000.

[65] 张德祥.高等学校的学术权力与行政权力[M].南京师范大学出版社,2002.

[66] 周光礼.问题重估与理论重构——大学"学术权力"与"行政权力"二元对立质疑[J].现代大学教育,2004(4):31-35.

[67] 丁三青.大学"被行政化"与"去行政化"[J].中国高等教育,2010(10):31-32.

[68] 林荣日.中外政府与高校权力博弈模式比较研究[J].开放教育研究,2007(1):32-43.

[69] 刘香菊,周光礼.大学章程的法律透视[J].现代教育科学,2004(3):

39 - 41.

[70] 张文显. 法哲学范畴研究[M]. 中国政法大学出版社,2001:168.

[71] 亚里士多德. 政治学[M]. 吴寿彭,译. 商务印书馆,1995:199.

[72] 陆俊杰. 大学章程的法治品格[J]. 中国高教研究,2011(8):32 - 34.

[73] 季卫东. 法律程序的意义[J]. 中国社会科学,1993(1):83 - 103.

[74] 陆俊杰. 大学章程的法治品格[J]. 中国高教研究,2011(8):32 - 34.

[75] Carson R T. et al. Contingent Valuation and Lost Passive Use: Damage from the Exxon Valdez Oil Spill[J]. Environmental and Resource Economics,2003(25):257 - 286.

[76] 张延利,陆俊杰. 大学软法之治的理论意蕴与价值维度[J]. 辽宁教育研究,2008(11):12 - 14.

[77] 胡仁东. 大学组织:价值与智能[J]. 现代教育管理,2010(02):13 - 15.

[78] 胡仁东. 我国大学组织内部机构生成机制探析——基于"985 工程"大学的分析[J]. 现代教育科学,2010(01):1 - 6.

[79] 胡四能. 高等学校学术权力运行机制探析[J]. 西南交通大学学报:社会科学版,2006(5):9 - 13.

[80] 胡仁东. 我国大学组织内部治理的两个考察向度[J]. 中国高教研究,2009(08):39 - 41.

[81] 胡仁东. 大学组织内部机构生成:价值取向及原则[J]. 江苏高教,2009(06):38 - 40.

[82] 寇东亮. 学术权力:中国语义、价值根据与现实路径[J]. 高等教育研究,2006(12):16 - 21.

[83] 胡仁东. 试论大学组织变革的逻辑[J]. 高教探索,2008(05):47 - 50.

[84] 胡仁东. 大学组织内部机构设置研究综述[J]. 当代教育论坛:宏观教育研究,2008(02):75 - 77.

[85] 赵婷婷等. 美国大学中的行政权力及其对教师学术自由的影响[J]. 高等教育研究,2006(12):56 - 93.

[86] 胡仁东,戚业国. 大学组织内部机构设置协调机制探析[J]. 高等工程教育研究,2007(05):64 - 67.

[87] 胡仁东. 大学组织学术发展的动力机制探析[J]. 北京教育(高教版),2006(09):51 - 53.

[88] 胡仁东. 大学定位研究述评[J]. 中国高教研究,2006(08):25 - 28.

［89］胡仁东.大学核心精神:学术自由与大学自治［J］.现代教育科学,2006
(07):15－16.

［90］胡仁东.美国社区学院管理及其启示［J］.理工高教研究,2006(02):
25－26.

［91］胡仁东.权力与市场:两种高等教育资源配置模式［J］.高等工程教育研
究,2006(02):17－21.

［92］胡仁东.高等教育管理体制改革研究综述［J］.山西财经大学学报(高等
教育版),2005(03):1－7.

［93］胡仁东.现代大学内部治理结构探析——基于影响力的视角［J］.现代大
学教育,2005(02):59－63.

［94］胡仁东.试论影响高校内部管理的权力因素［J］.现代教育科学,2004
(09):66－68.

［95］胡仁东.国外高校内部管理影响力作用机制探析［J］.煤炭高等教育,
2004(02):51－55.

［96］胡仁东.高校质量保证:学术权力与行政权力的合理配置［J］.徐州师范
大学学报:哲学社会科学版,2003(04):138－140.

［97］Axelrod. Structure of Decision:The Cognitive Maps of Political E lites
［M］. Princeton University Press,1976.

［98］Guoli,Dingsanqing. The University Orientation:Between Powers And
Rights［J］. The International Workshop on Education Technology,
2011(4):9255－9257.

［99］Guoli,Dingsanqing. Legal Cultivation on Low-carbon Use of China's
High-carbon Resources［J］. Energy Proscenia,2011(5):952－956.

［100］Nandini Rajagopalan.战略决策过程:批判性回顾与未来研究展望［J］.
管理世界,2012(1):157－169.

［101］Bateman,Zeithaml. The Psychological Context of Strategic Decision
［J］. Strategic Management Journal,1989(10):59－74.

［102］Deutsch,Karl W. On Political Theory and Political Action［J］. The
American Political Social Review,1971,53(1):631.

［103］夏传玲.权杖和权势:组织的权力运作机制［M］.中国社会科学出版社,
2009:7－38.

［104］Russell,Rertrand. Power:A New Social Analysis［M］. New York:

Taylor & Francis，2004.

[105] Homans，George C. Social Behavior：Its Elementary Forms[M]. New York：Harcourt，1961.

[106] Weber，Max. The Theory of Social and Economic Organization[M]. Trans. by A. M. Henderson and T. Parsons as a Vocation：Fortress Press，1947.

[107] Hadermas，Trevor R. ，Theodore Jacob. The Measurement of Family Power：A Methodological Study[J]. Sociometry 1976，39（4）：384 - 95.

[108] White，Stephen K. Review on Dominion and Power[J]. British Journal of Sociology，1989，40（1）：147.

[109] Dahrendorf，R. Class and Class Conflict in Industrial Society[M]. Stanford：Stanford University Press，1959.

[110] Popitz，Heinrich. Phanomene der Macht[M]. Tubingen：J. C. V. Nohr，1992.

[111] Parsons，Talcott，Neil J. Smelser. Economy and Society：A Study in then Integration of Economic and Social Theory[M]. Glencoe，III：Free Press，1956.

[112] Arendt，Hannah. On Violence[M]. New York：Harcourt，1969.

[113] Giddens，Anthony. "Power" in the Recent Writings of Talcott Parsons[J]. Sociology 1968，2（3）：257 - 72.

[114] Luhmann，Niklas. Trust and Power[M]. Chichester：John Wiley & Sons，1979.

[115] Luhmann，Niklas. Political Theory in the Welfare State[M]. New York：W. de Gruyter，1990.

[116] Gerth，Hans H. & C. Wright Mills. From Max Weber：Essays in Sociology[M]. London：Routledge & Kegan Paul，1948.

[117] Habermas，Jurgen. Between Facts and Norms. Contributions to a Discourse Theory of Law and Democracy[M]. Trans by W. Rehg. Cambridge：Polity Press，1997.

[118] 崔高鹏. 董事会权力变迁与密歇根大学转型研究[D]. 北京师范大学,2011.

[119] Foucault, Michel. The History of Sexuality. New York: Pantheon Books, 1978.

[120] Foucault, Michel. Mikrophysik der Macht-uber Strafjustiz, Psychiatrie und Medizin, Berlin: Merve Verlag, 1976.

[121] Elias, Norbert. What is Sociology? [M]. London: Hutchinson, 1978.

[122] Elias, Norbert. Knowledge and Power: An Interview by Peter Ludes [M]. Regnery Publishing, 1984.

[123] Wolf, Eric R. Envisioning Power: Ideologies of Dominance and Crisis [M]. Berkeley: University of California Press, 1999.

[124] Piven, Frances F. , Richard A. Cloward. Poor People's Movements: Why They Succeed, How They Fail [M]. New York: Pantheon Books, 1977.

[125] Dahl, Robert A. The Concept of power [J]. Behavioral Science, 1957, 2(3): 201 - 15.

[126] Bacharach, Samuel B. , Edward J. Lawler. The Perception of Power [J]. Social Forces, 1976, 55(1): 123 - 34.

[127] Lukes, Steven. Power: A Radical View [M]. London; New York: Macmillan, 1974.

[128] Digeser, Peter. The Fourth Face of Power [J]. The Journal of Polities, 1992, 52(4): 977 - 1007.

[129] Reicher, Stephen, Nick Hopkins. Self and Nation: Categorization, Contestation, and Mobilization [M]. London: Thousand Oaks SAGE, 2001.

[130] Hannan, Michael T. , John Freeman. Organizational Ecology [M]. Harvard University Press, 1989.

[131] Parsons, Talcott. On the Concept of Political Power [M]//T. Pasons Sociological Theory and Modern Society. New York: The Free Press, 1967.

[132] Donaldson, Lex. American Anti-Management Theories of Organization: A Critique of Paradigm Proliferation [M]. Cambridge University Press, 1995.

[133] Luhmann，Niklas. Social Systems ［M］. Stanford University Press，1995.

[134] Pfeffer，Jeffrey. New Directions for Organization Theory：Problems and Prospects[M]. Oxford University Press，1997.

[135] Selznick，Philip. Institutionalism "Old" And "New" ［J］. Administrative Science Quarterly，1996，41(2)：270－7.

[136] Parsons，Talctt. The Distribution of Power in American Society[J]. World Politics，1957，10(1)：123－43.

[137] Hannan，M. T.，J. Freeman. Structual Inertia and Organization Change[J]. American Sociological Review，1984,49(2)：149－64.

[138] Bruce B. Risk，Power Distributions，and the Likelihood of War[J]. International Studies Quarterly，1981，25(4)：541－68.

[139] Casciaro，Tiziana，Mikolaj J. Pisorski. Power Imbalance，Mutuai Dependence，and Constrant Absorption：A Closer Look at Resource Dependence Theory[J]. Adminnistrative Science Quarterly，2005，50 (2)：167－99.

[140] Greiner，Larry E. Evolution and Revolution as Organizations Grow：A Company's Past Has Clues for Management That Are Critical to Future Success[J]. Harvard Business Review，1972，50(4)：37－46.

[141] Bothschid，Joyce，Raymond Russell. Alternatives to Bureaucracy：Democratic Participation in the Economy ［J］. Annual Review of Sociology，1986，12：307－28.

[142] Robert N.，Stephen R. Berley. Organizations and Social Systems：Organization Theory's Neglected Mandate[J]. Administrative Science Quarterly，1996，41(1)：146－62.

[143] 赵成. 治理视角下的大学制度研究[D]. 天津大学,2006.

[144] 王中海. 中国近代大学内部权力研究[D]. 广西师范大学,2008.

[145] 寇东亮. 学术权力：中国语义、价值根据与实现路径[M]. 高等教育研究,2006.

[146] 唐钺,朱经农,高觉敷. 教育大辞书[M]. 商务印书馆,1930:42.

[147] 陈学询. 中国近代教育史教学参考资料（上）[M]. 人民教育出版社,1986:32.

[148] 教育杂志,第四卷第十号.

[149] 张正锋.权力的表达[M].福建教育出版社,2007:36.

[150] 邓小林.民国时期国立大学教师聘任之研究[D].四川大学,2005.

[151] 郭卉.权利诉求与大学治理[D].华中科技大学博士论文,2006.

[152] 苏云峰.从清华学堂到清华大学1928—1937[M].三联书店,2001.

[153] 李灵莉.我国大学学术权力合法性的历史流失与现实建构[J].现代教育管理,2011(11):52-55.

[154] 中共中央马克思恩格斯列宁斯大林著作编译局.马克思恩格斯选集:第4卷[M].第2版.人民出版社,1995.

[155] 张继林.共轭动力系统分析及其在高等教育专业结构管理中的应用[D].天津大学,2008.

[156] 霍克斯,结构主义与符导学[M].上海译文出版社1987:8.

[157] 朱德友.高校教师激励机制研究[D].武汉大学,2010.

[158] 朱德友.高校教师激励机制研究[D].武汉大学,2016.

[159] 林仲湘.现代汉语详解字典[Z].北京:外语教学与研究出版社,2010:157.

[160] 辞海编辑委员会.辞海(第六版缩印本)[Z].上海:上海辞书出版社,2010:440.

[161] 傅毓维,尹航,刘拓,杨贵彬.风险投资与高新技术产业共轭双驱动机理分析[J].科技管理研究,2007(2):129-132.

[162] 王海琴.近代西方科学之数学特征研究[D].复旦大学,2007.

[163] 罗素.宗教与科学[M].商务印书馆,1982:123.

[164] 图加林诺夫.马克思主义中的价值论[M].中国人民大学出版社,1989:10-11.

[165] 培里.价值和评价[M].中国人民大学出版社,1989:58.

[166] 姚东.协商民主对于政府决策的价值研究[D].苏州大学,2008.

[167] 周永坤.法理学——全球视野[M].法律出版社,2000:216.

[168] 孙国华.法理学教程[M].中国人民大学出版社,1994:94.

[169] 武步云.马克思主义法哲学引论[M].陕西人民出版社,1992:449.

[170] 杜一超.行政程序的正义价值及其实现[D].中国政法大学,2009.

[171] 蔡春.在权力与权利之间[D].华南师范大学,2004.

[172] 保罗·弗莱雷.被压迫者教育学[M].顾建新,译.华东师范大学出版

社,2001:5.

[173] 雅克·德里达. 声音与现象:胡塞尔现象学中的符号问题导论[M]. 杜小真,译. 商务印书馆,1999.

[174] 罗素. 社会改造原理[M]. 张师竹,译. 上海人民出版社,2001:54.

[175] 约翰·S. 布鲁贝克. 高等教育哲学[M]. 浙江教育出版社,2002:18.

[176] 海德格尔. 存在与时间[M]. 陈嘉映,等,译. 三联书店,1987:146.

[177] 汉娜·阿特伦. 人的条件[M]. 竺乾威,等,译. 上海人民出版社, 1999:18.

[178] 刘军宁. 北大传统与近代中国:自由主义的先声[M]. 中国人事出版社, 1998:序 1.

[179] 黄永军. 现代大学制度的本质是自组织[J]. 国家教育行政学院学报, 2005(5):56-59.

[180] 吉标. 规范与自由——教学制度价值研究[D]. 山东师范大学,2008.

[181] 黄富峰. 池田大作教育伦理思想研究[M]. 中国社会科学出版社, 2010:133.

[182] 约翰·S. 布鲁贝克. 高等教育哲学[M]. 浙江教育出版社,2002:30.

[183] 陈媛,张芊数. 字化时代追问人文教育的地位[J]. 现代大学教育,2003 (1):24-27.

[184] 塞缪尔·亨廷顿. 变化社会中的政治秩序[M]. 华夏出版社,1988:27.

[185] F. A. 哈耶克. 法律、立法与自由[M]. 邓正来,等,译. 中国大百科全书出版社,2002:59.

[186] 周文文. 伦理 理性 自由——阿马蒂亚·森的发展理论[M]. 学林出版社,2006:54.

[187] 穆瑞·罗斯巴德. 自由的伦理[M]. 吕炳斌,等,译. 复旦大学出版社, 2008:51.

[188] 穆瑞·罗斯巴德. 自由的伦理[M]. 吕炳斌,等,译. 复旦大学出版社, 2008:52-54.

[189] 黄渭波. 阿马蒂亚·森发展观的伦理学诠释[D]. 苏州大学,2005.

[190] 阿马蒂亚·森. 以自由看待发展[M]. 任赜,于真,译. 中国人民大学出版社,2002:3-5.

[191] 斯科特. 制度与组织——思想观念与物质利益[M]. 姚伟,王黎芳,译. 中国人民大学出版社,2010:189.

［192］宫留记.布迪厄的社会实践理论［D］.南京师范大学,2007.

［193］鲍威尔.组织分析的新制度主义［M］.姚伟,译.上海人民出版社,2008:289－290.

［194］詹姆斯·S.科尔曼.社会理论的基础（上）［M］.邓方,译.社会科学文献出版社,2008:1.

［195］陈荣杰.交换论视野中的交际行为［J］.求索,2001(4):33－35.

［196］詹姆斯·S.科尔曼.社会理论的基础（上）［M］.邓方,译.社会科学文献出版社,2008:29.

［197］克罗齐耶,费埃德伯格.行动者与系统——集体行动的政治学［M］.上海人民出版社,2007:3.

［198］金桥.基层权力运作的逻辑——上海社区实地研究［D］.上海大学,2007.

［199］皮埃尔·布迪厄.实践感［M］.蒋梓骅,译.译林出版社,2012:74.

［200］邓玮.法律场域的行动逻辑［D］.上海大学,2006.

［201］高宣扬.布迪厄的社会理论——同济·法兰西文化丛书［M］.同济大学出版社,2004.

［202］刘颖.相互依赖、软权力与美国霸权［M］.中国社会科学出版社,2010:59－60.

［203］翟岩.制度变迁中的行动模式转换［D］.吉林大学,2006.

［204］周玲.大学组织冲突研究——角色、权力与文化的视角［M］.中国社会科学出版社,2007:251.

［205］米歇尔克罗齐埃.科层现象［M］.上海人民出版社,2002:205.

［206］李德昌.信息人教育学［M］.科学出版社,2011:143.

［207］胡仁东.大学组织内部治理的基本要素探析——基于权力场域的视角［J］.人民大学教育学刊,2011(3):41－48.

［208］关保英.行政法的价值定位［M］.中国政法大学出版社,2003:51－53.

［209］陈向明.质的研究方法与社会科学研究［M］.教育科学出版社,2000:328.

［210］埃文·塞德曼.质性研究中的访谈:教育与社会科学研究者指南［M］.周海涛,译.重庆大学出版社,2009:序言8.

［211］别敦荣.柏林大学的发展历程、教育理念及其启示［J］.复旦教育论坛,2010,08(06):8－15.

[212] 黄敏.基于协同创新的大学学科创新生态系统模型构建的研究[D].第三军医大学,2011.

[213] 塔沙克里,特德莱.混合方法论:定性方法和定量方法的结合[M].唐海华,译.重庆大学出版社,2010:5-76.

[214] 马克斯威尔.质的研究设计——一种互动的取向[M].重庆大学出版社,2007:63.

[215] 张俊超.大学场域的游离部落——研究型大学青年教师发展现状及应对策略研究[D].华中科技大学,2008.

[216] 洪明当.代英国行动研究的重要主张——埃利奥特论行动研究的过程与技术[J].外国教育研究,2003(5):6-10.

[217] 吴明隆.问卷统计分析实务——SPSS操作与应用[M].重庆大学出版社,2011:199.

[218] 穆瑞·罗斯巴德.自由的伦理[M].复旦大学出版社,2008:75-81.

[219] 郑伦仁.大学学术权力运行机制研究[D].西南大学,2012.

[220] 马陆亭.高等学校的分层与管理[M].广东教育出版社,2004:200.

[221] 李卫东.大学内部重点建设——对一种大学组织行为的研究[D].华东师范大学,2010.

[222] Bacharach,Samuel B.,Edward J. Lawler. The Perception of Power [J]. Social Forces, 1976, 55(1):123-34.

[223] Wolf,Eric R. Envisioning Power:Ideologies of Dominance and Crisis [M]. Berkeley:University of California Press,1999.

[224] White,Stephen K. Review on Dominion and Power[J]. British Journal of Sociology,1989,40(1):147.

[225] 杨龙.权力指数的内涵与价值分析[J].领导科学,2009(8):45.

[226] 靳庭良,郭建军.面板数据模型设定存在的问题及对策分析[J].数量经济技术经济研究,2004,21(10):56.

[227] 肖静.基于组织效率的大学权力结构研究[D].武汉理工大学,2009.

[228] 郭广珍.大学内部权力配置模式与激励[D].辽宁大学,2007.

[229] 朱怀镇.高校资金风险影响因素的实证研究——基于省际面板数据模型[J].事业财会,2007(6):25-27.

[230] 曹永琴.中国货币政策非对称效应形成机理研究[D].复旦大学,2008.

[231] 马陆亭.高等学校的分层与管理[M].广东教育出版社,2004:155

－156.

[232] 张文显.现代大学管理理念创新与实践[J].管理世界,2005(10):1－5.

[233] 孟宪承.大学教育(孟宪承文集第 3 卷)[M].华东师范大学出版社,
2010:10－14.

[234] 董云川.论大学行政权力的泛化[J].高等教育研究,2000(2):63－67.

[235] 季卫东.法律程序的意义[J],中国社会科学,1993(1):83－103.

[236] 郭莉.大学章程的制定——基于公众参与的分析框架[J].中国管理信
息化,2012(16):35.

[237] 朱浩.从线性到非线性:我国大学管理思维的延伸[J].理工高教研究,
2009,28(4):57－60.

[238] 埃德加.莫兰.复杂思维:自觉的科学[M].陈一壮,译.北京:北京大学
出版社,2001:151.

[239] 张维迎.大学的逻辑[M].北京大学出版社,2004:105.

[240] 王务均.龚怡祖.大学学术权力与行政权力的包容机制研究[J].教育发
展研究,2012(21):41－45.

[241] 刘献君,正确认识和处理学术权力与行政权力的关系[J].中国高等教
育,2012(13):31－33.

[242] 程光泉,哲学视野下的大学理念、大学精神、大学文化[J].北京师范大
学学报:社会科学版,2010(1):121.

[243] 乔治·凯勒.大学战略与规划:美国高等教育管理革命[M].别敦荣,
译.中国海洋大学出版社,2005:序.

[244] 丁三青,基于创新人才培养的大学管理革命与管理队伍建设[J].煤炭
高等教育.2007,25(1):1－8.

[245] 何淳宽.中国大学学术性准正式组织研究[D].中国科学技术大
学.2009.

[246] 许丽英.教育资源配置理论研究——缩小教育差距的政策转向[D].东
北师范大学,2007.

[247] 周玲.大学组织冲突研究——角色、权力与文化的视角[D].华东师范大
学,2006.

[248] 王为正.日本、香港高校内部横向权力分配模式的比较与启示[J].学术
交流,2011(16):24－27.

其他参考文献

[1] 卡普兰.组织协同:运用平衡计分卡创造企业合力[M].北京:商务印书馆,2006.

[2] 郄海霞.美国研究型大学与城市互动机制研究[M].中国社会科学出版社,2009.

[3] 郑晶.中国农业增长及其效率评价:基于要素配置视角的实证研究[M].中国经济出版社,2009.

[4] 应飞虎.信息、权利与交易安全:消费者保护研究[M].北京大学出版社,2008.

[5] 张维迎.产权、激励与公司治理[M].经济科学出版社,2005.

[6] 麦肯齐.麦肯齐大学教学精要:高等院校教师的策略研究和理论[M].浙江大学出版社,2005.

[7] 乔锦忠.学术生态治理:研究型大学教师激励机制探索[M].教育科学出版社,2008.

[8] 尹晓敏.利益相关者参与逻辑下的大学治理研究[M].浙江大学出版社,2010.

[9] 吴明隆.问卷统计分析实务——SPSS 操作与应用[M].重庆大学出版社,2010.

[10] 洪源渤.共同治理——论大学法人治理结构[M].科学出版社,2010.

[11] 安东尼·吉登斯.社会学方法的新规则:一种对解释社会学的建设性批判[M].社会科学文献出版社,2003.

[12] 马克斯·韦伯.社会科学方法论[M].中国人民大学出版社,2009.

[13] 莫里斯.詹姆斯·莫里斯论文精选(非对称信息下的激励理论)[M].商务印书馆,1998.

[14] 韦伯.学术与政治:韦伯的两篇演说——学术前沿[M].生活·读书·新知三联书店,2005.

[15] 康德.法的形而上学原理:权利的科学[M].商务印书馆,2008.

［16］马克斯·韦伯.马克斯·韦伯社会学文集［M］.人民出版社,2010.

［17］贝勒斯(Bayles,M.D.).法律的原则:一个规范的分析［M］.中国大百科全书出版社,1996.

［18］斯特兰奇.权力流散:世界经济中的国家与非国家权威［M］.北京大学出版社,2005.

［19］奥尔森.集体行动的逻辑［M］.上海人民出版社,2006.

［20］刘郦.知识与权力——科学知识的政治学［M］.湖北辞书出版社,2006.

［21］考克斯.生产、权力和世界秩序［M］.北京大学出版社,2006.

［22］周光辉.论公共权力的合法性［M］.吉林出版社,2008.

［23］万力维.控制与分等:大学学科制度的权力逻辑［M］.南京师范大学,2005.

［24］比彻,特罗勒尔.学术部落及其领地:知识探索与学科文化［M］.北京大学出版社,2008.

［25］迈克尔·W.阿普尔.教育与权力［M］.华东师范大学出版社,2008.

［26］奥尔森.权力与繁荣［M］.上海人民出版社,2009.

［27］谷贤林.美国研究型大学管理-国家、市场和学术权力的平衡与制约［M］.教育科学出版社,2008.

［28］李松林.控制与自主:课堂场域中的权力逻辑［M］.教育科学出版社,2010.

［29］黄进兴.优入圣域:权力、信仰与正当性(修订版)［M］.中华书局,2010.

［30］吉登斯.历史唯物主义的当代批判:权力、财产与国家［M］.上海译文出版社,2010.

［31］谭昭彬.话语与权力:中国近现代教育宗旨的话语分析［M］.山东教育出版社,2008.

［32］杜赞奇.文化、权力与国家［M］.江苏人民出版社,2010.

［33］郭富青.公司权利与权力二元配置论［M］.法律出版社,2010.

［34］刘颖.相互依赖、软权力与美国霸权［M］.中国社会科学出版社,2010.

［35］宾伯.信息与美国民主:技术在政治权力演化中的作用［M］.科学出版社,2011.

［36］Robert Greene. 48 Laws of Power［M］. Penguin Group(USA)，2010.

［37］卡莱斯·鲍什.民主与再分配［M］.上海人民出版社,2011.

［38］马奇,奥尔森.重新发现制度［M］.生活·读书·新知三联书店,2011.

[39] 李硕豪. 权力博弈:一所中国大学内部权力运行的故事[M]. 中国社会科学出版社,2011.

[40] 陈金钊. 法律解释学——权利(权力)的张扬与方法的制约(当代理论法学精义系列)[M]. 中国人民大学出版社,2011.

[41] 格莱德希尔. 权力及其伪装——关于政治的人类学视角[M]. 商务印书馆,2011.

[42] 汤洪波. 公司治理、管理层权力与公司价值研究[M]. 经济科学出版社,2011.

[43] 霍布斯. 利维坦[M]. 湖南文艺出版社,2011.

[44] 伯特兰·罗素. 权力论[M]. 商务印书馆,1991.

[45] 夏传玲. 权杖和权势:组织的权力运作机制[M]. 中国社会科学出版社,2008.

[46] 米歇尔·克罗齐埃. 科层现象[M]. 上海人民出版社,2002.

[47] 汤普森. 行动中的组织——行政理念的社会科学基础[M]. 上海人民出版社,2007.

[48] 陈立鹏. 学校章程[M]. 光明日报出版社,1999.

[49] 陈鹏. 公立高等学校法律关系研究[M]. 高等教育出版社,2006.

[50] 陈学飞. 西方怎样培养博士:法、英、德、美的模式与经验[M]. 教育科学出版社,2002.

[51] 邓正来. 哈耶克法律哲学的研究[M]. 法律出版社,2002.

[52] 范履冰. 受教育权法律救济制度研究[M]. 法律出版社,2008.

[53] 高桂娟. 现代大学制度演进的文化逻辑[M]. 青岛:中国海洋大学出版社,2007.

[54] 高家伟. 教育行政法[M]. 北京大学出版社,2007.

[55] 高晋康,郁光华,等. 法律运行过程的经济分析[M]. 法律出版社,2008.

[56] 高奇. 中国高等教育思想史[M]. 人民教育出版社,2001.

[57] 高昔武. 非营利组织治理机制研究[M]. 中国人民大学出版社,2008.

[58] 马怀德. 学校法律制度研究[M]. 北京大学出版社,2007.

[59] 马陆亭,范文耀. 大学章程要素的国际比较[M]. 教育科学出版社,2010.

[60] 马廷奇. 大学转型:以制度建设为中心[M]. 社会科学文献出版社,2007.

[61] 米俊魁. 大学章程价值研究[M]. 中国海洋大学出版社,2006.

[62] 欧爱民. 宪法实践的技术路径研究——以违宪审查为中心[M]. 法律出

版社,2007.

[63] 秦惠民.走入教育法制的深处——论教育权的演变[M].中国人民公安大学出版社,1998.

[64] 秦梦群.美国教育法与判例[M].北京大学出版社,2006.

[65] 申素平.教育法学——原理、规范与应用[M].教育科学出版社,2009.

[66] 施晓光.美国大学思想论纲[M].北京师范大学出版社,2001.

[67] 睦依凡.大学的使命与责任[M].教育科学出版社,2007.

[68] 孙华.大学之合法性[M].中国社会科学出版社,2010.

[69] 孙培青.中国教育史[M].华东师范大学出版社,2000.

[70] 孙霄兵.受教育权法理学——一种历史哲学的范式[M].教育科学出版社,2003.

[71] 孙雪芬,王立强.现代学校章程建设[M].同济大学出版社,2007.

[72] 覃壮才.中国公立高等学校法人治理结构研究[M].北京师范大学出版社,2010.

[73] 田爱丽.现代大学法人制度研究——日本国立大学法人化改革的实践和启示[M].上海教育出版社,2009.

[74] 涂又光.中国高等教育史论[M].湖北教育出版社,2003.

[75] 王鼎.英国政府管理现代化:分权、民主与服务[M].中国经济出版社,2008.

[76] 王敬波.高等教育领域里的行政法问题研究[M].中国法制出版社,2007.

[77] 周光礼.法律制度与高等教育[M].华中科技大学出版社,2005.

[78] 周光礼.教育与法律:中国教育法律关系的变革[M].社会科学文献出版社,2005.

[79] 周光礼.学术自由与社会干预——大学学术自由的制度分析[M].华中科技大学出版社,2005.

[80] E.博登海默.法理学法哲学与法律方法:修订版[M].邓正来,译.中国政法大学出版社,2004.

[81] 阿瑟·库恩.英美法系[M].陈朝璧,译.法律出版社,2002.

[82] 爱德华·希尔斯.学术的秩序——当代大学论文集[M].李家永,译.商务印书馆,2007.

[83] 本杰明·卡多佐.司法过程的性质[M].苏力,译.商务印书馆,2002.

［84］伯顿·R.克拉克.高等教育系统［M］.王承绪,译.杭州大学出版社,1994.

［85］伯顿·R.克拉克.高等教育新论——多学科的研究［M］.王承绪,徐辉.等,译.浙江教育出版社,2001.

［86］伯顿·R.克拉克.探究的场所——现代大学学科和研究生教育［M］.王承绪,译.浙江教育出版社,2006.

［87］伯顿·R.克拉克.研究生教育的科学研究基础［M］.王承绪,译.浙江教育出版社,2001.

［88］查尔斯·弗里德.契约即允诺［M］.郭锐,译.北京大学出版社,2006.

［89］德里克·博克.走出象牙塔——现代大学的社会责任［M］.徐小洲,等,译.浙江教育出版社,2001.

［90］德沃金.法律帝国［M］.李常青,徐宗英,译.中国大百科全书出版社,1996.

［91］康芒斯.制度经济学(上,下)［M］.于树生,译.商务印书馆,2009.

［92］克尔.高等教育不能回避历史——21世纪的问题［M］.王承绪,译.浙江教育出版社,2001.

［93］罗斯科·庞德.法律与道德［M］.陈林林,译.中国政法大学出版社,2003.

［94］马肖.贪婪、混沌和治理［M］.宋功德,译.商务印书馆,2009.

［95］马修·德夫林.哈贝马斯、现代性与法［M］.高鸿钧,译.清华大学出版社,2005.

［96］迈克尔·D.科恩,詹姆斯·G.马奇.美国大学校长研究［M］.郝瑜,主译.中国海洋大学出版社,2006.

［97］尼尔·K.考墨萨.法律的限度——法治、权利的供给与需求［M］.申卫星,王琦,译.商务印书馆,2007.

［98］乔治·凯勒.大学战略与规划［M］.别敦荣,主译.中国海洋大学出版社,2005.

［99］科尔曼.社会理论的基础(上下册)［M］.社会科学文献出版社,2008.

［100］杰克逊.系统思考——适于管理者的创造性整体论［M］.中国人民大学出版社,2005.

［101］斯科特.制度与组织——思想观念与物质利益［M］.第3版.中国人民大学出版社,2010.

［102］关保英.行政法的价值定位——中青年法学文库［M］.中国政法大学出版社,1997.

［103］张安富.合并高校的融合与多校区管理［M］.华中科技大学出版社,2008.

［104］马斌.政府间关系:权力配置与地方治理——基于省、市、县政府间关系的研究［M］.浙江大学出版社,2009.

［105］戴弗雷姆.法社会学讲义——学术脉络与理论体系［M］.北京大学出版社,2010.

［106］韦伯.法律社会学:非正当性的支配:精装［M］.广西师范大学出版社,2011.

［107］教育部人事司.高等教育法规概论［M］.北京师范大学出版社,2000.

［108］英利(Morley,L.).高等教育的质量与权力［M］.北京师范大学出版社,2008.

［109］王立哲.中国高等教育研究新进展［M］.华东师范大学出版社,2008.

［110］王如哲.各国高等教育制度［M］.华东师范大学出版社,2010.

［111］李盛兵.跨国高等教育人才培养模式研究［M］.人民出版社,2010.

［112］黎军.行业组织的行政法问题研究——宪法行政法系列［M］.北京大学出版社,2002.

［113］林荣日.制度变迁中的权力博弈——以转型期中国高等教育制度为研究重点［M］.复旦大学出版社,2007.

［114］张正峰.权力的表达:中国近代大学教授权力制度研究［M］.福建教育出版社,2007.

［115］周玲.大学组织冲突研究［M］.中国社会科学出版社,2007.

［116］熊培云.重新发现社会［M］.新星出版社,2010.

［117］劳斯.知识与权力:走向科学的政治哲学［M］.北京大学出版社,2004.

［118］基欧汉.权利与相互依赖［M］.第三版.北京大学出版社,2004.

［119］尼采.权利意志:重估一切价值的尝试［M］.中央编译出版社,2005.

［120］保罗・博维.权利中的知识分子［M］.江苏人民出版社,2005.

［121］周永坤.规范权力:权利的法理研究［M］.法律出版社,2006.

［122］斯密德.财产、权利和公共选择［M］.上海人民出版社,1999.

［123］张天雪.校长权力论［M］.教育科学出版社,2008.

［124］卢锐.管理层权力、薪酬激励与绩效［M］.经济科学出版社,2008.

[125] 史蒂文·卢克斯.权力：一种激进的观点[M].江苏人民出版社,2008.

[126] 霍存福.权力场[M].法律出版社,2008.

[127] 费埃德伯格.权力与规则[M].格致出版社,2008.

[128] 彼得·M.布劳.社会生活中的交换与权力[M].商务印书馆,2008.

[129] 布瑞德利.哈佛规则[M].北京大学出版社,2009.

[130] 王婷婷.影响力：如何展示非权力的领导力[M].企业管理出版社,2009.

[131] 克罗齐耶.法令不能改变社会[M].格致出版社,2008.

[132] 戚建刚,杨小敏.行政紧急权力的制约机制研究[M].华中科技大学出版社,2010.

[133] 李松.中国隐性权力调查[M].华夏出版社,2011.

[134] 肖特.城市秩序：城市、文化与权力导论[M].上海人民出版社,2011.

[135] 魏宏.权力论[M].上海三联书店,2011.

[136] 佟德志.在民主与法治之间[M].人民出版社,2006.

[137] 张鸣.辛亥：摇晃的中国[M].广西师范大学出版社,2011.

[138] 刘克选,周全海.大师大学[M].凤凰出版社,2011.

[139] 熊培云.自由在高处[M].新星出版社,2011.

[140] 安东尼.吉登斯.社会学[M].北京大学出版社,2003:607.

[141] 王海琴.近代西方科学之数学特征研究[D].复旦大学,2007.

[142] 罗素:宗教与科学[M].商务印书馆 1982:123.

[143] 图加林诺夫:马克思主义中的价值论[M].中国人民大学出版社,1989:10-11.

[144] 培里.价值和评价[M].中国人民大学出版社,1989.

[145] 周永坤.法理学——全球视野[M].法律出版社,2000:216.

[146] 孙国华.法理学教程[M].中国人民大学出版社,1994:94.

[147] 武步云.马克思主义法哲学引论[M].陕西人民出版社,1992:449.

[148] 杜一超.行政程序的正义价值及其实现[M].中国政法大学,2009.

[149] 亨廷顿.变化社会中的政治秩序[M].王冠华,译.生活·读书·新知三联书店,1989:7.

[150] 海德格尔.存在与时间[M].陈嘉映,等,译.生活·读书·新知三联书店,1987:146.

[151] 汉娜·阿特伦.人的条件[M].竺乾威,等,译.上海人民出版社,

1999:18.

[152] 邓玮. 法律场域的行动逻辑[D]. 上海大学,2006.

[153] 林林. 法律文化生态:冲突与分化[J]. 比较法研究,2011,25(5):131 - 135.

[154] 荣鑫. 符号社会状态——符号权力与符号社会意识形态研究[D]. 首都师范大学,2007.

[155] 徐同文. 现代大学:经营之道[M]. 人民教育出版社,2006:31.

[156] 袁贵仁. 建立现代大学制度,推进高教改革和发展[N]. 光明日报,2000 - 02 - 23.

[157] 陈浩. 微言评高教[M]. 浙江大学出版社,2012:25 - 26.

[158] 马克斯·韦伯. 社会科学方法论[M]. 李秋零,译. 中国人民大学出版社,1999:3.

[159] Deutsch, Karl W. On Political Theory and Political Action[J]. The American Political Social Review, 1971, 53(1):631.

[160] 寇东亮. 学术权力:中国语义、价值根据与实现路径[J]. 高等教育研究,2006(12):16 - 21.

[161] 陈学询. 中国近代教育史教学参考资料(上)[M]. 北京:人民教育出版社,1986:32.

[162] 高平叔. 蔡元培教育论著选[M]. 北京:人民教育出版社,1991.

[163] 许美德. 中国大学 1895—1995:一个世纪的文化冲突[M]. 许洁英,译. 教育科学出版社,1999:68.

[164] 周川、黄旭. 百年之功中国近代大学校长的教育家精神[M]. 福建教育出版社,1994:91.

[165] 苏云峰. 从清华学堂到清华大学 1928—1937[M]. 三联书店,2001.

[166] 张继林. 共轭动力系统分析及其在高等教育专业结构管理中的应用[D]. 天津大学,2008.

[167] 霍克斯. 结构主义与符导学[M]. 上海译文出版社 1987:8.

[168] 王海琴. 近代西方科学之数学特征研究[D]. 复旦大学,2007.

[169] 罗素. 宗教与科学[M]. 商务印书馆,1982:123.

[170] 图加林诺夫. 马克思主义中的价值论[M]. 中国人民大学出版社,1989:10 - 11.

[171] 培里. 价值和评价[M]. 1 版. 中国人民大学出版社,1989:58.

[172] 罗索. 社会改造原理[M]. 张师竹,译. 上海人民出版社,2001:54.

[173] 黄富峰. 池田大作教育伦理思想研究[M]. 中国社会科学出版社, 2010:133.

[174] 塞缪尔·亨廷顿. 变化社会中的政治秩序[M]. 华夏出版社,1988:27.

[175] F. A. 哈耶克. 法律、立法与自由[M]. 邓正来,等,译. 中国大百科全书 出版社,2002:59.

[176] 李德昌. 信息人教育学[M]. 科学出版社,2011:143.

[177] 张俊超. 大学场域的游离部落——研究型大学青年教师发展现状及应 对策略研究[D]. 华中科技大学,2008.

[178] 吴明隆. 问卷统计分析实务——SPSS操作与应用[M]. 重庆大学出版 社,2011:194.

[179] 郑伦仁. 大学学术权力运行机制研究[D]. 西南大学,2012.

[180] 马陆亭. 高等学校的分层与管理[M]. 广东教育出版社,2004:200.

[181] 李卫东. 大学内部重点建设——对一种大学组织行为的研究[D]. 华东 师范大学,2010.

[182] 国家中长期教育改革和发展规划纲要工作小组办公室. 国家中长期教 育改革和发展规划纲要. 人民日报,2010-03-01.

[183] 项久雨. 思想政治教育价值论域及其研究意义[J]. 学校党建与思想教 育,2003(07):38.

[184] 陈权. 当代中国公立高校内部权力结构及运行机制研究[D]. 吉林大 学,2011.

[185] 赵永红. 江西G大学推进内部民主管理的对策研究[D]. 华东师范大 学,2006.

[186] 王瑞环. 博弈论视角下高校行政权力和学术权力关系研究[D]. 青岛大 学,2008.

[187] 赵薇. 高校行政权力与学术权力的失衡及其治理对策[D]. 东北大 学,2008.

[188] 刘晓梅. 研究生教育中学术权力与行政权力适配性研究[D]. 大连理工 大学博士论文,2012.

[189] 钟秉林. 现代大学学术权力与行政权力的关系及其协调[J]. 中国高等 教育,2005(19):3-5.

[190] 张正峰. 试论1912—1949年大学教授在校务决策中的权力变化及原因

分析——以政府颁布的法规为例[J].煤炭高等教育,2008,26(4):69-72.

[191] 孟令战.民国时期教学自由权研究[D].武汉大学,2011.

[192] 李灵莉.我国大学学术权力合法性的历史流失与现实建构[J].现代教育管理,2011(11):52-55.

[193] 李元胜.西南联大"教授治校"的产权理念与办学成效研究[D].云南大学,2010.

[194] 刘建.中国近代教育行政体制研究[D].南京师范大学,2008.

[195] 邓小林.民国时期国立大学教师聘任之研究[D].四川大学,2005.

[196] 郄海霞.大学与城市互动的分析模型[J].高教探索,2008(4):14-17.

[197] 林夏水.国内非线性科学哲学研究综述[J].哲学动态,2000(6):25-29.

[198] 鲍建竹.语言:作为行动与权力的工具——布尔迪厄社会语言学研究[D].中国人民大学,2009.

[199] 杨梓鑫.吉林省地方高校学科带头人队伍建设的政策环境研究[D].长春工业大学,2007.

[200] 乔元正.教育与政治场域中大学、政府关系的冲突与融合[J].高校教育管理,2012,06(4):43-47.

[201] 谢鹏程.法律价值概念的解释[J].天津社会科学,1996(1):101-105.

[202] 高月兰.对"帕累托最优"的伦理诘问[C].首届国际道德哲学会议论文集,2004.

[203] 黄永军.现代大学制度的本质是自组织[J].国家教育行政学院学报,2005(5):56-59.

[204] 张俨.大学精神的缺失及其培育研究[D].湖南农业大学,2008.

[205] 缪文升.法的基本价值实现与和谐社会的构建[D].南京师范大学,2006.

[206] 尹萍行.政法价值的冲突与协调——孙志刚案的再思考[J].理论月刊,2005(9):128-130.

[207] 康宏.高等教育评价标准的价值反思[D].华中科技大学,2010.

[208] 徐华秀.论科学发展观与中国社会的全面进步[D].武汉大学,2005.

[209] 梁光晨.论当代宪法中权利概念的内涵与现实权利的构建[J].中共成都市委党校学报,2009(4):27-32.

［210］缪文升.法的基本价值实现与和谐社会的构建［D］.南京师范大学,2006.

［211］禹冰.浅析法的价值在促进社会和谐中发挥的作用［J］.动画世界·教育技术研究,2012(1):220.

［212］胡仁东.大学组织内部机构设置研究［D］.华东师范大学,2007.

［213］段进军.对传统西方经济学理论缺失的评析与思考［J］.国外社会科学,2006(2):87－90.

［214］王进.毕摩场域论——布迪厄理论在毕摩研究中的运用［J］.学术论坛,2008(10):181－184.

［215］许芳.和谐社会理念下的企业生态机理及生态战略研究［D］.中南大学,2006.

［216］江涛.民事诉讼效率研究［D］.复旦大学,2011.

［217］李曼.基于场域理论的高校三维权力结构分析［J］.教学研究,2008,31(3):189－192.

［218］孙华.大学公共危机:发育与治理［D］.华中科技大学,2007.

［219］陈宁.高等体育院校办学特性和模式的研究［D］.华中科技大学,2005.

［220］毕继东.负面网络口碑对消费者行为意愿的影响研究［D］.山东大学,2010.

［221］吴凡.专业技术资格评定有效性研究——以南宁市为例［D］.华中科技大学,2011.

［222］田勇.高中物理教学中学生情感培养现状的调查研究［D］.首都师范大学,2004.

［223］彭旭.高等教育发展必须重视的几个重要问题——布鲁贝克《高等教育哲学》述评［J］.长春工业大学学报:高教研究版,2007,28(2):26－28.

［224］肖民赞.我国上市公司股权激励效应的实证研究［D］.江西财经大学,2009.

［225］薛朋.人民币汇率对通货膨胀传导机制实证分析［D］.对外经济贸易大学,2012.

［226］蔡克勇.战略规划:高等学校发展的关键［J］.交通高教研究,2003(4):1－5.

［227］靳占忠.高等农业教育的特色化［J］.高等农业教育,2005(1):6－8.

［228］常艳芳.大学之未来:大学精神的重建与发扬［J］.黑龙江高教研究,

2005(12):20-23.

[229] 常艳芳.美国现代大学精神及其对中国大学的影响[J].外国教育研究,
2006(12):45-49.

[230] 李店标.略论现代行政理念[J].工会论坛——山东省工会管理干部学
院学报,2007,13(1):132-133.

[231] 杨红梅.论税务行政处罚法定原则[J].商场现代化,2006(20):
240-241.

[232] 周谷平.我国创新型大学建设中的理念引领——兼论经典大学理念与
现代大学理念间的张力[J].教育研究,2006(11):29-34.

[233] 章志远.我国大学章程制定的现状与课题——以两岸四地若干大学章
程为分析样本[J].阴山学刊(社会科学版),2012,25(1):108-118.

[234] 孙华.大学公共危机:发育与治理[D].华中科技大学,2007.

[235] 张家军.扎根理论之于课程研究的启示[J].比较教育研究,2010(10):
81-85.

[236] 王懿.大学重点学科创新人才胜任力模型的研究[D].第三军医大
学,2008.

[237] 朱景坤.建构巨型大学组织与管理模式应注意的问题与理想取向[J].
辽宁教育研究,2008(2):1-5.

[238] 杨移贻.借学术自由之火,建现代大学制度——大学"去行政化"的思考
[J].高等理科教育,2011(2):7-12.

[239] 吴向明.学术自治:高等教育多样化的保证[J].江苏高教,2003(6):
18-20.

[240] 杨龙.权力指数的内涵与价值分析[J].领导科学,2009(23):16-18.

[241] 朱怀镇.高校资金风险影响因素的实证研究——基于省际面板数据模
型[J].事业财会,2007(6):25-27.

[242] 蔡克勇.我国新办院校发展的战略选择[J].交通高教研究,2003(1):
1-5.

[243] 季卫东.法律程序的意义——对中国法制建设的另一种思考[J].中国
社会科学,1993(1):83-103.

[244] 王景斌.论行政权对私域的有限介入[D].吉林大学,2008.

[245] 刘果.高等教育管理中的权力问题[J].中国教育研究论丛,2006.

[246] 张德祥.高等学校的学术权力与行政权力[M].南京师范大学出版社,

2002:148 - 155,21.

[247] 吉罗克斯. 跨越边界——文化工作者与教育政治学[M]. 华东师范大学出版,2002:17.

[248] 罗尔斯. 正义论[M]. 何怀宏,等,译. 中国社会科学出版社,1988:1.

[249] 张文显. 现代大学管理理念创新与实践[J]. 管理世界,2005(10):1 - 5.

[250] 孟宪承. 大学教育(孟宪承文集第 3 卷)[M]. 华东师范大学出版社,2010:10 - 14.

[251] 董云川. 论大学行政权力的泛化[J]. 高等教育研究,2000.

[252] 袁利. 我国高校学术权力与行政权力的矛盾[J]. 高教发展与评估,2003(3):30 - 33.

[253] 孟德斯鸠. 论法的精神(上)[M]. 商务印书馆,1997:154.

[254] 季卫东. 法律程序的意义[J]. 中国社会科学,1993(1):83 - 103.

[255] 埃德加. 莫兰. 复杂思维:自觉的科学[M]. 陈一壮,译. 北京:北京大学出版社,2001:151.

[256] 程光泉. 哲学视野下的大学理念、大学精神、大学文化[J]. 北京师范大学学报:社会科学版,2010(1):121.

[257] 张维迎. 大学的逻辑[M]. 北京大学出版社,2004:129 - 130.

[258] 周谷平、张雁. 我国创新型大学建设中的理念引领[J]. 教育研究,2006(11):29.

[259] 郑伦仁. 大学学术权力运行机制研究[D]. 西南大学,2012.

[260] 何淳宽. 中国大学学术性准正式组织研究[D]. 中国科学技术大学,2009.

[261] 王爱萍. 在哲学与政治之间:高等教育哲学的走向——解读约翰·S. 布鲁贝克的《高等教育哲学》[J]. 北京教育学院学报:社会科学版,2009(3):9 - 12.

[262] 张国彬. 我国大学行政权力与学术权力关系的制度分析[D]. 首都师范大学,2008.

[263] 赵永红. 江西 G 大学推进内部民主管理的对策研究——基于教师学术权力的视角[D]. 华东师范大学,2006.

[264] 邱晓君. 我国高等学校权力和谐模式构建研究[D]. 青岛大学,2008.

[265] 吴根洲. 大学章程制定主体——"中国式"董事会[J]. 现代教育管理,2012(2):91 - 95.

[266] 朱浩.从线性到非线性:我国大学管理思维的延伸[J].理工高教研究，2009,28(4):57-60.

[267] 吴立保,张建伟.论科研与教学关系:非线性思维的视角[J].南京师范大学学报:社会科学版,2012(2):83-88.

[268] 刘礼明.多元学科理论视阈下的高等教育学生观[J].高教探索,2010(3):120-124.

[269] 王务均.龚怡祖大学学术权力与行政权力的包容机制研究[J].教育发展研究,2012(21):41-45.

[270] 崔强,郭莉.非对称信息环境下思想政治理论课教师激励机制探究[J].学校党建与思想教育,2012(15):50-51.

[271] 何淳宽,曹威麟,梁樑.中国大学正式组织与学术性准正式组织的机能优化——兼论我国大学三元权力治理结构模式的构建[J].经济社会体制比较,2009(3):128-133.

[272] 湛中乐,高俊杰.大学章程:现代大学法人治理的制度保障[J].国家教育行政学院学报,2011(11):15-20.

[273] 湛中乐.现代大学治理与大学章程[J].中国高等教育,2011(9):18-20.

[274] 刘献君.正确认识和处理学术权力与行政权力的关系[J].中国高等教育,2012(13):31-33.

[275] 朱浩.非线性视野中我国大学和谐管理机制研究[D].华东师范大学,2007.

[276] 许丽英.教育资源配置理论研究——缩小教育差距的政策转向[D].东北师范大学,2007.

[277] 马陆亭.高等学校的分层与管理[M].广东教育出版社,2004:155-156.

[278] 周玲.大学组织冲突研究——角色、权力与文化的视角[D].华东师范大学,2006.

[279] 唐世纲.现代大学发展战略新思考——品牌营销理论的视角[D].广西师范大学,2005.

[280] 袁永红.我国高等学校学术权力与行政权力研究[D].大连理工大学,2005.

[281] 王瑞环.博弈论视角下高校行政权力和学术权力关系研究[D].青岛大

学,2008.

[282] 朱德友.高校教师激励机制研究[D].武汉大学,2016.

[283] 陈荣杰.交换论视野中的交际行为[J].求索,2001(4):33-35.

[284] 翟岩.制度变迁中的行动模式转换[D].吉林大学,2006.

[285] 廖星.基于深度访谈法初步研究中医临床实施方案优化[D].中国中医科学院,2008.

[286] 鄂德礼.教授治学问题研究[D].淮北师范大学,2011.

[287] 马陆亭,冯厚植,马永红.我国本科院校层次结构研究——结构状况、发展战略、管理模式[J].科技导报,1998,16(9806):22-25.

[288] 乔治·凯勒.大学战略与规划:美国高等教育管理革命[M].别敦荣,译.中国海洋大学出版社,2005:序.

[289] 丁三青:基于创新人才培养的大学管理革命与管理队伍建设[J].煤炭高等教育.2007,25(1):1-8.

[290] 丁三青.关于中国高等教育强国指标体系的战略构想[J].煤炭高等教育,2009.

附录1 "当代中国大学学术权力与行政权力的共轭机理研究"访谈说明

1. 初始研究的数据

本书是基于对相关文献和对大学之中管理者和学者们的采访材料所进行的。随后的讨论主要集中在学者的采访材料方面。共计进行了 35 场访谈。

2. 数据收集方法

在社会科学中,采访是一种半规定性类型,也是一种深度类型研究方法。半规定性类型的意思是,虽然采访者有一个大致的问题清单,但是接受采访者可以根据自己的兴趣进行交流,所产生的讨论方式也可以用来引导提问顺序和提问方式。深度类型的意思是,采访过程要留有充足的时间,采访氛围尽量亲切,以便接受采访者进行细致的讨论,如接受采访者愿意,甚至可以讨论敏感的话题。

我们采用了标准采访技术变量。因为要尽可能多地收集有关行政权力与学术权力共轭的影响因素,所以,没有必要使每一项采访都圆满完成议程;让一些接受采访者有机会就每一议题进行详尽的讨论,而对于另外一些学者,可以请他们侧重对前人忽略的那些议题进行讨论。此外,由于有可能在任意一次采访过程中获得某种事前未曾预见到却又值得进一步探讨的议题,这就需要在一项采访和另一项采访中提供空间以增加议题。当然,如果议题已经得到了足够的澄清,也可以删除这些额外的空间。

因此,与其认为该研究是小规模的社会调查,不如把它视为探索性研究,其中牵引着重要的线索、有趣的陈述和其他的数据相辅相成(或者彼此矛盾)。在任何一种领域开展这些采访任务时,几乎总是有可能发现至少来自一位接受采访者的认同意见——通常有很多认同意见——关于行政权力与学术权力共轭。

实际采访从 2012 年 6 月开始首轮采访到 2012 年 12 月结束。基本的议题清单没有显著的变化。为了采访能够切实可行,那些同意接受采访的专家学者都提前收到了一份简明扼要的通知书,该通知书解释了研究目的,并简要叙述了有关议题。

附录 2 关于"当代中国大学学术权力与行政权力的共轭机理研究"的访谈提纲

一、访谈目的及意义

了解当代中国大学学术权力与行政权力的实际状态,分析大学学术权力与行政权力的影响因素。

二、访谈方式

面对面的访谈及电话访谈

三、访谈对象

高等院校的专家、学者及管理人员

四、提问提纲

(一)访谈开场语

您好! 我是中国矿业大学管理学院科技与教育管理 10 级博士生,正在做一个关于当代中国大学学术权力与行政权力的共轭机理研究的专题调查,这是我博士论文中的核心部分。耽误您 20 分钟左右的宝贵时间完成这个访谈。本次访谈主要通过问答形式进行,访谈内容将严格保密! 为保证访谈的有效性,请您真实地回答每个问题。 如果没有疑问的话,我们就开始吧!

(二)访谈对话

第一部分:对话部分

1. 您认为大学学术权力是指什么?

2. 您认为大学行政权力是指什么?

3. 您认为大学学术权力的作用是如何发挥的? 发挥程度如何?

4. 您认为大学行政权力的作用是如何发挥的? 发挥程度如何?

5. 您认为大学学术权力受到什么因素影响?

6. 您认为大学行政权力受到什么因素影响?

7. 您认为目前大学学术权力与行政权力是怎样一种状态?

8. 您认为大学学术权力与行政权力如何能达到理想(共轭)状态?

第二部分:访谈结束语

再次感谢你的配合,祝您身体健康,工作顺利!

五、采访步骤

1. 联系访谈对象

2. 提供访谈提纲

3. 开始访谈并记录

4. 访谈的反思与评估

六、可能碰到的问题

1. 被访者拒答

2. 访谈地点受干扰性大

3. 访谈过程中被访者不耐烦

4. 访谈过程中被第三者打断

5. 被访谈者敷衍回答

七、设想解决的方法

1. 选取适当的访问对象,考察选取容易接近的对象,明确告知其访谈目的;

2. 选取适当的访谈时机和地点;

3. 也可以一对多地进行访问,形成交流小组形式;

4. 如果对象敷衍回答,应尽早结束访谈,并将此次访谈作废。

八、采访前要携带的器材备注

1. 本子、笔及相关个人证件

2. 录音笔

3. 访谈提纲

附录3 "当代中国大学学术权力与行政权力的共轭机理研究"调查问卷

尊敬的老师：

您好！我是中国矿业大学管理学院科技与教育管理10级博士生，正在做一个关于当代中国大学学术权力与行政权力的共轭机理研究的专题调查，这是我博士论文中的核心部分。您对本问卷的真实回答，将会对我们的研究有很大帮助。我们将对您的回答严格保密。

谢谢您的支持与合作！

2012年11月

联系人：＊　＊　＊　　　　　　电话：＊　＊　＊

【一、基本情况】

1. 您所在的学校是：

2. 您的性别：1）男；2）女

3. 您的年龄：＿＿＿＿＿岁

4. 您获得的最高学位：1）博士；2）硕士；3）学士；4）其他（请注明）

5. 您获得最高学位的单位：　　　　　　　　；时间（请注明）

6. 您的职称：　　　　　　（请注明时间）；

7. 您的职务：　　　　　　（请注明时间）；

8. 学科及主要研究方向：

【二、问卷内容】

9. 您在从事教学之外，是否还担任行政职务？

A. 是　　　　　　B. 否

10. 贵校是否有学术委员会？

A. 是　　　　　　B. 否

11. 学术委员会发挥作用的程度如何？

A. 完全不重要　　　B. 不重要　　　C. 不确定　　　D. 重要

E. 绝对重要

12. 您是学术委员会的成员吗？

A. 是　　　　　B. 否

13. 您认为现代大学的主要使命是什么？

A. 人才培养　　　B. 科学研究　　　C. 社会服务

D. 文化传承创新　　　E. 其他

14. 您认为大学行政权力和学术权力的目标是否一致？

A. 是　　　　　B. 否

15. 您认为现代大学制度对大学的发展作用如何？

A. 完全不重要　　　B. 不重要　　　C. 不确定　　　D. 重要

E. 绝对重要

【三、因素分析】

大学学术权力与行政权力影响因素确定(请根据您的见解和感受,对每个因素的认可程度进行选择,并在相应的数字上打"√"。1~5 表示您的认可程度,1=完全不重要,2=不重要,3=不确定,4=重要,5=绝对重要。随着数字的增大,表示重要程度增强)

序号	大学学术权力与行政权力影响因素	1	2	3	4	5
1	科学合理的制度设计					
2	规章制度完善					
3	校务公开信息通畅					
4	大学章程					
5	外部政治权力的有限介入					
6	大学发展目标明确具体					
7	大学发展目标分阶段分层次					
8	大学目标的凝聚力					
9	大学办学自主权					
10	校长治校					
11	教授治学					

（续表）

序号	大学学术权力与行政权力影响因素	1	2	3	4	5
12	明确的人员分工与界限					
13	资源合理配置					
14	学术自由					
15	教师资源					
16	文化资源					

再次感谢您的配合,祝您身体健康,工作顺利!

附录 4 取对数后的数据高校数据

"985 工程"大学 2002 年数据

名称	缩写字母	LNzonghe	LNxz	LNxs
北京大学	BD	4.574 711	4.865 764	5.091 662
中国人民大学	ZRD	3.988 984	4.812 835	4.464 182
清华大学	QH	4.605 17	5.298 317	4.992 743
北京航空航天大学	BHK	3.988 984	4.931 448	4.130 033
北京理工大学	BLG	3.663 562	4.621 929	3.503 152
中国农业大学	ZND	3.610 918	4.383 775	3.554 205
北京师范大学	BSD	3.891 82	4.434 738	4.353 241
南开大学	NK	4.007 333	4.657 193	4.434 263
天津大学	TIANJ	3.931 826	4.849 135	4.050 915
大连理工大学	DLLG	3.784 19	4.607 667	3.991 204
东北大学	DB	3.610 918	4.553 35	3.513 633
哈尔滨工业大学	HGD	3.871 201	4.632 98	3.921 775
复旦大学	FD	4.276 666	4.772 04	4.789 157
同济大学	TONGJ	3.713 572	4.534 748	3.618 993
上海交通大学	SJD	4.174 387	5.029 522	4.445 588
华东师范大学	HDSF	3.663 562	4.418 841	3.992 865
南京大学	NJ	4.330 733	4.645 64	4.967 797
东南大学	DN	3.761 2	4.517 431	3.850 786
浙江大学	ZJ	4.158 883	4.871 297	4.520 375
中国科学技术大学	ZKD	4.110 874	4.684 813	4.599 756
厦门大学	XD	3.828 641	4.386 019	4.295 924
山东大学	SD	3.637 586	4.202 75	3.959 097

（续表）

名称	缩写字母	LNzonghe	LNxz	LNxs
武汉大学	WD	3.931 826	4.455 626	4.322 409
湖南大学	HUNAN	3.433 987	4.225 227	3.303 217
中山大学	ZS	3.988 984	4.470 495	4.559 754
华南理工大学	HNLG	3.663 562	4.480 06	3.804 883
重庆大学	CD	3.367 296	4.220 243	3.328 627
电子科技大学	DZKJ	3.465 736	4.369 828	3.626 472
西安交通大学	XJD	3.970 292	4.645 928	4.334 935
四川大学	SCD	3.828 641	4.394 943	4.253 767
华中科技大学	HZKJ	3.828 641	4.546 375	4.226 98
中南大学	ZHONGN	3.663 562	4.431 65	3.959 097

2003 年数据

名称	缩写字母	LNzonghe	LNxz	LNxs
北京大学	BD	4.543 295	5.139 087	5.211 288
中国人民大学	ZRD	4.127 134	4.873 669	4.841 585
清华大学	QH	4.605 17	5.242 752	5.224 24
北京航空航天大学	BHK	4.043 051	5.019 859	4.356 581
北京理工大学	BLG	3.828 641	4.729 068	3.997 834
中国农业大学	ZND	3.850 148	4.591 68	4.234 976
北京师范大学	BSD	4.110 874	4.726 148	4.797 277
南开大学	NK	4.158 883	4.845 996	4.816 97
天津大学	TIANJ	3.988 984	4.888 769	4.297 013
大连理工大学	DLLG	3.951 244	4.749 097	4.471 525
东北大学	DB	3.688 879	4.713 935	3.830 162
哈尔滨工业大学	HGD	3.988 984	4.881 589	4.195 396
复旦大学	FD	4.276 666	4.980 726	4.819 717
同济大学	TONGJ	3.850 148	4.896 794	3.844 386
上海交通大学	SJD	4.219 508	5.099 988	4.653 96

（续表）

名称	缩写字母	LNzonghe	LNxz	LNxs
华东师范大学	HDSF	3.828 641	4.711 24	4.351 052
南京大学	NJ	4.418 841	4.882 347	5.144 991
东南大学	DN	3.912 023	4.789 573	4.318 421
浙江大学	ZJ	4.158 883	5.098 097	4.511 189
中国科学技术大学	ZKD	4.262 68	4.784 905	4.949 185
厦门大学	XD	3.871 201	4.627 03	4.428 91
山东大学	SD	3.713 572	4.652 626	3.969 726
武汉大学	WD	3.951 244	4.902 605	4.278 609
湖南大学	HUNAN	3.496 508	4.526 884	3.518 091
中山大学	ZS	4.110 874	4.840 4	4.784 153
华南理工大学	HNLG	3.784 19	4.658 616	4.161 847
重庆大学	CD	3.555 348	4.573 576	3.516 607
电子科技大学	DZKJ	3.555 348	4.566 637	3.740 285
西安交通大学	XJD	4.043 051	4.948 547	4.447 112
四川大学	SCD	3.931 826	4.834 693	4.339 641
华中科技大学	HZKJ	3.970 292	4.898 809	4.401 829
中南大学	ZHONGN	3.850 148	4.779 039	4.265 352

2004 年数据

名称	缩写字母	LNzonghe	LNxz	LNxs
北京大学	BD	4.465 908	5.085 681	5.098 463
中国人民大学	ZRD	4.077 537	4.903 866	4.602 166
清华大学	QH	4.605 17	5.298 317	5.298 317
北京航空航天大学	BHK	3.931 826	4.978 388	3.971 8
北京理工大学	BLG	3.737 67	4.752 9	3.769 537
中国农业大学	ZND	3.806 662	4.602 567	4.104 625
北京师范大学	BSD	4.094 345	4.815 755	4.688 868
南开大学	NK	4.110 874	4.873 517	4.637 056

(续表)

名称	缩写字母	LNzonghe	LNxz	LNxs
天津大学	TIANJ	3.951 244	4.845 918	4.151 67
大连理工大学	DLLG	3.931 826	4.766 864	4.349 891
东北大学	DB	3.688 879	4.708 449	3.723 522
哈尔滨工业大学	HGD	3.970 292	4.817 536	4.178 992
复旦大学	FD	4.262 68	5.038 639	4.800 572
同济大学	TONGJ	3.871 201	4.923 697	3.773 45
上海交通大学	SJD	4.158 883	5.041 552	4.546 481
华东师范大学	HDSF	3.828 641	4.788 408	4.143 928
南京大学	NJ	4.304 065	4.929 714	4.885 752
东南大学	DN	3.871 201	4.777 02	4.133 565
浙江大学	ZJ	4.174 387	5.098 28	4.524 069
中国科学技术大学	ZKD	4.174 387	4.801 395	4.770 346
厦门大学	XD	3.931 826	4.680 37	4.386 143
山东大学	SD	3.828 641	4.692 357	4.072 61
武汉大学	WD	3.970 292	4.916 178	4.128 907
湖南大学	HUNAN	3.583 519	4.550 397	3.548 18
中山大学	ZS	4.007 333	4.963 054	4.407 816
华南理工大学	HNLG	3.761 2	4.659 28	3.941 388
重庆大学	CD	3.526 361	4.596 331	3.198 265
电子科技大学	DZKJ	3.465 736	4.537 854	3.029 65
西安交通大学	XJD	4.007 333	4.954 559	4.304 876
四川大学	SCD	3.912 023	4.887 186	4.155 283
华中科技大学	HZKJ	3.951 244	4.896 57	4.206 482
中南大学	ZHONGN	3.784 19	4.771 532	4.002 595

2005 年数据

名称	缩写字母	LNzonghe	LNxz	LNxs
北京大学	BD	4.499 81	5.138 735	5.132 853
中国人民大学	ZRD	4.060 443	4.993 828	4.423 648
清华大学	QH	4.605 17	5.298 317	5.263 208
北京航空航天大学	BHK	3.931 826	4.980 863	3.887 73
北京理工大学	BLG	3.806 662	4.874 434	3.869 116
中国农业大学	ZND	3.761 2	4.607 168	3.895 894
北京师范大学	BSD	4.094 345	4.844 187	4.600 158
南开大学	NK	4.127 134	4.905 275	4.572 647
天津大学	TIANJ	3.951 244	4.822 698	4.125 52
大连理工大学	DLLG	3.931 826	4.847 332	4.293 195
东北大学	DB	3.761 2	4.800 737	3.822 098
哈尔滨工业大学	HGD	3.891 82	4.901 564	3.968 403
复旦大学	FD	4.234 107	4.974 663	4.783 316
同济大学	TONGJ	3.850 148	4.938 781	3.634 951
上海交通大学	SJD	4.143 135	4.981 55	4.514 151
华东师范大学	HDSF	3.828 641	4.738 827	4.122 284
南京大学	NJ	4.290 459	4.938 065	4.882 044
东南大学	DN	3.871 201	4.819 475	4.055 257
浙江大学	ZJ	4.219 508	5.102 911	4.607 168
中国科学技术大学	ZKD	4.262 68	4.915 592	4.951 593
厦门大学	XD	3.891 82	4.754 452	4.282 206
山东大学	SD	3.784 19	4.663 439	3.912 023
武汉大学	WD	3.988 984	4.922 896	4.155 753
湖南大学	HUNAN	3.637 586	4.648 23	3.591 818
中山大学	ZS	4.007 333	4.960 044	4.455 509
华南理工大学	HNLG	3.784 19	4.798 267	3.887 73
重庆大学	CD	3.555 348	4.694 096	3.173 878

（续表）

名称	缩写字母	LNzonghe	LNxz	LNxs
电子科技大学	DZKJ	3.496 508	4.588 024	3.063 391
西安交通大学	XJD	3.988 984	4.915 592	4.237 001
四川大学	SCD	3.891 82	4.866 765	4.127 134
华中科技大学	HZKJ	3.951 244	4.901 564	4.104 295
中南大学	ZHONGN	3.828 641	4.811 371	4.003 69

2007 年数据

名称	缩写字母	LNzonghe	LNxz	LNxs
北京大学	BD	4.543 295	5.176 15	5.221 436
中国人民大学	ZRD	4.174 387	5.115 596	4.723 842
清华大学	QH	4.605 17	5.298 317	5.298 317
北京航空航天大学	BHK	4.077 537	5.019 265	4.495 355
北京理工大学	BLG	3.951 244	5.002 603	4.216 562
中国农业大学	ZND	3.891 82	4.819 475	4.077 537
北京师范大学	BSD	4.189 655	4.902 307	4.817 859
南开大学	NK	4.143 135	4.993 15	4.658 711
天津大学	TIANJ	4.110 874	4.871 373	4.696 837
大连理工大学	DLLG	4.043 051	4.811 371	4.694 096
东北大学	DB	3.891 82	4.953 712	4.234 107
哈尔滨工业大学	HGD	4.127 134	4.968 423	4.624 973
复旦大学	FD	4.369 448	5.099 256	5.019 925
同济大学	TONGJ	3.931 826	4.982 921	4.060 443
上海交通大学	SJD	4.330 733	5.033 049	5.005 288
华东师范大学	HDSF	3.931 826	4.875 96	4.389 499
南京大学	NJ	4.369 448	5.048 573	5.002 603
东南大学	DN	3.970 292	4.944 495	4.351 567
浙江大学	ZJ	4.356 709	5.104 126	5.023 222
中国科学技术大学	ZKD	4.343 805	4.993 828	5.086 361

（续表）

名称	缩写字母	LNzonghe	LNxz	LNxs
厦门大学	XD	4.025 352	4.894 101	4.499 81
山东大学	SD	3.931 826	4.802 38	4.342 506
武汉大学	WD	4.110 874	5.023 222	4.555 98
湖南大学	HUNAN	3.761 2	4.729 156	3.970 292
中山大学	ZS	4.143 135	5.065 123	4.672 829
华南理工大学	HNLG	3.828 641	4.845 761	4.019 98
重庆大学	CD	3.663 562	4.818 667	3.569 533
电子科技大学	DZKJ	3.637 586	4.716 712	3.740 048
西安交通大学	XJD	4.127 134	4.997 888	4.653 008
四川大学	SCD	4.025 352	5.038 899	4.395 683
华中科技大学	HZKJ	4.094 345	5.009 968	4.634 729
中南大学	ZHONGN	3.912 023	4.870 607	4.244 2

2008 年数据

名称	缩写字母	LNzonghe	LNxz	LNxs
北京大学	BD	4.553 877	5.236 442	5.090 062
中国人民大学	ZRD	4.219 508	5.105 945	4.702 297
清华大学	QH	4.605 17	5.297 817	5.298 317
北京航空航天大学	BHK	4.189 655	5.156 754	4.534 748
北京理工大学	BLG	4.007 333	5.016 617	4.229 749
中国农业大学	ZND	3.970 292	4.790 82	4.225 373
北京师范大学	BSD	4.304 065	4.845 761	4.997 888
南开大学	NK	4.219 508	4.958 64	4.695 925
天津大学	TIANJ	4.174 387	4.875 96	4.737 075
大连理工大学	DLLG	4.077 537	4.800 737	4.637 637
东北大学	DB	3.951 244	4.933 754	4.278 054
哈尔滨工业大学	HGD	4.290 459	5.165 928	4.737 075
复旦大学	FD	4.394 449	5.036 953	4.989 752

（续表）

名称	缩写字母	LNzonghe	LNxz	LNxs
同济大学	TONGJ	3.970 292	4.933 754	4.039 536
上海交通大学	SJD	4.369 448	5.051 137	4.979 489
华东师范大学	HDSF	4.025 352	4.908 233	4.449 685
南京大学	NJ	4.406 719	5.009 968	5.002 603
东南大学	DN	4.077 537	5.063 228	4.361 824
浙江大学	ZJ	4.477 337	5.201 256	5.078 917
中国科学技术大学	ZKD	4.442 651	5.004 617	5.177 279
厦门大学	XD	4.060 443	4.852 03	4.480 74
山东大学	SD	4.025 352	4.869 839	4.379 524
武汉大学	WD	4.174 387	5.036 953	4.554 929
湖南大学	HUNAN	3.891 82	4.768 139	4.151 04
中山大学	ZS	4.094 345	4.939 497	4.489 759
华南理工大学	HNLG	3.891 82	4.854 371	4.125 52
重庆大学	CD	3.784 19	4.836 282	3.711 13
电子科技大学	DZKJ	3.806 662	4.792 479	3.970 292
西安交通大学	XJD	4.189 655	5.091 293	4.585 987
四川大学	SCD	4.110 874	5.042 78	4.453 184
华中科技大学	HZKJ	4.189 655	5.005 288	4.641 502
中南大学	ZHONGN	4.025 352	4.920 711	4.365 643

2010 年数据

名称	缩写字母	LNzonghe	LNxz	LNxs
北京大学	BD	4.532 599	5.131 672	5.098 035
中国人民大学	ZRD	4.276 666	5.082 646	4.805 659
清华大学	QH	4.605 17	5.297 817	5.298 317
北京航空航天大学	BHK	4.234 107	5.104 126	4.622 027
北京理工大学	BLG	3.988 984	4.936 63	4.160 444
中国农业大学	ZND	4.094 345	4.810 557	4.481 872

（续表）

名称	缩写字母	LNzonghe	LNxz	LNxs
北京师范大学	BSD	4.248 495	4.851 249	4.819 475
南开大学	NK	4.234 107	4.955 123	4.662 495
天津大学	TIANJ	4.174 387	4.896 346	4.642 466
大连理工大学	DLLG	4.143 135	4.907 495	4.645 352
东北大学	DB	3.912 023	4.731 803	4.261 27
哈尔滨工业大学	HGD	4.304 065	5.107 762	4.738 827
复旦大学	FD	4.430 817	5.086 361	5.030 438
同济大学	TONGJ	4.025 352	4.903 792	4.266 896
上海交通大学	SJD	4.454 347	5.015 291	5.134 621
华东师范大学	HDSF	4.094 345	4.999 237	4.489 759
南京大学	NJ	4.418 841	5.027 82	4.971 201
东南大学	DN	4.094 345	4.905 275	4.510 86
浙江大学	ZJ	4.499 81	5.177 843	5.098 035
中国科学技术大学	ZKD	4.406 719	5.015 291	5.057 519
厦门大学	XD	4.094 345	4.964 242	4.416 428
山东大学	SD	4.094 345	4.877 485	4.452 019
武汉大学	WD	4.234 107	5.014 627	4.699 571
湖南大学	HUNAN	3.931 826	4.820 282	4.149 464
中山大学	ZS	4.204 693	4.951 593	4.692 265
华南理工大学	HNLG	3.951 244	4.887 337	4.157 319
重庆大学	CD	3.871 201	4.855 929	3.925 926
电子科技大学	DZKJ	3.850 148	4.760 463	4.023 564
西安交通大学	XJD	4.234 107	4.981 55	4.737 951
四川大学	SCD	4.189 655	5.040 841	4.583 947
华中科技大学	HZKJ	4.248 495	4.989 752	4.730 039
中南大学	ZHONGN	4.127 134	4.888 091	4.579 852

2011 年数据

名称	缩写字母	LNzonghe	LNxz	LNxs
北京大学	BD	4.543 295	5.207 298	5.120 386
中国人民大学	ZRD	4.394 449	5.095 589	4.992 471
清华大学	QH	4.605 17	5.292 299	5.199 049
北京航空航天大学	BHK	4.262 68	5.122 773	4.605 17
北京理工大学	BLG	4.043 051	5.020 586	4.163 56
中国农业大学	ZND	4.077 537	4.841 822	4.235 555
北京师范大学	BSD	4.219 508	4.808 927	4.723 842
南开大学	NK	4.262 68	4.988 39	4.615 121
天津大学	TIANJ	4.158 883	4.903 792	4.531 524
大连理工大学	DLLG	4.110 874	4.919 981	4.514 151
东北大学	DB	3.931 826	4.769 837	4.215 086
哈尔滨工业大学	HGD	4.394 449	5.204 007	4.776 599
复旦大学	FD	4.430 817	5.016 617	4.967 032
同济大学	TONGJ	4.043 051	4.959 342	4.155 753
上海交通大学	SJD	4.430 817	5.073 297	4.965 638
华东师范大学	HDSF	4.127 134	5.045 359	4.388 257
南京大学	NJ	4.454 347	5.063 86	4.919 251
东南大学	DN	4.110 874	4.925 077	4.390 739
浙江大学	ZJ	4.532 599	5.221 436	5.051 137
中国科学技术大学	ZKD	4.477 337	5.021 905	5.145 166
厦门大学	XD	4.189 655	5.021 905	4.529 368
山东大学	SD	4.094 345	4.910 447	4.371 976
武汉大学	WD	4.204 693	5.031 744	4.486 387
湖南大学	HUNAN	3.970 292	4.882 044	4.060 443
中山大学	ZS	4.174 387	4.978 801	4.507 557
华南理工大学	HNLG	4.007 333	4.951 593	4.210 645
重庆大学	CD	3.912 023	4.842 611	3.972 177

（续表）

名称	缩写字母	LNzonghe	LNxz	LNxs
电子科技大学	DZKJ	3.912 023	4.850 467	4.079 231
西安交通大学	XJD	4.204 693	4.978 801	4.561 218
四川大学	SCD	4.204 693	5.058 155	4.541 165
华中科技大学	HZKJ	4.204 693	5.062 595	4.450 853
中南大学	ZHONGN	4.110 874	4.927 978	4.394 449

"211 工程"大学:2002 年数据

名称	缩写字母	LNzonghe	LNxz	LNxs
北京科技大学	BKD	3.784 19	4.690 981	3.914 021
北京航空航天大学	BHK	3.988 984	4.931 448	4.130 033
中央财经大学	ZCD	2.639 057	3.943 522	2.708 717
中国政法大学	ZZF	3.091 042	3.982 109	2.549 445
哈尔滨工业大学	HGC	2.484 907	4.066 802	1.413 423
上海财经大学	SCJ	3.465 736	4.424 607	3.582 129
苏州大学	SD	3.332 205	4.162 003	3.631 78
南京航空航天大学	NHK	3.433 987	4.426 402	3.176 803
南京理工大学	NLG	3.496 508	4.529 476	3.272 606
中国矿业大学	ZKD	3.401 197	4.258 021	3.221 672
河海大学	HEH	3.295 837	4.343 286	2.830 858
南京师范大学	NSF	3.295 837	4.222 591	3.395 515
安徽大学	AHD	3.135 494	3.973 87	3.162 517
合肥工业大学	HGD	3.178 054	4.048 998	2.969 902
福州大学	FD	3.044 522	3.908 617	2.999 226
郑州大学	ZD	3.135 494	3.850 998	3.175 551
华中师范大学	HSF	3.465 736	4.024 994	3.933 98
湖南师范大学	NHF	3.178 054	3.920 388	3.147 595
暨南大学	JD	3.555 348	4.327 834	3.899 95
西南财经大学	XNCJ	3.295 837	4.291 555	3.296 577

（续表）

名称	缩写字母	LNzonghe	LNxz	LNxs
云南大学	YD	3.135 494	3.783 735	3.297 317
西安电子科技大学	XADK	3.465 736	4.493 233	3.290 266
南昌大学	NC	2.944 439	3.731 22	2.696 652
上海大学	SD	2.564 949	3.954 316	1.805 005
中国地质大学	ZDZ	3.433 987	4.328 89	3.285 412
陕西师范大学	SXSF	3.178 054	3.869 324	3.337 192
华南师范大学	HNSF	3.332 205	4.159 976	3.509 753
华南师范大学	HNLG	3.663 562	4.480 06	3.804 883
对外经济贸易大学	DWJM	3.135 494	4.119 525	2.595 255
北京邮电大学	BYD	3.555 348	4.596 634	3.501 043
大连海事大学	DLHS	3.091 042	4.093 844	2.396 986
长安大学	CA	2.564 949	3.892 432	2.586 259

2003 年数据

名称	缩写字母	LNzonghe	LNxz	LNxs
北京科技大学	BKD	3.871 201	4.708 449	4.268 158
北京航空航天大学	BHK	4.043 051	5.019 859	4.356 581
中央财经大学	ZCD	2.944 439	4.179 451	3.157 851
中国政法大学	ZZF	3.178 054	4.274 163	2.889 816
哈尔滨工业大学	HGC	3.218 876	4.614 823	3.376 905
上海财经大学	SCJ	3.583 519	4.574 917	3.888 14
苏州大学	SD	3.367 296	4.466 368	3.542 408
南京航空航天大学	NHK	3.583 519	4.585 376	3.603 594
南京理工大学	NLG	3.583 519	4.646 984	3.590 439
中国矿业大学	ZKD	3.583 519	4.509 43	3.649 359
河海大学	HEH	3.332 205	4.511 519	3.243 764
南京师范大学	NSF	3.367 296	4.335 066	3.553 632
安徽大学	AHD	3.218 876	4.294 561	3.283 164

（续表）

名称	缩写字母	LNzonghe	LNxz	LNxs
合肥工业大学	HGD	3. 295 837	4. 387 387	3. 313 458
福州大学	FD	3. 295 837	4. 240 895	3. 497 416
郑州大学	ZD	3. 295 837	4. 399 13	3. 065 258
华中师范大学	HSF	3. 637 586	4. 468 434	4. 205 14
湖南师范大学	NHF	3. 258 097	4. 300 003	3. 158 701
暨南大学	JD	3. 663 562	4. 535 177	4. 092 343
西南财经大学	XNCJ	3. 367 296	4. 352 727	3. 680 847
云南大学	YD	3. 295 837	4. 236 712	3. 447 763
西安电子科技大学	XADK	3. 555 348	4. 512 068	3. 839 452
南昌大学	NC	2. 833 213	2. 868 467	4. 224 203
上海大学	SD	3. 332 205	4. 632 299	3. 354 106
中国地质大学	ZDZ	3. 555 348	4. 571 096	3. 538 347
陕西师范大学	SXSF	3. 332 205	4. 272 072	3. 634 423
华南师范大学	HNSF	3. 367 296	4. 263 384	3. 663 049
华南师范大学	HNLG	3. 784 19	4. 658 616	4. 161 847
对外经济贸易大学	DWJM	3. 218 876	4. 310 933	2. 992 728
北京邮电大学	BYD	3. 637 586	4. 612 444	3. 827 989
大连海事大学	DLHS	3. 218 876	4. 316 821	3. 107 274
长安大学	CA	2. 772 589	2. 551 006	4. 246 207

2004 年数据

名称	缩写字母	LNzonghe	LNxz	LNxs
北京科技大学	BKD	3. 871 201	4. 781 977	4. 199 155
北京航空航天大学	BHK	3. 931 826	4. 978 388	3. 971 8
中央财经大学	ZCD	3. 178 054	4. 360 164	2. 931 727
中国政法大学	ZZF	3. 401 197	4. 351 181	2. 796 671
哈尔滨工业大学	HGC	3. 496 508	4. 576 462	3. 296 577
上海财经大学	SCJ	3. 555 348	4. 679 999	3. 464 172

（续表）

名称	缩写字母	LNzonghe	LNxz	LNxs
苏州大学	SD	3.465 736	4.501 808	3.338 258
南京航空航天大学	NHK	3.555 348	4.592 085	3.360 375
南京理工大学	NLG	3.610 918	4.628 691	3.465 111
中国矿业大学	ZKD	3.526 361	4.531 308	3.229 618
河海大学	HEH	3.401 197	4.500 92	2.905 26
南京师范大学	NSF	3.465 736	4.353 627	3.552 2
安徽大学	AHD	3.367 296	4.411 221	4.182 813
合肥工业大学	HGD	3.332 205	4.381 652	2.643 334
福州大学	FD	3.401 197	4.222 298	3.408 835
郑州大学	ZD	3.332 205	4.398 761	2.765 69
华中师范大学	HSF	3.688 879	4.582 515	4.033 71
湖南师范大学	NHF	3.332 205	4.399 13	2.875 258
暨南大学	JD	3.526 361	4.577 079	3.223 266
西南财经大学	XNCJ	3.401 197	4.447 229	3.306 887
云南大学	YD	3.496 508	4.312 677	3.577 389
西安电子科技大学	XADK	3.526 361	4.516 011	3.529 297
南昌大学	NC	3.135 494	4.275 832	2.532 108
上海大学	SD	3.465 736	4.660 794	3.016 515
中国地质大学	ZDZ	3.526 361	4.567 987	2.995 232
陕西师范大学	SXSF	3.401 197	4.346 917	3.478 467
华南师范大学	HNSF	3.401 197	4.371 218	3.333 632
华南师范大学	HNLG	3.761 2	4.659 28	3.941 388
对外经济贸易大学	DWJM	3.367 296	4.409 763	2.590 017
北京邮电大学	BYD	3.555 348	4.538 71	3.265 759
大连海事大学	DLHS	3.401 197	4.373 112	2.930 127
长安大学	CA	2.995 732	4.316 821	1.951 608

2005 年数据

名称	缩写字母	LNzonghe	LNxz	LNxs
北京科技大学	BKD	3.850 148	4.812 184	3.951 244
北京航空航天大学	BHK	3.931 826	4.980 863	3.887 73
中央财经大学	ZCD	3.218 876	4.420 045	3.222 868
中国政法大学	ZZF	3.401 197	4.441 474	2.944 439
哈尔滨工业大学	HGC	3.433 987	4.660 605	2.797 281
上海财经大学	SCJ	3.526 361	4.683 981	3.421
苏州大学	SD	3.526 361	4.559 126	3.487 375
南京航空航天大学	NHK	3.555 348	4.724 729	3.310 543
南京理工大学	NLG	3.610 918	4.642 466	3.404 525
中国矿业大学	ZKD	3.465 736	4.526 127	3.144 152
河海大学	HEH	3.433 987	4.601 162	3.044 522
南京师范大学	NSF	3.496 508	4.550 714	3.496 508
安徽大学	AHD	3.367 296	4.424 847	2.833 213
合肥工业大学	HGD	3.367 296	4.478 473	2.778 819
福州大学	FD	3.295 837	4.242 765	3.148 453
郑州大学	ZD	3.332 205	4.476 2	2.674 149
华中师范大学	HSF	3.713 572	4.615 121	3.974 058
湖南师范大学	NHF	3.465 736	4.473 922	3.265 759
暨南大学	JD	3.583 519	4.704 11	3.517 498
西南财经大学	XNCJ	3.401 197	4.473 922	3.230 804
云南大学	YD	3.496 508	4.326 778	3.543 854
西安电子科技大学	XADK	3.465 736	4.531 524	3.269 569
南昌大学	NC	3.295 837	4.273 884	2.424 803
上海大学	SD	3.465 736	4.633 758	2.954 91
中国地质大学	ZDZ	3.465 736	4.576 771	3.077 312
陕西师范大学	SXSF	3.401 197	4.387 014	3.517 498
华南师范大学	HNSF	3.367 296	4.463 607	3.261 935

（续表）

名称	缩写字母	LNzonghe	LNxz	LNxs
华南师范大学	HNLG	3.784 19	4.798 267	3.887 73
对外经济贸易大学	DWJM	3.332 205	4.337 291	2.151 762
北京邮电大学	BYD	3.526 361	4.615 121	3.005 683
大连海事大学	DLHS	3.332 205	4.396 915	2.587 764
长安大学	CA	3.044 522	4.325 456	2.360 854

2007 年数据

名称	缩写字母	LNzonghe	LNxz	LNxs
北京科技大学	BKD	3.970 292	4.951 593	4.373 238
北京航空航天大学	BHK	4.077 537	5.019 265	4.495 355
中央财经大学	ZCD	3.433 987	4.495 355	3.005 683
中国政法大学	ZZF	3.663 562	4.609 162	3.931 826
哈尔滨工业大学	HGC	3.583 519	4.806 477	3.206 803
上海财经大学	SCJ	3.713 572	4.888 844	3.808 882
苏州大学	SD	3.526 361	4.614 13	3.591 818
南京航空航天大学	NHK	3.784 19	4.796 617	4.089 332
南京理工大学	NLG	3.688 879	4.710 431	3.768 153
中国矿业大学	ZKD	3.610 918	4.737 075	3.505 557
河海大学	HEH	3.555 348	4.670 958	3.546 74
南京师范大学	NSF	3.583 519	4.547 541	3.799 974
安徽大学	AHD	3.465 736	4.569 543	3.072 693
合肥工业大学	HGD	3.465 736	4.514 151	3.072 693
福州大学	FD	3.433 987	4.422 449	3.453 157
郑州大学	ZD	3.555 348	4.628 887	3.563 883
华中师范大学	HSF	3.761 2	4.815 431	4.023 564
湖南师范大学	NHF	3.555 348	4.624 973	3.589 059
暨南大学	JD	3.663 562	4.766 438	3.634 951
西南财经大学	XNCJ	3.583 519	4.722 953	3.686 376

（续表）

名称	缩写字母	LNzonghe	LNxz	LNxs
云南大学	YD	3.465 736	4.437 934	3.449 988
西安电子科技大学	XADK	3.663 562	4.646 312	3.941 582
南昌大学	NC	3.295 837	4.441 474	2.660 26
上海大学	SD	3.610 918	4.696 837	3.645 45
中国地质大学	ZDZ	3.610 918	4.687 671	3.414 443
陕西师范大学	SXSF	3.526 361	4.570 579	3.575 151
华南师范大学	HNSF	3.583 519	4.659 658	3.740 048
华南师范大学	HNLG	3.828 641	4.845 761	4.019 98
对外经济贸易大学	DWJM	3.555 348	4.555 98	3.481 24
北京邮电大学	BYD	3.637 586	4.723 842	3.487 375
大连海事大学	DLHS	3.367 296	4.449 685	2.721 295
长安大学	CA	3.091 042	4.414 01	2.674 149

2008 年数据

名称	缩写字母	LNzonghe	LNxz	LNxs
北京科技大学	BKD	3.931 826	4.789 989	4.242 765
北京航空航天大学	BHK	4.189 655	5.156 754	4.534 748
中央财经大学	ZCD	3.526 361	4.507 557	3.246 491
中国政法大学	ZZF	3.761 2	4.566 429	4.036 009
哈尔滨工业大学	HGC	3.663 562	4.777 441	3.292 126
上海财经大学	SCJ	3.737 67	4.771 532	3.788 725
苏州大学	SD	3.610 918	4.693 181	3.411 148
南京航空航天大学	NHK	3.850 148	4.757 891	4.172 848
南京理工大学	NLG	3.737 67	4.727 388	3.795 489
中国矿业大学	ZKD	3.663 562	4.724 729	3.605 498
河海大学	HEH	3.637 586	4.771 532	3.600 048
南京师范大学	NSF	3.637 586	4.639 572	3.688 879
安徽大学	AHD	3.465 736	4.596 129	3.044 522

(续表)

名称	缩写字母	LNzonghe	LNxz	LNxs
合肥工业大学	HGD	3.526 361	4.615 121	3.173 878
福州大学	FD	3.465 736	4.443 827	3.487 375
郑州大学	ZD	3.637 586	4.721 174	3.526 361
华中师范大学	HSF	3.806 662	4.718 499	4.062 166
湖南师范大学	NHF	3.610 918	4.589 041	3.575 151
暨南大学	JD	3.688 879	4.726 502	3.569 533
西南财经大学	XNCJ	3.610 918	4.642 466	3.744 787
云南大学	YD	3.583 519	4.539 03	3.546 74
西安电子科技大学	XADK	3.737 67	4.777 441	3.808 882
南昌大学	NC	3.433 987	4.602 166	2.884 801
上海大学	SD	3.637 586	4.670 021	3.640 214
中国地质大学	ZDZ	3.663 562	4.663 439	3.397 858
陕西师范大学	SXSF	3.610 918	4.600 158	3.678 829
华南师范大学	HNSF	3.526 361	4.522 875	3.566 712
华南师范大学	HNLG	3.891 82	4.854 371	4.125 52
对外经济贸易大学	DWJM	3.526 361	4.496 471	3.139 833
北京邮电大学	BYD	3.713 572	4.713 127	3.640 214
大连海事大学	DLHS	3.526 361	4.522 875	2.980 619
长安大学	CA	3.295 837	4.598 146	2.791 165

2010 年数据

名称	缩写字母	LNzonghe	LNxz	LNxs
北京科技大学	BKD	4.007 333	4.900 076	4.261 27
北京航空航天大学	BHK	4.234 107	5.104 126	4.622 027
中央财经大学	ZCD	3.610 918	4.573 68	3.380 995
中国政法大学	ZZF	3.891 82	4.643 429	4.254 193
哈尔滨工业大学	HGC	3.713 572	4.770 685	3.453157
上海财经大学	SCJ	3.828 641	4.723 842	4.096 01

名称	缩写字母	LNzonghe	LNxz	LNxs
苏州大学	SD	3.713 572	4.686 75	3.784 19
南京航空航天大学	NHK	3.912 023	4.723 842	4.238 445
南京理工大学	NLG	3.784 19	4.760 463	3.765 84
中国矿业大学	ZKD	3.663 562	4.670 021	3.529 297
河海大学	HEH	3.663 562	4.738 827	3.616 309
南京师范大学	NSF	3.713 572	4.642 466	3.813 307
安徽大学	AHD	3.496 508	4.897 84	2.995 732
合肥工业大学	HGD	3.526 361	4.569 543	3.126 761
福州大学	FD	3.526 361	4.440 296	3.437 208
郑州大学	ZD	3.688 879	4.702 297	3.632 309
华中师范大学	HSF	3.871 201	4.781 641	4.107 59
湖南师范大学	NHF	3.637 586	4.637 637	3.490 429
暨南大学	JD	3.713 572	4.729 156	3.517 498
西南财经大学	XNCJ	3.688 879	4.688 592	3.873 282
云南大学	YD	3.610 918	4.516 339	3.465 736
西安电子科技大学	XADK	3.784 19	4.784 153	3.813 307
南昌大学	NC	3.526 361	4.594 109	3.144 152
上海大学	SD	3.663 562	4.680 278	3.621 671
中国地质大学	ZDZ	3.737 67	4.653 008	3.668 677
陕西师范大学	SXSF	3.713 572	4.635 699	3.860 73
华南师范大学	HNSF	3.637 586	4.561 218	3.706 228
华南师范大学	HNLG	3.951 244	4.887 337	4.157 319
对外经济贸易大学	DWJM	3.583 519	4.606 17	3.020 425
北京邮电大学	BYD	3.761 2	4.748 404	3.621 671
大连海事大学	DLHS	3.583 519	4.609 162	2.954 91
长安大学	CA	3.526 361	4.633 758	2.895 912
北京科技大学	BKD	3.988 984	4.876 723	4.141 546

2011 年数据

名称	缩写字母	LNzonghe	LNxz	LNxs
北京航空航天大学	BHK	4.262 68	5.122 773	4.605 17
中央财经大学	ZCD	3.713 572	4.637 637	3.613 617
中国政法大学	ZZF	3.912 023	4.760 463	4.139 955
哈尔滨工业大学	HGC	3.784 19	4.864 453	3.499 533
上海财经大学	SCJ	3.784 19	4.680 278	3.749 504
苏州大学	SD	3.784 19	4.794 964	3.642 836
南京航空航天大学	NHK	3.970 292	4.789 989	4.210 645
南京理工大学	NLG	3.806 662	4.712 229	3.797 734
中国矿业大学	ZKD	3.688 879	4.691 348	3.523 415
河海大学	HEH	3.688 879	4.737 951	3.572 346
南京师范大学	NSF	3.713 572	4.674 696	3.642 836
安徽大学	AHD	3.555 348	4.570 579	3.190 476
合肥工业大学	HGD	3.610 918	4.584 967	3.288 402
福州大学	FD	3.610 918	4.555 98	3.591 818
郑州大学	ZD	3.663 562	4.676 56	3.335 77
华中师范大学	HSF	3.871 201	4.800 737	3.992 681
湖南师范大学	NHF	3.688 879	4.677 491	3.459 466
暨南大学	JD	3.761 2	4.720 283	3.549 617
西南财经大学	XNCJ	3.688 879	4.695 925	3.676 301
云南大学	YD	3.610 918	4.518 522	3.404 525
西安电子科技大学	XADK	3.850 148	4.836 282	3.951 244
南昌大学	NC	3.555 348	4.623 01	2.975 53
上海大学	SD	3.713 572	4.730 039	3.605 498
中国地质大学	ZDZ	3.737 67	4.672 829	3.404 525
陕西师范大学	SXSF	3.761 2	4.698 661	3.779 634
华南师范大学	HNSF	3.663 562	4.633 758	3.511 545
华南师范大学	HNLG	4.007 333	4.951 593	4.210 645

（续表）

名称	缩写字母	LNzonghe	LNxz	LNxs
对外经济贸易大学	DWJM	3.713 572	4.730 921	3.377 588
北京邮电大学	BYD	3.784 19	4.758 749	3.666 122
大连海事大学	DLHS	3.583 519	4.622 027	3.261 935
长安大学	CA	3.526 361	4.637 637	2.879 198

"一般"大学：2002 年数据

名称	缩写字母	LNzonghe	LNxz	LNxs
安徽财经大学	ANSF	1.609 438	3.301 745	0.770 108
安徽中医学院	ANYK	2.079 442	3.559 909	1.128 171
北京工业大学	BGY	3.367 296	4.366 532	3.410 487
北京联合大学	BHG	3.433 987	4.490 769	3.247 269
北京信息科技大学	BLY	3.135 494	3.967 458	2.717 34
首都经济贸易大学	BWY	3.178 054	3.987 316	2.423 917
北京语言文化大学	BYY	2.890 372	3.679 334	2.459 589
首都医科大学	NZY	3.044 522	3.959 479	2.291 524
首都师范大学	SDSF	2.708 05	4.316 287	1.108 563
沈阳工业大学	DBNY	3.044 522	3.797 734	3.038 792
曲阜师范大学	DBSF	3.367 296	4.229 458	3.476 305
广东工业大学	DH	3.332 205	4.220 096	3.288 402
东北财经大学	DBCJ	2.772 589	4.443 592	1.305 626
河北联合大学	DBLY	2.302 585	3.753 73	1.131 402
哈尔滨医科大学	HYD	3.258 097	3.986 017	3.185 939
青岛理工大学	HZNY	3.496 508	4.419 443	3.516 904
山东科技大学	HDSF	3.663 562	4.418 841	3.992 865
西安建筑科技大学	XJK	3.091 042	4.199 005	2.504 709
石家庄铁道大学	JJD	3.970 292	4.645 928	4.334 935
北京工商大学	XBGY	3.737 67	4.733 739	3.748 798
西北农林科技大学	XBNL	3.218 876	4.059 926	3.212 858

（续表）

名称	缩写字母	LNzonghe	LNxz	LNxs
西南科技大学	XNCJ	3.295 837	4.291 555	3.296 577
山东建筑大学	XNJT	3.433 987	4.351 31	3.167 161
西安理工大学	XALG	2.397 895	3.909 219	1.453 953
西南石油学院	XNSY	2.484 907	3.970 103	1.244 155
西北师范大学	XBSF	2.197 225	3.720 862	0.783 902
济南大学	JYK	3.178 054	4.022 849	3.346 037
重庆医科大学	CQYK	2.564 949	4.018 723	1.403 643
成都理工大学	TYLG	3.044 522	3.940 805	2.961 141
沈阳药科学院	SYYK	2.772 589	3.433 019	2.250 239
山西大学	SXD	3.178 054	4.098 337	3.135 059
汕头大学	STD	2.302 585	3.748 562	0.148 42

2003 年数据

名称	缩写字母	LNzonghe	LNxz	LNxs
安徽财经大学	ANSF	2.944 439	4.385 147	2.888 147
安徽中医学院	ANYK	2.944 439	4.047 952	3.461 665
北京工业大学	BGY	3.465 736	4.513 932	3.672 496
北京联合大学	BHG	3.496 508	4.534 533	3.770 459
北京信息科技大学	BLY	3.401 197	4.261 552	3.625 673
首都经济贸易大学	BWY	3.433 987	4.285 653	3.598 408
北京语言文化大学	BYY	2.833 213	4.206 482	2.622 492
首都医科大学	NZY	3.401 197	4.218 183	3.851 423
首都师范大学	SDSF	3.135 494	4.348 858	3.284 289
沈阳工业大学	DBNY	3.258 097	4.028 561	3.611 728
曲阜师范大学	DBSF	3.555 348	4.493 344	3.743 368
广东工业大学	DH	3.433 987	4.458 756	3.771 611
东北财经大学	DBCJ	3.135 494	4.350 02	3.574 03
河北联合大学	DBLY	3.218 876	4.194 039	3.701 549

(续表)

名称	缩写字母	LNzonghe	LNxz	LNxs
哈尔滨医科大学	HYD	3.526 361	4.230 477	3.824 721
青岛理工大学	HZNY	3.713 572	4.420 526	4.221 564
山东科技大学	HDSF	3.828 641	4.711 24	4.351 052
西安建筑科技大学	XJK	2.995 732	4.327 174	3.124 565
石家庄铁道大学	JJD	4.043 051	4.948 547	4.447 112
北京工商大学	XBGY	3.891 82	4.865 301	4.231 204
西北农林科技大学	XBNL	3.465 736	4.425 924	3.997 099
西南科技大学	XNCJ	3.367 296	4.352 727	3.680 847
山东建筑大学	XNJT	3.555 348	4.563 097	3.608 212
西安理工大学	XALG	3.091 042	4.265 493	3.395 179
西南石油学院	XNSY	3.178 054	4.352 598	3.485 845
西北师范大学	XBSF	2.944 439	4.175 31	3.186 766
济南大学	TJYK	3.295 837	4.155 283	3.752 793
重庆医科大学	CQYK	3.465 736	4.238 301	4.253 909
成都理工大学	TYLG	3.135 494	4.278 747	3.011 113
沈阳药科学院	SYYK	3.178 054	4.218 183	3.616 846
山西大学	SXD	3.218 876	4.247 638	3.474 758
汕头大学	STD	3.218 876	4.209 606	3.559 34

2004 年数据

名称	缩写字母	LNzonghe	LNxz	LNxs
安徽财经大学	ANSF	3.091 042	4.389 126	2.772 589
安徽中医学院	ANYK	3.044 522	4.012 411	2.855 32
北京工业大学	BGY	3.496 508	4.518 958	3.336 481
北京联合大学	BHG	3.526 361	4.479 38	3.636 533
北京信息科技大学	BLY	3.496 508	4.306 36	3.525 183
首都经济贸易大学	BWY	3.496 508	4.307 303	3.427 515
北京语言文化大学	BYY	2.890 372	4.145 354	2.309 561

(续表)

名称	缩写字母	LNzonghe	LNxz	LNxs
首都医科大学	NZY	3.496 508	4.219 508	3.629 395
首都师范大学	SDSF	3.433 987	4.514 917	3.158 276
沈阳工业大学	DBNY	3.332 205	4.172 539	3.332 205
曲阜师范大学	DBSF	3.583 519	4.530 447	3.669 442
广东工业大学	DH	3.496 508	4.442 063	3.844 814
东北财经大学	DBCJ	3.367 296	4.370 839	3.128 075
河北联合大学	DBLY	3.433 987	4.214 2	3.724 97
哈尔滨医科大学	HYD	3.496 508	4.247 066	3.682 61
青岛理工大学	HZNY	3.688 879	4.407 329	4.203 946
山东科技大学	HDSF	3.828 641	4.788 408	4.143 928
西安建筑科技大学	XJK	3.135 494	4.330 602	2.695 303
石家庄铁道大学	JJD	4.007 333	4.954 559	4.304 876
北京工商大学	XBGY	3.828 641	4.843 005	3.846 31
西北农林科技大学	XBNL	3.526 361	4.448 048	3.915 816
西南科技大学	XNCJ	3.401 197	4.447 229	3.306 887
山东建筑大学	XNJT	3.496 508	4.568 714	3.266 904
西安理工大学	XALG	3.044 522	4.275 137	2.818 398
西南石油学院	XNSY	3.367 296	4.377 893	3.257 712
西北师范大学	XBSF	3.091 042	4.209 457	3.033 51
济南大学	TJYK	3.332 205	4.124 227	3.200 304
重庆医科大学	CQYK	3.433 987	4.246 779	3.548 467
成都理工大学	TYLG	3.178 054	4.312 677	2.605 648
沈阳药科学院	SYYK	3.258 097	4.244 2	3.003 7
山西大学	SXD	3.465 736	4.404 155	3.642 836
汕头大学	STD	3.295 837	4.229 604	2.921 547

2005 年数据

名称	缩写字母	LNzonghe	LNxz	LNxs
安徽财经大学	ANSF	2.944 439	4.359 27	2.240 71
安徽中医学院	ANYK	3.044 522	4.062 166	2.708 05
北京工业大学	BGY	3.526 361	4.571 613	3.273 364
北京联合大学	BHG	3.496 508	4.518 522	3.600 048
北京信息科技大学	BLY	3.401 197	4.304 065	3.317 816
首都经济贸易大学	BWY	3.526 361	4.430 817	3.374 169
北京语言文化大学	BYY	3.091 042	4.332 048	2.708 05
首都医科大学	NZY	3.433 987	4.204 693	3.303 217
首都师范大学	SDSF	3.433 987	4.434 382	3.261 935
沈阳工业大学	DBNY	3.295 837	4.266 896	3.230 804
曲阜师范大学	DBSF	3.583 519	4.539 03	3.706 228
广东工业大学	DH	3.465 736	4.455 509	3.681 351
东北财经大学	DBCJ	3.433 987	4.507 557	3.417 727
河北联合大学	DBLY	3.295 837	4.249 923	3.250 374
哈尔滨医科大学	HYD	3.367 296	4.268 298	3.384 39
青岛理工大学	HZNY	3.555 348	4.424 847	3.828 641
山东科技大学	HDSF	3.828 641	4.738 827	4.122 284
西安建筑科技大学	XJK	3.044 522	4.388 257	2.557 227
石家庄铁道大学	JJD	3.988 984	4.915 592	4.237 001
北京工商大学	XBGY	3.806 662	4.895 598	3.708 682
西北农林科技大学	XBNL	3.465 736	4.460 144	3.616 309
西南科技大学	XNCJ	3.401 197	4.473 922	3.230 804
山东建筑大学	XNJT	3.526 361	4.595 12	3.374 169
西安理工大学	XALG	3.044 522	4.347 694	2.785 011
西南石油学院	XNSY	3.258 097	4.332 048	2.797 281
西北师范大学	XBSF	3.044 522	4.172 848	3.015 535
济南大学	TJYK	3.332 205	4.166 665	3.387 774

（续表）

名称	缩写字母	LNzonghe	LNxz	LNxs
重庆医科大学	CQYK	3.218 876	4.218 036	2.827 314
成都理工大学	TYLG	2.944 439	4.348 987	2.028 148
沈阳药科学院	SYYK	3.178 054	4.264 087	2.753 661
山西大学	SXD	3.367 296	4.476 2	3.377 588
汕头大学	STD	3.332 205	4.228 293	3.178 054

2007 年数据

名称	缩写字母	LNzonghe	LNxz	LNxs
安徽财经大学	ANSF	3.091 042	4.445 001	2.740 84
安徽中医学院	ANYK	3.091 042	4.235 555	3.010 621
北京工业大学	BGY	3.637 586	4.664 382	3.781 914
北京联合大学	BHG	3.610 918	4.626 932	3.768 153
北京信息科技大学	BLY	3.465 736	4.420 045	3.335 77
首都经济贸易大学	BWY	3.465 736	4.456 67	3.049 273
北京语言文化大学	BYY	3.218 876	4.489 759	3.288 402
首都医科大学	NZY	3.555 348	4.297 285	4.027 136
首都师范大学	SDSF	3.465 736	4.532 599	3.508 556
沈阳工业大学	DBNY	3.295 837	4.434 382	2.753 661
曲阜师范大学	DBSF	3.688 879	4.683 057	3.906 005
广东工业大学	DH	3.526 361	4.585 987	3.580 737
东北财经大学	DBCJ	3.526 361	4.593 098	3.602 777
河北联合大学	DBLY	3.295 837	4.357 99	2.906 901
哈尔滨医科大学	HYD	3.526 361	4.463 607	3.781 914
青岛理工大学	HZNY	3.583 519	4.564 348	3.768 153
山东科技大学	HDSF	3.931 826	4.875 96	4.389 499
西安建筑科技大学	XJK	3.178 054	4.544 358	2.646 175
石家庄铁道大学	JJD	4.127 134	4.997 888	4.653 008
北京工商大学	XBGY	3.912 023	4.969 813	4.160 444

（续表）

名称	缩写字母	LNzonghe	LNxz	LNxs
西北农林科技大学	XBNL	3. 526 361	4. 601 162	3. 637 586
西南科技大学	XNCJ	3. 583 519	4. 722 953	3. 686 376
山东建筑大学	XNJT	3. 583 519	4. 652 054	3. 487 375
西安理工大学	XALG	3. 218 876	4. 507 557	3. 030 134
西南石油学院	XNSY	3. 295 837	4. 415 22	2. 791 165
西北师范大学	XBSF	3. 218 876	4. 382 027	3. 292 126
济南大学	TJYK	3. 555 348	4. 313 48	3. 921 973
重庆医科大学	CQYK	3. 295 837	4. 291 828	3. 202 746
成都理工大学	TYLG	3. 135 494	4. 415 22	2. 827 314
沈阳药科学院	SYYK	3. 258 097	4. 357 99	3. 508 556
山西大学	SXD	3. 610 918	4. 812 184	3. 624 341
汕头大学	STD	3. 367 296	4. 313 48	3. 194 583

2008 年数据

名称	缩写字母	LNzonghe	LNxz	LNxs
安徽财经大学	ANSF	3. 135 494	4. 445 001	2. 572 612
安徽中医学院	ANYK	3. 218 876	4. 245 634	2. 990 72
北京工业大学	BGY	3. 688 879	4. 643 429	3. 725 693
北京联合大学	BHG	3. 688 879	4. 602 166	3. 895 894
北京信息科技大学	BLY	3. 526 361	4. 435 567	3. 328 627
首都经济贸易大学	BWY	3. 496 508	4. 461 3	3. 020 425
北京语言文化大学	BYY	3. 218 876	4. 456 67	3. 178 054
首都医科大学	NZY	3. 688 879	4. 342 506	4. 149 464
首都师范大学	SDSF	3. 610 918	4. 604 17	3. 618 993
沈阳工业大学	DBNY	3. 367 296	4. 470 495	2. 624 669
曲阜师范大学	DBSF	3. 806 662	4. 750 136	3. 979 682
广东工业大学	DH	3. 583 519	4. 616 11	3. 597 312
东北财经大学	DBCJ	3. 583 519	4. 617 099	3. 511 545

（续表）

名称	缩写字母	LNzonghe	LNxz	LNxs
河北联合大学	DBLY	3.401 197	4.446 174	3.000 72
哈尔滨医科大学	HYD	3.610 918	4.463 607	3.819 908
青岛理工大学	HZNY	3.610 918	4.508 659	3.761 2
山东科技大学	HDSF	4.025 352	4.908 233	4.449 685
西安建筑科技大学	XJK	3.258 097	4.587 006	2.674 149
石家庄铁道大学	JJD	4.189 655	5.091 293	4.585 987
北京工商大学	XBGY	4.077 537	5.128 715	4.338 597
西北农林科技大学	XBNL	3.555 348	4.645 352	3.591 818
西南科技大学	XNCJ	3.610 918	4.642 466	3.744 787
山东建筑大学	XNJT	3.688 879	4.664 382	3.775 057
西安理工大学	XALG	3.295 837	4.566 429	3.100 092
西南石油学院	XNSY	3.295 837	4.427 239	2.476 538
西北师范大学	XBSF	3.367 296	4.345 103	3.640 214
济南大学	TJYK	3.688 879	4.398 146	3.914 021
重庆医科大学	CQYK	3.367 296	4.308 111	3.139 833
成都理工大学	TYLG	3.178 054	4.427 239	2.856 47
沈阳药科学院	SYYK	3.332 205	4.345 103	3.597 312
山西大学	SXD	3.555 348	4.643 429	3.520 461
汕头大学	STD	3.401 197	4.272 491	3.242 592

2010 年数据

名称	缩写字母	LNzonghe	LNxz	LNxs
安徽财经大学	ANSF	3.218 876	4.465 908	2.879 198
安徽中医学院	ANYK	3.401 197	4.305 416	2.923 162
北京工业大学	BGY	3.737 67	4.657 763	3.698 83
北京联合大学	BHG	3.784 19	4.653 008	3.998 201
北京信息科技大学	BLY	3.555 348	4.483 003	3.122 365
首都经济贸易大学	BWY	3.555 348	4.498 698	2.856 47

名称	缩写字母	LNzonghe	LNxz	LNxs
北京语言文化大学	BYY	3.401 197	4.380 776	3.049 273
首都医科大学	NZY	3.737 67	4.365 643	4.163 56
首都师范大学	SDSF	3.637 586	4.570 579	3.629 66
沈阳工业大学	DBNY	3.433 987	4.457 83	2.653 242
曲阜师范大学	DBSF	3.891 82	4.846 547	4.055 257
广东工业大学	DH	3.637 586	4.592 085	3.555 348
东北财经大学	DBCJ	3.663 562	4.642 466	3.650 658
河北联合大学	DBLY	3.465 736	4.441 474	3.072 693
哈尔滨医科大学	HYD	3.688 879	4.407 938	3.998 201
青岛理工大学	HZNY	3.688 879	4.593 098	3.781 914
山东科技大学	HDSF	4.094 345	4.999 237	4.489 759
西安建筑科技大学	XJK	3.433 987	4.578 826	2.862 201
石家庄铁道大学	JJD	4.234 107	4.981 55	4.737 951
北京工商大学	XBGY	4.110 874	5.122 773	4.350 278
西北农林科技大学	XBNL	3.610 918	4.670 021	3.511 545
西南科技大学	XNCJ	3.688 879	4.688 592	3.873 282
山东建筑大学	XNJT	3.688 879	4.624 973	3.795 489
西安理工大学	XALG	3.465 736	4.549 657	3.058 707
西南石油学院	XNSY	3.367 296	4.447 346	2.564 949
西北师范大学	XBSF	3.465 736	4.334 673	3.339 322
济南大学	TJYK	3.713 572	4.330 733	3.994 524
重庆医科大学	CQYK	3.526 361	4.345 103	3.706 228
成都理工大学	TYLG	3.218 876	4.426 044	2.850 707
沈阳药科学院	SYYK	3.526 361	4.314 818	3.781 914
山西大学	SXD	3.583 519	4.640 537	3.496 508
汕头大学	STD	3.496 508	4.356 709	3.394 508

2011 年数据

名称	缩写字母	LNzonghe	LNxz	LNxs
安徽财经大学	ANSF	3.465 736	4.493 121	2.990 72
安徽中医学院	ANYK	3.401 197	4.301 359	2.873 565
北京工业大学	BGY	3.784 19	4.750 136	3.723 281
北京联合大学	BHG	3.828 641	4.648 23	4.123 903
北京信息科技大学	BLY	3.610 918	4.483 003	3.815 512
首都经济贸易大学	BWY	3.637 586	4.690 43	2.833 213
北京语言文化大学	BYY	3.465 736	4.449 685	3.218 876
首都医科大学	NZY	3.610 918	4.406 719	3.666 122
首都师范大学	SDSF	3.713 572	4.649 187	3.691 376
沈阳工业大学	DBNY	3.433 987	4.504 244	2.714 695
曲阜师范大学	DBSF	3.891 82	4.866 765	3.897 924
广东工业大学	DH	3.688 879	4.607 168	3.621 671
东北财经大学	DBCJ	3.610 918	4.597 138	3.250 374
河北联合大学	DBLY	3.496 508	4.458 988	3.068 053
哈尔滨医科大学	HYD	3.610 918	4.494 239	3.815 512
青岛理工大学	HZNY	3.465 736	4.472 781	2.912 351
山东科技大学	HDSF	4.127 134	5.045 359	4.388 257
西安建筑科技大学	XJK	3.496 508	4.681 205	2.970 414
石家庄铁道大学	JJD	4.204 693	4.978 801	4.561 218
北京工商大学	XBGY	4.110 874	5.051 137	4.401 829
西北农林科技大学	XBNL	3.610 918	4.658 711	3.468 856
西南科技大学	XNCJ	3.688 879	4.695 925	3.676 301
山东建筑大学	XNJT	3.761 2	4.734 443	3.804 438
西安理工大学	XALG	3.496 508	4.584 967	3.131 137
西南石油学院	XNSY	3.433 987	4.500 92	2.727 853
西北师范大学	XBSF	3.526 361	4.448 516	3.317 816
济南大学	TJYK	3.688 879	4.422 449	3.772 761

（续表）

名称	缩写字母	LNzonghe	LNxz	LNxs
重庆医科大学	CQYK	3.496 508	4.396 915	3.169 686
成都理工大学	TYLG	3.465 736	4.464 758	2.809 403
沈阳药科学院	SYYK	3.555 348	4.317 488	3.681 351
山西大学	SXD	3.610 918	4.543 295	3.234 749
汕头大学	STD	3.496 508	4.379 524	3.186 353

后　记

　　本书是由博士论文修改而成。攻博三年，承载了太多的希望与艰辛。攻读博士学位，犹如我人生的一道门坎，迈过了就是门，迈不过就是坎。这三年中，我在困惑中追寻，在艰辛中成长，在快乐中徜徉，眼前这篇毕业论文，满载着自己的学术理想。我不能把当下的如释重负替代自己的遗憾，在浩瀚的中西文献中我尚还不及细细研读，在恩师的谆谆教诲中我尚不及学养通达。正是愚钝给予我始终怀着"虽不能至，心向往之"的勇气，继续学问之道。

　　确立"当代中国大学学术权力与行政权力的共轭机理研究"作为博士论文的选题，要感谢我的导师丁三青教授的引领。入学之初，有幸受益于老师的精彩讲学，在定期的沙龙活动中，我被共轭原理所吸引，这是我尚未触及过的全新的领域，殊不知其中步履的沉重与艰难。三年里，因为我自身知识结构的欠缺，丁老师要求我大量的阅读，并无私地提供了大量的书籍资料。对于论文的结构、提纲、修改、撰写，导师倾注了很大心血。论文的初稿完成时，我迫不及待地给丁老师看，丁老师笑我是匆忙赶路人——丢三落四，但是丁老师却为我这匆忙赶路人一一查缺补漏。导师的博学精深，带领我畅游学术海洋；导师的理解和教导，是我前进最大的鼓励和支持。感谢导师丁三青教授一直以来对我的培养，三年博士研究生的历程短暂而充实，所有的感激之情都化为心中永恒的记忆。

　　感谢罗承选教授的治学严谨，邹放鸣教授的耐心解惑，张万红教授的精心授业，周敏教授的细心提点。感谢胡仁东教授、蔡国春教授在我困惑时给予我的帮助和鼓励，每次和您们的交谈，都让我茅塞顿开，感谢您们所给予的睿智的学术关怀。感谢管理学院给我上过课的老师们，以及徐州工程学院我的领导及同事们，你们在我的学术上、工作上、生活上的帮助使我能完成学业。感谢接受访谈的专家学者，谢谢你们接受我的访谈，并给予我宝贵的分享，使我所研究的课题更加清晰，更加深入；感谢接受调查问卷的高校工作者。

　　感谢张阳、朱涵、黄美蓉、张宗海、徐海波、刘林、王希鹏、徐碧鸿、赵月、张元……有了你们我在前行的路上不再孤单，是你们给予我学业上和生活上的支持帮助,让我感受到真挚的友谊,并永远记住我们曾有过的欢声笑语。

感谢南京大学出版社杨金荣老师,特别感谢本书编辑纪玉媛老师耐心细致的工作,使本书更加规范严谨地呈现在大家面前。

感谢我的家人,是你们无私的奉献和关爱、理解和宽容让我在疲惫的时候感受到家的温暖和幸福。

2012 年,在美国参观芝加哥大学,很喜欢其校训——Let knowledge grow from more to more and so be human life enriched。意思是"提升知识,以充实人生"。经过这三年的锤炼,我更深刻地体会到了其中的含义"益智厚生"。这也将督促我继续前行。

师恩难忘、情谊难忘、我会铭记于心!